Tony Horwitz wurde 1958 in Washington, D.C., geboren. Seine Schullaufbahn führte ihn unter anderem auf die Brown University sowie auf die Columbia University's Graduate School of Journalism. Nach seiner Ausbildung arbeitete er als Lehrer, als Laborfachmann in Mississippi und danach als Zeitungsreporter in den Vereinigten Staaten, in Australien und Ägypten.

Australien
0
1000 km
Darwin
Katherine
Timber Creek
Kununurra
NORTHERN TERRITORY
Barkly Homestead
Camooweal
Three Ways
Tennant Creek
Wauchope
Barrow Creek
Tea Tree
Alice Springs
Mt Isa
Cloncurry
Kynuna
Winton
QUEENSLAND
Blackall
Tambo
Augathella
Charleville
Cunnamulla
Brisbane
Barringun
Bourke
Coolabah
Girilambone
Nyngan
Nevertire
Dubbo
Molong
Orange
Lithgow
Sydney
NEW SOUTH WALES
VICTORIA
Melbourne
Adelaide
SOUTH AUSTRALIA
Kulgera
Mintabie
Coober Pedy
Kingoonya
Lake Everard
Bungleboo
Kimba
Ceduna
Penong
Eucla
Cocklebiddy
Caiguna
Desert Oasis Roadhouse
Docker River
Ayers Rock/Olgas
Lake Amadeus
Gibson Desert
WESTERN AUSTRALIA
Broome
Sandfire
Goldsworthy
Port Hedland
Cossack
Roebourne
Fortescue Roadhouse
Whim Creek
Fitzroy Crossing
Hall's Creek
Carnarvon
Geraldton
Dongara
Perth
Fremantle
Rocky Gully
Mt Barker
Albany
Elleker
Ravensthorpe
Esperance
Norseman
Salmon Gums
Grass Patch
Gibson
Bunbury
Boyanup
Balingup
Bridgetown
Manjimup

Tony Horwitz

Australiens Outback

Per Autostop durchs Landesinnere

Ins Deutsche übertragen
von Julia Edenhofer

SIERRA

Auch wenn diese Reise schon Jahre zurückliegt,
so hat sich nur wenig verändert im australischen Hinterland.
Dieses Buch ist also heute noch genauso aktuell wie in den Jahren,
in denen es geschrieben wurde.

Die Deutsche Bibliothek – CIP-Einheitsaufnahme
Ein Titeldatensatz für diese Publikation ist bei
der Deutschen Bibliothek erhältlich

REISEN · MENSCHEN · ABENTEUER

4. überarbeitete Auflage 2000
Sierra bei Frederking & Thaler Verlag, München
in der Verlagsgruppe Bertelsmann GmbH
www.frederking-und-thaler.de

Titel der Originalausgabe: „One for the road"

Titelfoto: Steel (ZEFA, Düsseldorf)
Fotos: Tony Horwitz
Lektorat der überarbeiteten Auflage: Susanne Härtel, München
Umschlaggestaltung: Atelier Bachmann & Seidel, Altötting
Produktion: Sebastian Strohmaier, München
Papier: Das Papier wurde aus chlorfrei gebleichtem Zellstoff hergestellt
ISBN 3-89405-060-8
Printed in Germany

Inhalt

Für alle Leute, die mich mitgenommen haben. Und für Geraldine, die mich für immer aufgenommen hat.

‚Laß' irgendeinen Mann die Landkarte von Australien vor sich ausbreiten und die weißen Flecke darauf betrachten, und dann laß' mich ihm die Frage stellen, ob er es nicht für ein lobenswertes Unterfangen halten würde, der erste zu sein, der dort seinen Fuß hinsetzt.'
(*Der Entdecker Charles Sturt an die südaustralischen Kolonisten*)

‚Gütiger Himmel, hat schon jemals ein Mensch ein derartiges Land gesehen!'
(*Der Entdecker Charles Sturt in seinem Tagebuch, nach seinem fehlgeschlagenen Versuch, 1845 das geographische Zentrum von Australien zu erreichen*)

Wenn ein Anhalter hier draußen zu Boden fällt und niemand ihn dabei hört, macht er dann ein Geräusch?

In dieser Landschaft bewegt sich nichts, nicht einmal die Sonne. Sie steht seit Stunden am selben Platz und bohrt mir Hitzepfeile in den Rücken.

Die Luft riecht wie versengt, wie bei einem Buschfeuer, denke ich zuerst. Aber hier draußen gibt es nichts, was brennen könnte, nur Steine und rote Erde. Die Straße durchschneidet diese Öde wie ein Bleistiftstrich ein Blatt Papier – ein Papier ohne Ecken, ohne Ränder. Und ich der einzige Fixpunkt darauf, festgepinnt von der Sonne, einer, der auf den nächsten Truck wartet, der ihn mitnimmt.

Auf in den Busch, junger Mann

Ich vermute, daß sogar Reisen ohne festes Ziel ihre Berechtigung haben. Die Idee für eine Tour durch den australischen Outback war bereits ein Jahr, bevor der Trip eigentlich begann, entstanden. Es war in dem Moment, als ich in den letzten Stunden eines 24-stündigen Fluges nach Sydney erwachte. Der Augenblick schien voller Bedeutung zu sein: eine Morgendämmerung in der Wüste, ein neues Jahr, ein neues Land. Ich setzte mich aufrecht hin, schlug ein noch unbenutztes Tagebuch auf und schrieb meine ersten Eindrücke über diesen Kontinent nieder, auf dem ich bald landen sollte.

1. Januar, im Flugzeug über Australien
Das da unten sieht wie ein gewaltiger leerer Fleck aus. Eine Hügelkette nach der anderen aus Sand und Steinen, dazwischen Salzpfannen, die sich zu der dünnen roten Linie am Horizont erstreckten. Wenn hier ein Außerirdischer landen würde, würde er sagen ‚kein Leben möglich' und wieder heimfliegen.

Für ein paar traumhafte Monate kam ich mir fast so wie ein Außerirdischer vor, allerdings in Sydney. Morgens wurde ich unsanft von den Kookaburras[1] geweckt, die vor meinem Fenster wie übergeschnappte Marktweiber lachten.

Ich ging in eine Kneipe und bestellte Bier – ‚Tooth's Old' oder ‚Schooner of New' – nur um mich diese seltsamen, ungewohnten Worte aussprechen zu hören. Und ich schrieb endlose Briefe nach Amerika, in denen ich mich über die eigentümlichen Sitten in meiner neuen Wahlheimat ausließ.

Gleich in meiner ersten Woche in Sydney fand ich einen Job bei einer Zeitung, was meine Eingewöhnung beträchtlich beschleu-

[1]Kookaburra: großer, in Bäumen lebender Vogel mit großem Kopf, kurzem Schwanz und langem scharfem Schnabel, der sich von Fischen ernährt. Sein Gefieder ist grünblau und orange. Er ist bekannt für sein kreischendes, sehr lautes und menschenähnliches ‚Lachen'.

nigte. „Hunde kacken auf ‚Footpaths‘ (Bürgersteige) und nicht auf ‚Sidewalks‘ (Trottoirs)!“ belehrte mich der Herausgeber lautstark, als ich meine erste Story abgab, einen Beitrag für die letzte Seite über die dreckigen Straßen in Sydney. „Und ‚Trash‘ (Müll) ist ein amerikanischer Ausdruck, Junge. Wir hier machen ‚Rubbish‘ (Unrat), klar?“

In der nächsten Woche landete auf meinem Schreibtisch eine Pressemitteilung über die Stadt Wagga Wagga. Ich hielt das für einen Schreibfehler; ein Wagga schien mir genug zu sein. „Das nächste Mal solltest du besser vorher einen Blick auf die Landkarte werfen“, schlug mir mein zuständiger Redakteur lapidar vor. Und tatsächlich, es hieß Wagga Wagga, ganz abgesehen von Bong Bong und Woy Woy, oder den Namen, die wie die phantasievollen Sprechversuche eines zweijährigen Kindes klangen: Mullumbimby, Bibbenluke, Woolloomooloo.

„Ich wünsche, ich könnte dir unser junges Volk und unser altes Land zeigen“, hatte mir Geraldine vor drei Jahren auf einer Postkarte aus Australien geschrieben. Die Karte kam ein paar Wochen nach unserer ersten Umarmung in einer Nebenstraße des Broadway in New York an. Am nächsten Tag hatten wir die Schule beendet und Geraldine war heim nach Sydney geflogen.

Doch dann kam sie nach Amerika zurück, um hier zu arbeiten, und achtzehn Monate lang zeigte ich ihr stattdessen meine Heimat – oder zumindest eine lausigkalte Ecke davon, mit viel Industrie, wo wir beide Arbeit fanden, und die damals ‚Die Rostschüssel‘ hieß. Tatsächlich konnte man in Cleveland vor lauter Schnee den Rost nicht sehen. Zusammen nach Sydney zu gehen, war danach das reinste Strandvergnügen.

Doch als ich dort ankam, 10000 km von zuhause entfernt, hatte ich das Gefühl, ein Spiegelbild von Amerika vor mir zu haben. Zwar waren die Bezeichnungen anders, aber die Dinge an und für sich blieben die gleichen. TV wurde hier zwar ‚Telly‘ genannt, aber die Show war auch hier ‚Dallas‘. Und die Neonreklamen warben auch hier für McDonald’s oder Kentucky Fried Chicken.

Das Hinterland, das ich aus dem Flugzeug gesehen hatte, war

zwar sehr fremdartig, aber es schien eigentlich gar nicht zum großstädtischen Australien zu gehören. Meine Freunde in Sydney flogen eher nach Bali als nach Alice Springs.

Der Plan selbst kam mit den Westwinden fast ein Jahr nach meiner Ankunft in Sydney. Es war ein Tag im Dezember, dem ersten richtig heißen Sommertag. Ich schaltete meinen Computer ab und drehte mich zu dem Reporter am nächsten Schreibtisch um. Ich hätte große Lust einfach per Anhalter abzuhauen, teilte ich ihm mit, ohne bestimmte Strecke und ohne Zeitplan, einfach nur so, in Richtung auf den glühendheißen Mittelpunkt des Kontinents.

„Im Sommer? Junge, dir wird dein Gehirn gebraten werden", kommentierte er mehr oder weniger gleichgültig und starrte weiterhin auf den Bildschirm. „Und das auch nur dann, wenn du Glück hast. Zu Verdursten ist schlimmer."

Die Landkarten, die ich mir ansah, waren noch weniger ermutigend. Ich hatte mir vorgestellt, daß das Landesinnere von einem

Sydney, Oper

Spinnennetz von Fernstraßen durchzogen wäre. Statt dessen fand ich lediglich einen dünnen Faden, der von einer Küste zur anderen ging. Die Informationen der *Motorist Association* klangen noch entmutigender. Für eine Fahrt durch den Busch wurde nicht nur ein zusätzlicer Reservereifen dringend empfohlen, sondern auch ein Keilriemen, Kühlerschläuche, Zylinderkopf, Kondensator, zusätzliche Sicherungen, Warnlampen, Werkzeug, um platte Reifen zu reparieren, eine Kanne mit Bremsflüssigkeit, eine Rolle mit Plastik-Isolierband, 6,35 mm Plastikschlauch und Fackeln für den Notfall.

Das bezog sich nur auf die mechanischen Notfälle.

‚Ein gutausgestatteter Erste-Hilfe-Kasten und ein Feuerlöscher sollten ebenfalls unbedingt mitgenommen werden, während ein Reservekanister mit Benzin, Lebensmittel und 5 Liter Trinkwasser pro Person unumgänglich sind. Und man sollte natürlich immer daran denken, daß Kühlwasser, auch wenn es Zusätze enthält, im Notfall ein wertvoller Wasservorrat ist.‘

Wie würde jemand, mit diesem ganzen Krempel an Bord, überhaupt noch Platz dafür haben, mich mitzunehmen? Und was mußte das für ein Wahnsinniger sein, der sich trotz dieser ganzen Warnungen überhaupt dort hinauswagte?

‚Dazu kommt‘, ermahnte die Motorist Association alle diejenigen, die immer noch nicht kapierten, worauf es ankam, ‚daß Ihr Fahrtziel bekannt sein sollte, damit im Fall eines technischen Defekts oder falls Sie verloren gehen sollten, die Suche nach Ihnen einfacher und schneller in Gang gesetzt werden kann.‘

Ich machte noch einmal einen Versuch mit einem Arbeitskollegen, der tatsächlich per Anhalter durch den Busch gefahren war.

„Ich saß drei Tage fest und nahm schließlich den Greyhound Bus“, erzählte er mir. Dann wurden seine Augen schmal. „Aber wie auch immer, ich war damals neunzehn. Bist du für sowas nicht etwas zu alt?“

Natürlich hatte er recht. Ich war zu alt dafür. Aber manchmal fühlte ich mich wie ein Teenager, der ein Jacket hat, das ‚für später‘ gekauft wurde, und der jetzt darauf wartet, endlich hineinzuwachsen. Ich war nicht hineingewachsen. Bei mir war, trotz meiner siebenundzwanzig Jahre, ganz sicher immer noch viel Platz für jungenhafte Abenteuer. Und wenn nicht jetzt, wann dann?

Und schließlich mußte ich in einer heißen Nacht Anfang Januar mein Vorhaben Geraldine erklären. Sie war auch Journalistin, wir waren also an Trennungen gewöhnt. Aber das hier war etwas anderes. Vor drei Jahren hatte sie mir versprochen, mir das Land zu zeigen. Jetzt machte ich mich auf, um es ohne sie zu sehen.

Lange Zeit saßen wir zusammen am Küchentisch und warteten darauf, daß eine kühle Brise durch das Haus zog. Schließlich sagte sie mit mißglücktem Grinsen: „Gestern sah ich auf einem T-Shirt eine seltsame Botschaft. ‚Wenn du etwas liebst, gib es frei. Aber wenn es nicht zu dir zurückkommt, jage es und töte es‘."

Am nächsten Morgen packte ich meinen Rucksack und fuhr mit Geraldine bis ans Ende des mir bekannten Australiens: eine Wiese am westlichen Stadtrand von Sydney.

Mein erstes Känguruh

Der Ford mit den Heckflossen schaukelt quer über zwei dicht befahrene Fahrbahnen und kommt quietschend vor mir zum Stehen. Eine Tür öffnet sich und ich lasse mich auf den Sitz fallen, während sich der Wagen bereits wieder in den Verkehrsstrom, der aus Sydney hinausführt, einreiht.

„Ich bin Skip. Das da ist Trish", sagt der Fahrer und streckt mir eine ölverschmierte Hand über die Schulter entgegen. Ich schüttelte sie mit einer Hand, während ich mit der anderen nach der Tür greife, die sich selbständig gemacht hat und nach außen schwingt.

„Tony. Danke, daß Sie angehalten haben."

Oder zumindest die Geschwindigkeit verringert haben. Skip erzählt, daß er auf dem Weg zu einem Autorennen in Lithgow ist, auf der anderen Seite der Blue Mountains, der Blauen Berge. Er scheint seine Übungsrunden auf den Weg dorthin zu absolvieren. Die Skyline von Sydney verschwindet hinter einem Hügel und auch die wuchernden Vororte hören auf. Doch als wir in das üppige Farmland hineinfahren, werden wir von Werbebotschaften beiderseits der Straße beglückt.

„Frisch geschlachtete Hühnchen!“ kreischt eine Tafel.

„Frisches Fleisch vom Land!“ preist eine andere an.

„Schweine zu verkaufen! Nur mit Korn und Maische gefüttert! Genau die richtige Größe für den Bratspieß!“

Skip schiebt eine Kassette in den Recorder und der Wagen fängt im Heavy-Metal-Beat zu dröhnen an. Offensichtlich ist das das Stichwort für eine Fortsetzung unserer Unterhaltung.

„Wo willst du denn hin?“ schreit er zu mir herüber.

„Eigentlich nach Alice Springs.“

„Du machst wohl Scherze!“

„Eigentlich nicht. Ich möchte gern per Anhalter durch den Outback fahren und vielleicht etwas darüber schreiben.“

„Das könnt’ ein sehr langes Buch werden, Mann.“

Nicht, wenn ich noch länger in Skips Ford bleibe. Dann wird es höchstens eine Kurzgeschichte oder eine Inschrift auf einem Grabstein (Frisch geschlachtet!). Am Fuß der Blauen Berge erreichen wir Mach I, Mach II dann auf der windigen Fahrt hinauf.

„Die Woche über arbeit’ ich als Zimmermann“, erzählt Skip, „die Bezahlung is’ in Ordnung, aber jeder Idiot kann so ‘nen verdammten Nagel einschlagen. Mit Autorennen is’ das was ganz anderes. Das is’ ‘ne ziemlich gefährliche Sache, das kann nicht jeder Typ machen.“

Er jagt den Ford über eine doppelseitige gelbe Linie, um am Berg in einer unübersichtlichen Kurve einen Laster zu überholen. Trish gräbt die Fingernägel in Skips nackten Oberschenkel. Ich kneife die Augen zu und höre das dumpfe Geräusch von Reifen, die über Kaninchenfleisch rollen. Und ich komme zu der Überzeugung, daß Skip nicht zu den Typen gehört, die es schaffen werden.

Ich verlasse das Schiff bei der ersten Gelegenheit, ungefähr 90 km westlich von Sydney.

„Bleibst du hier oder was?“ ruft mir Skip zu, als ich quer über den Highway renne. Noch ehe ich ihm antworten kann, springt er auf den Fahrersitz zurück und rast wie ein Wahnsinniger den Berg hinunter.

Ich lasse mein Gepäck fallen und komme allmählich wieder zu Atem. In einem Zug bin ich aus der Stadt hinaus und auf die westlichen Abhänge der Blue Mountains gekommen. Von meinem Standpunkt aus sehen die Hänge grün aus, aber die weiter entfernten Hügel und Bergketten der Great Dividing Range verschwimmen in einem dunstigen Blaßblau. Und genauso wie ihre amerikanischen Verwandten, die Blue Ridge Mountains, sind sie von sanfter Schönheit: alt und weich und vertraut, wie oft getragene Blue-Jeans.

Wunderschön. Ich entdecke ein schattiges Plätzchen, atme tief die klare Bergluft ein und mit ihr ein Dutzend Fliegen. Ein weiteres Dutzend setzt zum Sturzflug auf meine Augen an. Und ein Geschwader von Moskitos attackiert meine Ohren und meinen Hals. Ich krame in meinem Gepäck nach einer Tube Insektenmittel, das ich gestern nach einer langen wissenschaftlichen Unterhaltung mit einem Verkäufer für Camping-Ausrüstung erstanden habe. Ich finde die Tube ganz unten in meinem Gepäck, sie tropft auf meine Kleider und hinterläßt auf meinen Fingern Säureblasen. „Ein Insektenmittel, das nicht brennt, ist wie eine Zahnpasta, die gut schmeckt", versicherte mir der Verkäufer. „Es kann einfach nicht wirksam sein."

Die Fliegen sind nicht so blöd. Nachdem das Fleisch eingerieben worden ist (‚Nur mit Korn und Maische gefüttert! Genau die richtige Größe für den Bratspieß!') stürzen sie sich doppelt so heftig darauf. Blind und zerstochen überlege ich verzweifelt, in welche Richtung ich mich retten soll, als neben mir ein klappriger Holden nagelnd zum Stehen kommt.

„Ich fahr' nur ein bißchen weiter die Straße hinauf", sagt der Fahrer durch das Fenster auf der Beifahrerseite zu mir. Ich hätte sogar eine Fahrt in einem geparkten Auto angenommen! Wir sind etwa zehn Minuten unterwegs, als mein Fahrer, ein liebenswürdiger Teenager namens Trevor, von der Hauptstraße zu einem Picknick-Platz abbiegt.

„Picknick-Pause“, kündigt er an, „ich geb’ einen aus.“

Im Kofferraum liegen etliche Metallteile, die aussehen, als wären sie von der spanischen Inquisition übbriggeblieben. Trevor geht ungefähr 50 m weit in den Wald hinein, gräbt eine flaches Loch, legt eines dieser Eisendinger hinein und bedeckt es mit Erde.

„Stoß das mal mit deiner Zigarette an“, fordert er mich auf. Die Eisenfalle schießt aus ihrem Loch heraus, wie eine Rakete aus ihrem unterirdischen Silo. Die Zigarette hängt zerfetzt zwischen Eisenzähnen.

„Ein guter Killer, was?“ meint Trevor stolz und richtet die Falle wieder her. „Kaninchen sind was Leckeres, ausgenommen der Kopf. Willst du zum Abendessen bleiben?“

Ich lehne das Angebot dankend ab und gehe nachdenklich zur Hauptstraße zurück. Nach nur zwei Fahrten habe ich es wieder – dieses unangenehme, hilflose Gefühl, zu völlig fremdartigen Menschen in den Wagen zu steigen.

Zwei Fahrten, und schon habe ich eine Bergkette überquert, für die die Kolonisten 25 Jahre gebraucht hatten. Charles Wentworth, der erst 20 Jahre alt war, als es sich der erfolgreichen Expedition von 1813 anschloß, schrieb ein Gedicht darüber, wie die Gesellschaft mit mühsamen Schritten die dichtbewachsene Anhöhe erklomm, um das Land im Westen zu sehen, das sich vor ihnen wie ‚unbegrenzter Champagner‘ erstreckte.

Offensichtlich führte diese Vision zu einer sofortigen Schlappe. Gregory Blaxland, der kein Dichter war, notierte daß die Expedition sehr eilig nach Sydney zurückkehrte, wobei ‚ihre Kleidung und besonders ihr Schuhwerk ziemlich abgerissen war, und sie alle unter Darmbeschwerden litten.‘

Moskitos wurden nicht erwähnt. Ich kneife meine Augen und Nasenlöcher zu engen Schlitzen zusammen, halte meine Finger in die Höhe und bleibe völlig unbeweglich stehen, bis schließlich ein Wagen anhält. Der Fahrer ist ein Farmer, bekleidet mit Shorts und ärmellosem T-Shirt, und einem schwachen Geruch nach Mist, der von seinen Arbeitsstiefeln aufsteigt.

„Ich hol' ihn nur für Fahrten zur Kirche und in die Stadt 'raus", sagt er und tätschelt das Armaturenbrett des glänzenden Sedan. Heute ist es eine Fahrt in die Stadt, um in Orange Saat zu kaufen.

„War einmal in einer richtigen Stadt", setzt er hinzu und meint damit offensichtlich Sydney. „Hat mir aber nicht gefallen."

Für den Rest der stundenlangen Fahrt sagt er kein Wort mehr. Ich starre aus dem Fenster auf ein Unkraut, das *Patterson's Fluch* genannt wird, und das die Obstplantagen und Weiden mit einem purpurfarbenen Hauch überzieht. Ab und zu taucht ein Ort auf, aber nur von der Sorte ‚wenn du einmal zwinkerst, hast du ihn schon verpaßt': ein Pub, ein Kramerladen, ein paar Häuser. Augenzwinkern. Und dann wieder Obstplantagen und Pferdekoppeln.

Im Vergleich dazu ist Orange eine Metropole. Es hat die breite Hauptstraße, die ich auf Hunderten von Zeitungsfotos kleiner Städte gesehen habe: Scheinfassaden vor den Geschäften, Querparkplätze und breite Markisen, die den Gehsteig beschatten. Was die Fotos nicht zeigen, ist, daß die großartige Fassade der Main Street, New South Wales, gestaltet ist wie der Drehort für einen Wild-West-Film, bei dem man die Leere hinter den Kulissen verbergen muß. Sogar in einer Stadt mit 30000 Einwohnern führen die Seitenstraßen lediglich zu ein paar verstreuten Häusern, bis sie dann irgendwo im Busch endgültig aufhören.

In den Geschäften ist es am Sonntag ruhig, aber es gibt viel Verkehr, der sich unglücklicherweise kaum bewegt. Mit laufendem Radio auf der Hauptstraße zu parken ist offensichtlich etwas, was in Orange zum Sonntagsvergnügen gehört.

Ich lehne mein Gepäck an eine 10-Cent-Parkuhr und beobachte, wie das Thermometer langsam auf 30 °C klettert. Ich weiß, daß in dieser Beziehung noch Schlimmeres vor mir liegt, und so wende ich mein Gesicht voller Absicht der Sonne zu. Als Kind pflegte ich im Frühsommer immer meine Schuhe auszuziehen und auf dem steinigen Fahrweg hin und her zu springen. Ich hoffte, damit meine Fußsohlen für die kommenden Monate abzuhärten, in denen man barfuß lief. Vielleicht kann ich jetzt das gleiche machen und mich für die flirrende Hitze im Busch abhärten.

Mein erster Versuch dauert genau zehn Minuten. Ich ziehe mich in den Schatten zurück und gönne mir einen Guß über den Kopf aus dem Wasserbeutel. Eine Stunde später schließlich löst sich ein Wagen aus der Parkreihe und biegt zu mir ab, um mich mitzunehmen. Es ist einer dieser aufgemotzten Dragster, deren große Hinterräder den Kühlergrill so tief legen, als ob er losen Kies von der Straße saugen sollte. Der Fahrer, ein einfältig dreinblickender Teenager in schwarzen Jeans und ärmelloser Weste, wedelt mit seinem Arm über dem Beifahrersitz wie ein Goldwäscher hin und her und wischt mindestens drei Dutzend Cola-Büchsen klappernd auf den Boden.

„Rein mit dir, Mann. Ich kann dich bis Molong mitnehmen."

„Danke für's Mitnehmen!", sage ich zu ihm und versuche meine Beine zwischen den Büchsen und einem Gewirr von Zündkabeln zu verstauen. Es ist nämlich die erste und einzige Pflicht eines Anhalters, den Eindruck von ewiger Dankbarkeit zu vermitteln – und das Gespräch am Laufen zu halten. Anhalter sind für beide Parteien eine Sache auf Vertrauensbasis. Der Fahrer weiß vorher nicht, ob der Anhalter nicht gerade eben aus einem Hochsicherheitsgefängnis ausgebrochen ist. Und der Anhalter weiß vorher nicht, ob der Fahrer nicht ein Straßenräuber, Vergewaltiger oder etwas noch Schlimmeres ist. Ein nettes Geplaudere, ganz egal wie seicht es ist, ist der beste Weg, um irgendwelche schwelenden Verdachtsmomente auszuräumen.

Ich versuche es noch einmal: „Was kann man denn so am Sonntag in Orange unternehmen?"

„Nichts."

„Und in Molong?"

„Da is' alles tot, Kumpel. Wie 'ne steife Leiche."

„Und warum fährst du dann hin?"

„Probier' meine Übersetzung aus."

Schweigen. Übersetzungen bei Autos gehören nicht zu meinen stärksten Gesprächsthemen. „Eigentlich" fügt er überraschend hinzu, „eigentlich ist das gelogen. Auf Kanal Zwei gab's ein Cricket-Match und auf dem Neuner eine Wiederholung von

Bonanza. Und auf der Straße ist auch nichts passiert. Da hab' ich mir gedacht, vielleicht passiert zwischen hier und Molong 'n bißchen was Aufregenderes."

Möglicherweise meint er mich. Langeweile ist schließlich einer der Hauptgründe, warum Leute Anhalter mitnehmen; und wenn es nicht Langeweile ist, dann um sich vom Einschlafen abzuhalten. Ab und zu rührt der Anblick eines Anhalters auch am Gewissen, so wie der Anblick eines dieser afrikanischen Kinder, die einen von Zeitschriftenbildern anstarren: ‚Man kann für diesen armen Kerl anhalten, aber auch woanders hinschauen.' Meistens blättern sie die Seite um.

Wie auch immer, dieser Teenager aus Orange langweilt sich zu Tode, aber er ist hinter Aufregenderem her als meinem leeren Geschwätz.

„Schau' dir das an", sagt er und verlangsamt die Fahrt neben einem Haufen Fleisch, das von einem Auto überfahren wurde. Es ist das erste Känguruh, das ich auf meiner Fahrt durch Australien

Känguruhs sind häufig Unfallopfer

sehe. Ich starre auf den konturlosen Körper und versuche mir das Tier so vorzustellen, wie es in den Berichten des Forschers William Dampier beschrieben wurde. Er war der erste Weiße gewesen, der jemals über den Anblick eines Känguruhs berichtete. ‚Die Landtiere waren nur eine Art von Waschbären', schrieb er über seinen Besuch der australischen Küste im Jahr 1699. Aber im Gegensatz zu den amerikanischen Waschbären, die er kannte, ‚haben sie sehr kurze Vorderbeine, hüpfen darauf aber wie die anderen, und haben, genauso wie sie, ebenfalls ein sehr wohlschmeckendes Fleisch.' Und sind, ebenfalls wie die Waschbären, ein billiger Braten von der Straße. Aber nicht gut genug für meinen Begleiter.

„Dachte, es wäre ein großer Wombat oder vielleicht ein Echidna", meint er und beschleunigt wieder.

Ich habe noch nie zuvor ein Echidna gesehen, aber ich habe gelesen, daß sie die einzigen Säugetiere der Welt sind, die nicht träumen. Bewußtsein und Unterbewußtsein sind in einer schlaflosen Welt verwoben; durch ihre Schnauzen und ihren dünnen Körper leben sie das Leben einfach so, wie es ist. Bis sie sich auf die Straße wagen, und, wie dieses Känguruh, in einem tiefen Echidna-Schlaf enden.

Im Vergleich zu Molong sieht Orange wie der New Yorker Times Square am Neujahrsabend aus. In Molong gibt es zwei Pubs, die beide geschlossen sind. Sogar die geparkten Wagen sind an diesem Nachmittag woanders hingefahren. Mein Fahrer beschließt, sein Glück nicht auf die Probe zu stellen; er kehrt wieder um, um rechtzeitig in Orange zu sein – für High Chaparral auf Kanal Sieben.

Als er mich am nördlichen Stadtrand absetzt, ist der Tag noch jung. Aber während ich auf einen vorbeifahrenden Wagen warte, nähert er sich seinen mittleren Jahren und erreicht schließlich sogar das Rentenalter. Wenn man so am Straßenrand steht und stundenlang wartet, wird man von paranoiden Einbildungen bedrängt. Im meinem Fall trägt die Statue eines Känguruhs im Garten hinter mir Schuld daran. Ich kann seine runden Gipsaugen auf meinem Nacken fühlen, die mich vorwurfsvoll anstarren, weil ich den ganzen Tag über mit Tiermördern gefahren bin. Ich bitte um Vergebung und flehe das Känguruh an, mir eine Mitfahrgelegenheit zu verschaffen. Statt dessen gesellt sich ein anderer Anhalter zu mir.

„Wie lang bist du denn schon unterwegs, Kumpel?" Ein ungepflegter Mann mit zwei ausgebeulten Wollsäcken betrachtet mich von der anderen Seite der Straße.

„Der erste Tag. Und wie steht's mit dir?"

„Dreiunddreißig Jahre, Kumpel. Und die Stiefel hier sind immer noch nicht zu müde zum Wandern."

Phil ‚Boots' Harris, gelernter Koch, aber Kartenhai und Falschspieler aus Passion, bringt seine beiden Säcke in die Form eines Sofas und streckt sich drauf aus. Er hatte mich schon von einem Dickicht neben der Straße aus gesehen, wo er den größten Teil des Tages nach einem Kartenspiel verschlief, das die ganze Nacht über gedauert hatte. Er trägt Lackpumps mit hohem Absatz – Schuhe für den Abend, aber nicht zum Trampen. In der Mitte des Schienbeins enden die Stiefel an einer zerlumpten Smokinghose, die früher einmal einem dickeren und kleineren Mann gehört haben muß. Ein gewaltiger Bierbauch wölbt sich über den engen Hosenbund und wird von einem T-Shirt umspannt, auf dem steht: ‚Meine Frau hat ein Trinker-Problem. Mich.' Seine Vorliebe für Alkohol steht ihm auch im Gesicht geschrieben: es ist rot, verquollen und schlaff, wie ein Geburtstags-Luftballon, der schon einen Tag alt ist.

„Hab' dies'n fein'n Zwirn in 'ner Kirche in Orange abgestaubt", sagt Boots und hakt seinen Daumen in einen nicht vorhandenen Gürtel. „Hab' 'ne ziemlich schlechte Zeit hinter mir. Hab' mein'n Job verlor'n. Hab' angefang'n zuviel Fusel zu sauf'n. Dann hat mich meine Frau rausgeworf'n. Blah, Blah, Boo, Hoo Hoo."

Er öffnet einen seiner Säcke und ein paar Kartoffeln rollen heraus. „Hab' auch was zu Essen abgestaubt. In' 'nem anderen Sack sind noch ein paar Decken. Werd' den größt'n Teil davon in Dubbo verkauf'n."

Ich frage ihn nach seiner Lebensgeschichte.

„Information'n kost'n was im Busch", antwortet er und reibt Daumen und Zeigefinger aneinander. „Hast 'n Bier?"

Ich habe keines und so werfe ich ihm eine Dollar-Münze zu.

„'n Heim und 'nen ehrlich'n Job kann jeder hab'n", sagt er, lehnt sich zurück und verschränkt die Hände hinter dem Kopf. „Aber wenn 'n Mann nur von sein' Verstand lebt, kommt er auch ohne all sowas aus. Und bleibt dabei so frei wie'n Vogel, genau so wie ich."

Frei, um durch den ganzen Kontinent zu ziehen. Und genau das hat Boots getan, seit er als Teenager von Kalgoorlie weggelaufen ist. In jeder Stadt ist sein erster Stop das Pub, wo er für große Gläser Bier Kartentricks vorführt. Wenn die Tricks nicht mehr gefragt sind, spielt er Poker. In einer guten Nacht verdient er soviel, daß er wieder ein Stück weiterziehen kann. Nach einer schlechten Nacht schläft er erst einmal seinen Rausch aus und fängt am nächsten Tag von vorne an. ‚Frisch wie 'ne Gans.' Nur ärmer.

„Wenn's im Pub keine Ochs'n nich' gibt, die man melk'n kann, dann gibt's auf alle Fälle ein'n inner Kirche", erklärt er. „Klöster sind das beste. 'ner Nonne kannste das Blaue vom Himmel runterlüg'n und von ihr alles bekomm'n, außer 'n Platz in ihr'm Bettchen."

Ich unterbreche seine Erzählung, weil zwei Wagen in Richtung Norden auftauchen. Sie fahren vorbei. Ein paar Minuten später kommen immer noch mehr Autos und fahren vorbei.

„Lebste immer noch nach der Stadtzeit, was?", fragt mich Boots lachend. Er wirft sich über jede Schulter einen seiner Säcke und führt mich die Straße hinauf zu einem Wegweiser, dessen Pfosten mit dem Namen von Anhaltern übersät ist, die vor uns hier gestrandet waren. In ganz Amerika gibt es Gedenkstätten wie diese, die von Legionen von Anhaltern beschriftet wurden. Offensichtlich ist es in Australien nicht anders.

„Frag' mich nich' warum, aber aus Molong kommste nur verdammt schlecht wieder 'raus", sagt Boots und findet seine Inschriften neben den Jahren 1972, 1978 und 1981. Der Ordnung halber fügt er ‚P.H. in 1-86' dazu. „Is bestimmt nich' das letzte Mal.

Wenn ich erst mal in Dubbo bin, kehr' ich vielleicht gleich wieder um. Wenn ich irg'ndwo zu lang bin, krieg' ich steife Füße."

Die Regeln der Anhalter sind weltweit dieselben. Da ich der erste an der Straße war, läßt sich Boots außer Sicht nieder und jongliert so lange mit seinen Kartoffeln, bis ich jemanden finde, der mich mitnimmt. Aber es herrscht hier nur wenig Verkehr und keiner ist daran interessiert, mich mitzunehmen.

Boots wartet eine halbe Stunde, ehe er wieder zum Straßenrand kommt. Er setzt sich auf einen seiner Säcke und bietet mir den anderen an. Es ist schon fast Sonnenuntergang, Zeit für die Karten.

„Such' dir 'n Herz aus, irgend 'n Herz", sagt er und holt ein abgegriffenes Kartenspiel aus der Tasche seiner Smokinghose. „Sechs."

Er hebt das Kartenspiel bei einer Sechs ab.

„Für 'n Dollar heb' ich das As ab." Ich nicke. Er hebt das As ab.

„König?" Es ist der König. Eine Zwei-Dollar-Note wechselt den Besitzer. Ich lasse mir das Spiel geben und teile die Karten für eine Runde Poker aus. Eine weitere Dollar-Note verschwindet in seiner Hosentasche. Wir versuchen ein Kartenspiel und ich verliere wieder.

Ich bin bereits um zehn Dollar ärmer, als ein Laster anhält und eine Fahrt nach Dubbo anbietet. Er hat aber nur für einen von uns Platz.

„Nimm du ihn," sagt Boots und sammelt die Karten ein. „Die Stiefel hier sind immer noch nich' zu müde zum Wandern."

Von der Ladefläche des Lasters aus beobachte ich, wie der Mond aufgeht und ziehe Bilanz für meinem ersten Tag auf der Straße: Ein Angebot für eine Mahlzeit, mein erstes Känguruh, und ein echter australischer Tramp, der mich allerdings etwas teuer gekommen ist. Doch ehe diese Reise zu Ende geht, wird es noch viele gemeinsame Mahlzeiten und Känguruhs geben.

Von hier an ist meine Reise erst einmal einsam. Boots ist der letzte Anhalter, den ich während der nächsten 5000 km treffe.

Woop Woop und andere Orte

Das Dämmern des Morgens von einem Park außerhalb von Dubbo aus zu beobachten, kommt mir merkwürdig vertraut vor. Dann den Schlafsack zusammenzurollen. In einem Papierkorb nach einem Stück Pappe kramen, um es als Schild mit ‚Bourke' als Zielort zu verwenden. Zum Highway schlendern, um mir ein Bild vom Verkehr zu machen. Wer weiß schon, was um die Ecke los ist?

Ein Rastplatz für Lastwagen. Es ist immer noch sehr früh, deshalb gehe ich hinein, um einen Kaffee zu trinken, bis die Sonne über der dunklen Ebene aufgeht. Ein Radio über dem Grill piept sechsmal und der Koch hört auf, an den Speckstreifen herumzufummeln. Er dreht das Gerät lauter.

„Der morgendliche Börsenbericht", sagt er. Die zwei Farmer an dem Tisch neben mir hören auf zu reden. Im Geiste mache ich mir eine Notiz über diesen Ort namens Dubbo, in dem sich jeder nach dem Dow Jones Index zu richten scheint. Darüber werden sich meine Leute zuhause sicher totlachen.

„In Gunnedah gab es am Freitag gute Angebote für Mastbullen", dröhnt das Radio, „mit Preisen, die fest begannen, dann aber zwei bis drei Cents höher stiegen als letzte Woche. Wollschafe ebenfalls teurer, genau wie junge Mastbullen und Schweine . . ."

Ich höre dem Kurzbericht aufmerksam zu und mir fällt ein, daß ich gestern derartige Radiosendungen mindestens zehnmal gehört habe. Berichte über Viehhandel und Cricket-Ausscheidungen sind die Begleitmusik, bei der das Landleben abläuft.

„Findet heute irgendwo ein Markt statt?", frage ich den Koch.

„Ich glaube in Nyngan. Vielleicht auch in Wee Waa. Frag' doch die dort drüben."

Er zeigt auf die beiden Männer, die so aufmerksam dem Radio gelauscht haben. Sie sind mager und braungebrannt und tragen das, was offensichtlich die Uniform der Farmer von New South Wales zu sein scheint: Shorts, ärmellose T-Shirts, Arbeitsstiefel zum Schlüpfen. Die Krempen ihrer Arbeitshüte hängen wie schlaffe Salatblätter herunter.

Ich studiere kurz die Landkarte. Nyngan liegt im Norden und westlich von Bourke. Wee Waa kann ich nirgends finden. Ich schultere mein Gepäck und gehe zu den Farmern hinüber, die auf dem Resopaltisch ihr Wechselgeld zählen.

„Tag." Ich grinse sie freundlich an. „Habt ihr vielleicht Platz für mich?"

Sie mustern mich von oben bis unten: „Wo willst du denn hin?"

„Wenn's geht, zuerst nach Bourke, später dann weiter. Ich fahr' nur so herum."

„An deiner Stelle würd' ich mich nicht zu lange in Bourke aufhalten. Gibt dort zu viele Abos." Damit meinte er wohl Aborigines, die Eingeborenen Australiens. „Aber ich kann dich bis Nyngan mitnehmen."

Wir steigen in seinen Laster und fahren in die Morgensonne hinein. Genauso wie der Farmer, mit dem ich gestern unterwegs war, gehört auch der hier nicht zur gesprächigen Sorte. Deshalb starre ich aus dem Fenster und beobachte, wie die mickrige

Auf dem Highway in Richtung Bourke

‚Skyline' von Dubbo hinter mit verschwindet. Ich weiß, daß von jetzt an die bewohnten Gebiete immer weniger werden. Ich stelle mir vor, daß in einem typischen Buschnest das Getreidesilo das höchste Gebäude des Ortes sein wird.

Aber soweit ich mich erinnere, ist Bourke und nicht Dubbo der Ort, hinter dem eine Reise in den Outback erst wirklich anfängt. Alles vorher ist bewohntes, bebautes und kultiviertes Gebiet: Obstplantagen, Farmen, Weideland mit Schafen. Aber ‚hinter Bourke', wie jeder den echten australischen Busch bezeichnet, erstrecken sich bis nach Alice Springs nur endlose Ebenen – mit Nichts.

Zehn Meilen außerhalb von Dubbo stelle ich fest, daß es schwierig sein dürfte ‚hinter Bourke' von ‚vor Bourke' zu unterscheiden. Es gibt zwar, wie in Kansas, riesige Baumwoll- und Getreidefelder, auch ein paar Silos, aber der Rest ist leere, unberührte, endlose Weite. Eine Telefonleitung und ab und zu ein Eukalyptus-Baum sind das einzige, was sich über den Staub und das Gestrüpp erhebt.

‚Man scheint ewig zu reiten und niemals anzukommen', schrieb Anthony Trollope 1870 nach einer Reise durch das Buschland von New South Wales, ‚und man verliert sogar die Kraft, sich irgendetwas Konkretes überhaupt vorstellen zu können.' Ein Jahrhundert später ist die Landschaft immer noch das bildliche Äquivalent einer Schlaftablette.

Ich schrecke aus meinem Schlaf hoch, als der Laster von der Straße in Richtung einer Stadt namens Nevertire abbiegt. Eigentlich ist es keine richtige Stadt – sie besteht nur aus etwa 50 Häusern, einer Eisenbahnstation, einem Pub und einem Laden. Nevertire war nicht immer so unbedeutend. Wäre ich ein Jahrhundert eher hierher gekommen, wäre ich eventuell von einer der Herden niedergetrampelt worden, die hier einst auf das Verladen warteten. 1891 gab es in Nevertire 134 Einwohner. Aber es wurden in diesem Jahr 295708 Schafe, 6998 Stück Vieh und 710 Schweine per Eisenbahn verladen. Damit kamen auf jeden Menschen 2300 Huftiere. Und 1890 hatte ein Zyklon zwei der drei Pubs der Stadt weggeblasen.

Das übriggebliebene Pub verdient heute gutes Geld beim Bedienen schwitzender Farmer und Autofahrer, die es nach einem Bier und einem netten Plausch gelüstet, ehe sie sich wieder auf den Weg nach Bourke machen. Auch ich werde ins Gespräch eingeschlossen, obwohl ich ein ‚Yank', ein Amerikaner, bin.

„Weil du ein Yank bist, weißt du wahrscheinlich nicht, warum die Schwarzen bei uns ‚Boongs' genannt werden", sagt mein Farmer zu mir. Theatralisch reißt er am Absatz seines Stiefels ein Zündholz an und zündet sich eine Zigarette an. „*Boong!* Das ist das Geräusch, das sie machen, wenn sie vom Känguruh-Grill wieder runterfallen."

Da ich ein Yank bin, brauche ich einen Moment, bis mir wieder einfällt, daß ein Känguruh-Grill die Auffangvorrichtung ist, die ich vorne an den Lastern gesehen habe. Ich zwinge ein freundliches Lächeln auf mein Gesicht.

Mein Farmer bestellt ein Bier und dann noch eins, bis mir klar wird, daß das vermutlich ein recht ausgedehnter Stop werden wird. Andere Farmer kommen zum Mittagessen herein. Bei Themen wie Düngemittel, fette Lämmer, Preise für Schweine usw. kann ich mich leidlich gut über die heißeste Zeit des Tages hinüberretten. Mein Farmer torkelt auf die Toilette. Es scheint so, daß ich mir eine neue Mitfahrgelegenheit nach Nyngan suchen muß.

Ich schultere wieder einmal mein Gepäck und gehe zur Tankstelle hinaus. Ich spreche einen Fahrer an, der gerade tankt. Der Mann hat zwar selber auch schon ein paar Biere im Pub getankt und ist vermutlich in ähnlicher Verfassung wie mein Farmer. Doch da es sonst keinerlei Verkehr gibt, nehme ich sein Angebot an, bis zu seiner Schaffarm mitzufahren, die 25 km die Straße hinauf liegt.

Das ist mein erster Logikfehler auf dieser Reise. Der Fahrer fährt zwar sehr vorsichtig, aber die Stelle, wo er zu seiner Farm abbiegen muß und wo er mich aussteigen läßt, ist ein staubiger Weg zwischen Baumwollfeldern und dem Nichts. Es gibt keinen Schatten, der Schutz vor der glühenden Mittagssonne bietet, und auch nicht die Aussicht auf einen derartigen Schutz.

„Wenn du jemals an einem Ort wie diesem hier hängen bleibst, dann folge einfach den Viehspuren", sagt der Farmer zu mir beim

Aussteigen, „sie führen immer zum Wasser." Mit diesem guten Rat fährt er weiter und läßt mich fast verschmachtend vor Hitze am Highway zurück.

Nach zehn Minuten kocht mein Kopf und meine Füße haben sich in zwei Laibe heißen, glitschigen Brotes verwandelt. Der Körper dazwischen fühlt sich an, als wäre er mit Schweiß übergossen und

Australischer Farmer

anschließend auf einem Barbecue-Ofen langsam gargekocht worden. Inzwischen muß es fast 35 Grad haben, vielleicht sogar 40 Grad. Ich drehe mich einmal im Kreis herum und kann überhaupt nichts sehen, außer flirrenden Hitzewellen, die über dem Straßenbelag wabern. Es gibt keine Wahl, ich muß das durch-schwitzen.

Ein Schluck Wasser klärt meinen Geist lange genug, um in Panik zu geraten. Zum ersten Mal wird mir klar, daß ich für diese Reise vollkommen unzureichend ausgerüstet bin, trotz aller vorherigen Warnungen. Mein Wasserbehälter enthält gerade noch genug Wasser, um ein paar Aspirin hinunterzuspülen zu können. Momentan könnte ich einen ganzen Kühler austrinken und mich immer noch wie ausgedörrt fühlen. Mein Hut hat sich heimlich verdrückt, vermutlich schon in diesem Pub in Nevertire. Und das Sonnenschutzmittel schwimmt in dem giftigen Matsch, in den sich die Seitentasche meines Rucksacks verwandelt hat – jene Tasche, wo ich gestern das Insektenmittel verstaut habe.

Die anderen Sachen in meinem Gepäck eignen sich eher für eine Woche Urlaub auf Bali als für eine Reise ins Innere Australiens für unbestimmte Dauer. Außer ein paar Kleidern und Campingsachen habe ich eine Kamera dabei, einen Gedichtband, zwei Romane und diverse Touristenführer, Straßenkarten, Zeitschriften und ungelesene Zeitungen. Ich hatte Angst vor der Langeweile gehabt, dabei hätte ich eher Angst vor dem Gebratenwerden haben sollen.

Eine Stunde vergeht. Soll ich jetzt mit der Suche nach den Viehspuren anfangen? Noch nicht, noch nicht. Ich hole den Gedichtband heraus. ‚Das wüste Land und andere Gedichte'. Na, ja, das dürfte kaum eine aufmunternde Lektüre für einen Reisenden sein, der im Busch gestrandet ist. Auf früheren Reisen habe ich eine Mundharmonika mitgeschleppt unter dem Trugschluß, daß ich vielleicht während der langen Warterei zwischen den einzelnen Fahrten ein zweiter Bob Dylan werden könnte. Dieses Mal werde ich statt dessen ein zweiter T. S. Eliot werden.

Ich habe ein neues Zaubermittel gefunden. Noch ehe ich den dritten Vers erreiche, höre ich in der Entfernung das Rumpeln eines Automotors. Ich starre durch die Hitzewellen, die vom Asphalt aufsteigen und kann einen winzigen Fleck erkennen, dort, wo sich die Straße mit dem Horizont vereinigt. Dann wird aus dem winzigen Fleck ein Punkt und aus dem Punkt ein Auto, und das Auto fährt langsam auf mich zu. Alles, was ich jetzt tun muß, ist dafür zu sorgen, daß es nicht an mir vorbei fährt. Ich strecke meinen Daumen aus, doch dann denke ich darüber nach und stelle mich lieber mitten auf die Straße, mit der Autorität eines Polizisten. Der Wagen verlangsamt seine Fahrt und ich renne zum Fahrerfenster, japsend wie ein Verrückter, und so muß ich auch aussehen. Der Fahrer grinst.

„Du bist der verrückte Yank, von dem in Nevertire erzählt wird", sagt er, steigt aus und bietet mir einen großen Schluck von seinem Bier an. „Kumpel, was du brauchst, ist ein Kamel. Aber was soll's, steig' ein."

Es hat den Anschein, daß mir mein Ruhm vorauseilt, oder zumindest lediglich ein paar Meilen hinter mir ist. Aber als Berühmtheit bin ich eine Niete. Eine Minute, nachdem ich auf dem Rücksitz zusammengeknickt bin, hole ich mir einen Drink aus der Kühltasche, die ‚Esky' (für Eskimo?) heißt. Ein paar Minuten danach versinke ich, in Bierschweiß gebadet, in Schlaf. Auch recht. Jedes Mal wenn ich meine Augen öffne, fährt der Fahrer auf der Gegenfahrbahn.

„Die Straße ist so langweilig, daß man was tun muß, um sich wach zu halten", erklärt er. Tatsächlich ist die Straße so schnurgerade, daß ein Fahrer, wenn sein Auto gut die Spur hält, ohne das Lenkrad zu berühren von Nyngan nach Bourke fahren kann. Ausgenommen sind dabei die weiten S-Kurven bei der Einfahrt in jede Stadt, die deswegen angelegt wurden, um die Fahrer aus ihrem Trancezustand zu wecken.

Doch die Städte sind es nicht wert, aufzuwachen. Nyngan könnte genauso gut Coolabah oder Girilambone heißen: eine breite Hauptstraße, ein Pub, eine Eisenbahnstation – und dann auch schon wieder eine schnurgerade Straße ins Nichts. Die Bezeichnung Stadt ist zu hochtrabend für diese Orte, wie eigentlich für alle Siedlungen hinter der Dividing Range. Aber das australische

Jugendliche Aborigines

Englisch macht in dieser Beziehung keine Unterschiede; es gibt wenige sprachliche Abstufungen zwischen der Großstadt Sydney und den winzigen Käffern in den ländlichen Gebieten.

Aus der Entfernung sieht Bourke genauso vielversprechend wie eine Wüstenoase aus. Bäume! Wassertürme! Motels! Wenn man jedoch näher kommt, ändert sich dieser Eindruck. Die Stadt war 1835 als Grenzbefestigung gegründet worden und erweckt auch heute noch den Eindruck einer wohlbewaffneten Garnisonsstadt. An den Fenstern der Geschäfte gibt es Eisengitter und in den Straßen zerbrochenes Glas. Ein Ladenbesitzer hat die Scherben nicht ersetzt, sondern das Fenster mit Ziegelsteinen zugemauert.

Ich bin gewarnt worden, daß in Bourke wegen der Rassentrennung eine angespannte Situation herrsche, daß es eine Art ‚Johannesburg' im australischen Busch sei. Erst eine Woche vorher hatte es in der Zeitung einen Bericht über ‚Abos' gegeben, die in Bourke ein Pub niedergebrannt hatten, weil der Barkeeper sie nicht bedienen wollte. Ein anderes Mal hatte ich gelesen, daß die Polizei in Bourke gefangene Aborigines verprügeln würde. Offensichtlich genießt die Stadt in dieser Beziehung einen gewissen Ruf.

Was ich nicht erwartet hatte, waren eiserne Fensterläden und Gitter. Ich dachte immer, daß das zu Auseinandersetzungen in den Großstädten gehört – aber nicht vor die Fenster der Geschäfte einer ruhigen kleinen Stadt auf dem Lande.

Und ich ahne auch nicht die Reaktion der drei Aboriginal-Mädchen voraus, die ich nach dem Weg zum Camping-Platz frage. Sie starren mich an, mit weitaufgerissenen Augen und völlig stumm, ehe sie wie kleine Vögel in die Nacht davonstieben. Mein erstes Zusammentreffen mit dem schwarzen Australien ist alles andere als ein durchschlagender Erfolg.

Der Reporter in mir will wissen, wie sich die Dinge so zum Schlechten hin haben entwickeln können. Der einzige Ort, das herauszufinden, sind die Pubs. Doch der Zustrom in die Pubs ist wie eine zweispurige Autobahn geregelt: die Weißen strömen in die eine Kneipe und die Farbigen in eine andere. Ich will an dieser Apartheid nicht teilnehmen, und so entschließe ich mich für den goldenen Mittelweg und gehe in ein nahegelegenes chinesisches Restaurant.

Das ist mein zweiter Logik-Fehler an diesem Tag. Die Spezial-Suppe ist ein sorgsames Gemisch: ein Teil glitschige Nudeln, zwei Teile Soja-Sauce und zwölf Teile Glutamat. Ich frage die Bedienung, ob der Koch beim zweiten Gang das Glutamat vielleicht weglassen könne. Sie sieht mich an, als hätte ich sie gebeten, ihre Bluse auszuziehen.

Eine halbe Stunde später krieche ich in meinen Schlafsack und halte mich an meinem Wasserbeutel wie an einem intravenösen Tropf fest. Ich bin zu müde, um mir über den angesammelten Dreck und Schmutz des heutigen Tages Sorgen zu machen. Aber trotzdem hält mich ein alarmierender Gedanke wach. Wenn es bereits in dem zwar dünnbesiedelten, aber immerhin besiedelten New South Wales schon so heiß, trocken und öde ist, welche Höllenqualen werden mich erst im richtigen Outback erwarten?

Queensland in Schwarz und Weiß

50 Kilometer vor der Grenze zu Queensland gerät das Auto, in dem ich sitze, auf den unbefestigten Seitenstreifen, schleudert übel und taumelt quietschend wieder auf den Asphalt zurück. Der Fahrer, ein beurlaubter Soldat namens Rod, richtet sich erschrocken im Sitz auf und holt eine kleine Pille aus der Hosentasche seiner Jeans.

„Jetzt wär'ich doch beinahe eingeschlafen“, sagt er und stößt ein hohes Kichern hervor. Er wirft die Pille ein und greift nach der Bierdose zwischen seine Beinen, um das Kügelchen mit einem kräftigen Schluck hinunterzuspülen.

„Hab' wahrscheinlich zu viele Meilen heruntergerissen und zu wenig ‚Blue Tabs‘ eingeworfen.“ Ich verstehe, er meinte damit Muntermacher-Pillen. Rod war laut Tachometer 400 Meilen gefahren und hatte fast ebenso viele Blue Tabs eingeworfen, ehe er mich in der Morgensonne am Stadtrand von Bourke aufgabelte.

„Muß mal für 'ne Weile in den Busch, um meine fünf Sinne wieder zusammenzukriegen,“ erklärte er mir und bot mir gleich nach dem Einsteigen eine seiner Muntermacher-Pillen an. „Ich brauch' einen Ort, der ruhiger ist als Sydney, einen, wo nichts statisch aufgeladen ist, wo kein Wölkchen den Himmel trübt.“

Die Straße nördlich von Bourke hat ungefähr ebenso viel statische Aufladung wie der Weltraum. Sie ist sogar noch leerer als die gestrige Strecke – genauso trocken und staubig wie Müsli ohne Milch. Es überkommt mich das Bedürfnis, alles aufzugeben. Den Motor abzustellen. Mich in der heißen, roten Erde zu begraben. Mich schlafenzulegen. Für immer ... In diesem Augenblick ratscht der Reifen über den unbefestigten Seitenstreifen, das Lenkrad kreiselt und der Wagen rutscht in den Straßengraben.

„Der Ford da drüben war auch schon '78 da – da bin ich das letzte Mal diese Straße gefahren“, erzählt Rod und deutet auf eine verrostete Karosserie, die neben der Straße auf dem Dach liegt. Es ist das erste, das seit über einer Stunde Fahrt Abwechslung in die eintönige Landschaft bringt.

„Stell' dir vor, wenn wir dort hinten vor der Straße abgekommen wären, wär' uns das gleiche passiert. Wie in einer Zeitschleife würden wir da draußen liegen und die Autofahrer würden uns jahrelang anstarren." Wieder läßt er ein schauderhaftes Kichern hören; dann zieht er sich noch ein Bier rein. Ich suche den Horizont nach Anzeichen für eine Stadt ab, einen Ölbohrturm – irgend etwas. Aber alles, was ich sehen kann, ist die staubige Ebene, genauso flach und konturlos wie ein Billardtisch.

Diejenigen, die noch nie per Anhalter unterwegs waren, stellen sich immer vor, daß die Straßen voll sind mit Taschendieben, Vergewaltigern und psychopatischen Killern. Meine Mutter schickte mir einen warnenden Zeitungsartikel über zwei junge Anhalter, die von dem Fahrer, der sie mitgenommen hatte, tatsächlich getötet und aufgegessen wurden. Ich bin noch nie von einem Dieb oder einem Kannibalen mitgenommen worden, aber ich bin bei so vielen betrunkenen oder gedopten Fahrern mitgefahren, daß man damit leicht eine Reha-Klinik hätte füllen können.

Gewöhnlich merkst du erst, wie high der Fahrer ist, wenn du bereits im Auto sitzt. Auch wenn du schon vorher einen Verdacht hast, siegt die Einsicht in die Notwendigkeit, wieder ein Stück weiterzukommen. Wenn die Sache zu schlimm wird, nun, dann kannst du immer noch bei der nächsten Ampel oder Straßenkreuzung aus dem Wagen springen. So ist es jedenfalls in Amerika.

Im australischen Busch kannst du nicht so einfach rausspringen, da landest du nämlich in einem harten Straßengraben. Deshalb suche ich jetzt verzweifelt den Horizont nach einem Anzeichen von Zivilisation ab, während Rod ein Bier nach dem andern kippt und eine Blue Tab nach der anderen einwirft.

Die Umrisse von ein paar Bäumen und eines baufälligen Holzschuppens tauchen am Horizont auf. Das ist der Anfang meiner innigen Liebe zu Busch-Pubs. Für den durstigen Reisenden, oder den gelangweilten Reisenden, oder, wie in meinem Fall, für jemanden, der abhauen möchte, tauchen diese Kaff-Kneipen am Horizont auf wie ein Bernhardiner, der mit seinem Fäßchen über die weiten Schneefelder zu den Lawinenverschütteten trabt. Die

Rettung, in flüssiger oder sonstiger Form, ist dann zum Greifen nahe.

So komme ich zu meinem ersten Kontakt mit der eigenartigen Gesellschaft, die diese abgelegenen Wasserlöcher bevölkert. Es ist Dienstagvormittag 11 Uhr, als ich Rod in das Tattersall Hotel von Barringun folge, ein Ort, der kurz vor der Grenze von Queensland liegt. Es hätte genauso gut Freitagnacht sein können. An der Bar stehen dicht an dicht die Billardhaie, die Trinker, die Dart-Spieler; man könnte fast sagen, daß es hier wie in einem ganz durchschnittlichen Country-Club zugeht – abgesehen davon, daß die Dartpfeile zwei Dollar-Noten sind, die man auf Stifte gespießt hat. Als Dart-Brett dient die hölzerne Decke über der Bar. Von den Dachsparren hängt schon eine ganze Sammlung von Banknoten.

„Einmal im Monat hol' ich die Stifte runter und schick' das Geld nach Melbourne an die Gesellschaft für spastisch Gelähmte", erklärt mir der Wirt. Ich frage mich, was die Gesellschaft wohl mit diesen zerstochenen und biergetränkten Spenden anfängt. Als ich gehe, wirft Rod mit Dollar-Pfeilen nach der Decke und lacht, wenn die Banknoten wieder herunterfallen.

Ich finde eine Mitfahrgelegenheit bei zwei Wildschwein-Jägern aus Bankstown. „Wir fahren aber nur bis zum nächsten Pub, boy", warnt mich der Fahrer und leert einen Karton Bierdosen in den mit Eis gefüllten Esky. Als der Laster auf den Highway einschwenkt, werde ich zwischen die Kühltasche und das Fenster gedrückt. Der Fahrer öffnet eine Dose und der Schaum spritzt auf sein Hemd und sein Gesicht. Der Laster schwenkt auf die rechte Fahrspur.[1] Es hat den Anschein, als wäre Alkoholismus bei den Fahrern im Busch eine Berufskrankheit.

Der zweite Mann ist ein riesiger Fabrikarbeiter mit einem T-Shirt, auf dem steht: ‚Ich schlafe nur mit der Besten'. Er vertreibt sich die Zeit damit, ständig sein Gewehr zu laden und wieder zu entladen. Ich hole mir ein Bier und schaue in die andere Richtung,

[1] In Australien gelten die britischen Verkehrsregeln, also Linksverkehr (Anm. d. Übers.)

auf die ‚Landschaft'. Bald nach unserer Abfahrt aus dem Pub kommen wir an einem von Kugeln durchsiebten Schild vorbei, das die Grenze von Queensland markiert. Der Fabrikarbeiter zielt mit seinem Gewehr quer über meine Brust aus dem Fenster, feuert aber nicht.

„Stell' deine Uhr 'ne Stunde zurück – und dann 25 Jahre", murmelt er mir über die Mündung seiner Waffe zu. Im Gegensatz zur Zeitzone ändert sich draußen eigentlich nichts, außer daß das Unkraut hier mitten auf der Straße wächst, und nicht wie in New South Wales am Rand. Wenn es sonst nichts zu sehen gibt, bemerkt man auch solche Kleinigkeiten.

Die Schweinejäger haben vor, sich im nächsten Pub bis zum Einbruch der Dunkelheit niederzulassen, bis die Wildschweine herauskommen und die Jäger betrunken genug sind, um mit ihren schweren Waffen auf alles zu feuern, was sich bewegt. Aber über eine Stunde lang kommt weder ein Gebäude noch ein weiteres Pub in Sicht.

Als wir wieder die Zivilisation erreichen, besteht diese aus einem Städtchen namens Cunnamulla, das von Weiden und Schafen geprägt ist, und dessen 1800 Einwohner es irgendwie schaffen, sieben Hotels zu unterhalten. Hier sollte es eigentlich genügend Pubs geben, in denen man sich vor der nächtlichen Schweinejagd ordentlich betrinken kann. Ich spendiere den beiden Männern eine Runde Bier, lehne aber ihr Angebot, zum nächsten Pub mitzuziehen, ab. Die unangenehme, aber in Australien schier unabwendbare Sitte des ‚Shout' – jeder muß eine Runde bezahlen, ehe das Trinken vorbei ist – würde mich, wenn ich einwilligen würde, noch vor dem Mittagessen umfallen lassen.

Statt dessen gehe ich das Risiko einer Magenverstimmung ein. Das Tagesmenü klingt eigentlich harmlos. Für ungefähr drei Dollar bekomme ich ein Stück Hackbraten, Kartoffelchips, Sauce, Gemüse und Salat. Kein Glutamat. Das Mahl, das mir serviert wird, enthält drei verschiedene Gemüsesorten (die vorher gründlich zerkocht und anschließend mindestens eine Stunde auf dem Ofen warmgehalten wurden). Dazu ein Stück Hackbraten von der

Größe meines Kopfes, das in einem See von dicker brauner Sauce schwimmt. Und der Salat hat mehr Strüncke als grüne Blätter. Dazu gibt es noch vorsichtshalber Brot und Butter. Nur vorsichtshalber, falls ich hinterher nie mehr etwas essen möchte. Und natürlich gibt es Bier, dieses Mal in verschiedenen Gläsern im Queensland-Style, entweder in den mittelgroßen ‚Pots' oder den kleinen Gläsern, die ‚Ponies' genannt werden.

An jedem anderen Ort würden die kleine Ponies als unmännlich betrachtet werden. Aber in der subtropischen Hitze eines Sommertages in Queensland bedeutet diese Größe eine gute Chance, das Bier zu schlucken, ehe es sich in warme Biersuppe verwandelt.

‚Bei dieser Küche verschlägt es einem schnell den Appetit', schrieb der Franzose Oscar Commenttant 1888 über die australische Hotelküche. ‚Das Mahl für einen Shilling besteht aus einer jener Suppen, die weder Suppe noch Sauce sind, einem Teller mit geschmacklosem Fleisch, dazu Gemüse, das in salzlosem Wasser gegart wurde und womöglich noch weniger Geschmack hat, und einen Pudding, den man nur dann hinunterbekommt, wenn man sich ständig daran erinnert, daß man essen muß, um zu leben und nicht lebt, um zu essen.'

Aufgebläht und aufstoßend schlendere ich durch die blendende Mittagshitze. Allmählich verstehe ich, warum sich im Busch alles nur gemächlich abwickelt. Immer schön langsam. Nur mit der Ruhe. Es ist zu heiß, um Siesta zu halten und zu früh, um den Gedanken ganz aufzugeben. Deshalb mache ich mich auf den Weg zur Empfangshalle des OTB, wo man angeblich den besten ‚Egg Nisher', die beste Klimaanlage der Stadt, findet.

Beim kühlenden Wind des Kelvinators nimmt der träge Ablauf dieses Tages eine unvorhergesehene Wendung. Ich hatte gerade mein Gepäck auf den Boden gelegt und mich draufgesetzt, als mich aus der Richtung des Air Conditioners eine Stimme mit einem eigenartigen Akzent anspricht.

„Komm doch hier herüber, wo es schön kühl ist."

Ich blicke auf und entdecke eine etwa 60 Jahre alte Aborigines-

Frau mit der Figur und der Gesichtsfarbe eines Kartoffelsacks. Dieser Anblick erschreckt mich. Nach meinem mißglückten Debüt in Bourke habe ich nicht erwartet, daß mich eine Farbige anreden, geschweige denn auffordern würde, mich zu ihr zu setzen.

Die Frau spürt mein Unbehagen. „Ich beiße nicht", sagt sie lächelnd. „Versprochen." Sie rückt ihre nackten Füße und ihr gelbes Baumwollkleid zur Seite, um mir unter dem Air Conditioner Platz zu machen. Ich betrachte ihre gewaltigen Brüste und ihre dunklen Augen, die durch die dicke Brille wie die Augen einer Großmutter aus dem Märchen leuchten, und verspüre plötzlich den Wunsch, meinen Kopf in ihren Schoß zu legen. Statt dessen setze ich mich neben sie und erzähle ihr von meinem Erlebnis in Bourke am Abend vorher.

„Cunnamulla ist eine freundlichere Stadt", sagt sie. „Hast du dir schon die Sehenswürdigkeiten angeschaut?"

„Ich war im Pub, wenn es das ist, was Sie meinen."

Sie lacht. „Es gibt mehr zu sehen, als nur das. Wenn du ein paar Stunden Zeit hast, werde ich dich rumführen."

Die Sight-Seeing-Tour, die nun folgt, ist nicht von der Art, wie sie in Reisebroschüren stehen. Der erste Stop ist das Haus meiner Führerin Hazel McKellar: ein ausgebleichtes Häuschen, das sie mit vier Ziegen, zwölf Hennen, drei Gänsen und fast genauso vielen Verwandten teilt. Hazel füttert ein paar der Tiere und scheucht dann ein halbes Dutzend Kinder auf den Rücksitz ihres zerbeulten Sedan. Jedes der Kinder stellt sie beim Einsteigen vor.

„Das ist Jackie und das ist Little Man", sagt sie und streichelt einem kleinen Mädchen und einem Jungen den Kopf. „Und das ist mein Enkel." Dann kommen Kylie und Polly. „Das sind Cousinen von Jackie und Little Man." Dann folgen ein paar Kinder, die gerade von einem Nachbarhaus herübergekommen sind. Ich lasse mich auf dem Beifahrersitz nieder, mit einem kleinen Kind, das auf meinem Schoß zappelt.

Hazel fährt ein paar Meilen einen staubigen Trampelpfad entlang und parkt neben einem ungepflegten Platz, auf dem rostende Autos und Glassplitter herumliegen. Er ähnelt sehr der ausgedörrten, öden Landschaft, durch die ich seit Bourke gefahren bin. Aber für Hazel ist das ‚Yumba' – ihr Heim –, der Ort, an dem sie vom Volk der Kooma aufgezogen wurde.

Wie so viele Stämme der Aboriginals in diesem Teil des Landes, zogen auch die Kooma einst durch den Busch und folgten dem Wild und dem Wasser. Als es immer schwieriger wurde, von dem zu leben, was das Land bot, ließen sie sich in der Nähe der weißen

Hazel mit Kindern

Siedlungen nieder und nahmen Jobs als Viehtreiber und Hausmädchen an, oder begnügten sich mit den Nahrungsmitteln und Decken, die von der Regierung verteilt wurden. Im Jahr 1930 war dieses Camp außerhalb Cunnamullas der feste Wohnsitz einiger Hunderte von Hazels Leuten geworden. Seitdem haben die Kooma immer einen Fuß in ihrer traditionellen Kultur und einen Fuß in der Welt des Weißen Mannes gehabt.

„Siehst du diese Zeder da drüben?", fragt mich Hazel, „da bin ich aufgewachsen. Wir hatten eine Hütte aus Stangen und Planen." Es ist das erste Mal, daß ich jemanden auf einen Holzhaufen deuten sehe und höre, wie er ihn sein Heim nennt. Ein Stück weiter zeigt mir Hazel einen ‚Narben-Baum', der in seinem weichen Stamm eine Vertiefung hat, aus der Holz herausgeschnitten und zu einer keulenartigen Waffe geschnitzt wurde, die bei den Eingeborenen ‚Nulla Nulla' heißt. Teile von Feuersteinen liegen noch auf dem Boden herum und in den Felsen existieren noch die Einkerbungen, in denen die Äxte geschärft wurden. Das alles macht den Eindruck eines archäologischen Fundortes, ausgenommen, daß die Vertreter dieser Kultur immer noch am Leben sind.

Wie so viele Aborigines arbeitete auch Hazel seit ihrem zwölften Lebensjahr als Hausmädchen bei Weißen. Mit sechzehn heiratete sie einen Aboriginal, der Viehtreiber war. Es war keine Liebesheirat, sondern eine arrangierte Hochzeit. Im Lauf der Jahre zog Hazel acht Kinder auf, während ihr Mann den Viehherden durch den Busch folgte. Die Viehtreiber blieben immer vier oder fünf Monate weg und lebten in Hütten wie die in Cunnamulla, oder, wie Hazel es ausdrückt, „ . . . sie wohnen von Baum zu Baum".

Auch wenn Hazels Lebensumstände traditionell waren, die Schulausbildung war es nicht. Hazel unterrichtete ihre Kinder per Fernunterricht, ließ sich Bücher und Übungen von der Regierung Queenslands schicken. Sie half ihren Kindern beim Lernen und schickte deren Arbeiten zur Benotung ein. Und in den Pausen zwischen den einzelnen Viehtrips kehrte die Familie in das Camp außerhalb von Cunnamulla zurück, wo stets die Hütte unter der Zeder auf sie wartete.

„Wenn du ein Emu erlegst, bekommt der Nachbar einen Schenkel davon“, erzählt Hazel. „Vielleicht gab es auch ein paar Äpfel oder ein Känguruh. Das war jedesmal eine tolle Nacht, eine richtige Party. Kein Mensch dachte daran, in die Stadt zu gehen.“

‚In die Stadt‘, das war Cunnamulla, der Ort des Weißen Mannes, wo die Koomas nur geduldet wurden. Die Abos konnten zwar ins Kino gehen, aber sie mußten durch einen Seiteneingang eintreten und ganz vorne sitzen, auf den Plätzen, die durch eine Kordel von den anderen abgetrennt waren. Ansonsten gingen sich die beiden Kulturen aus dem Weg.

Dann, in den 60er Jahren, fing die Regierung an, die Kooma in die Stadt in Häuser aus Billigmaterial umzusiedeln, als Teil eines Eingliederungsprojekts der Aborigines. 1975 walzte die Regierung das Camp mit Bulldozern nieder und verwandelte es in den Müllabladeplatz der Stadt. Nach einer anfänglichen Periode der Umgewöhnung leben Cunnamullas Schwarze jetzt friedlich neben ihren weißen Nachbarn, in identischen Häusern mit identischen Rasenflächen. In allen Läden und auf dem Arbeitsplatz ist die Rassentrennung aufgehoben, lediglich in den Pubs gibt es noch eine inoffizielle Form davon.

Hazel weiß nicht so recht, was sie von dieser Entwicklung halten soll. Einerseits haben ihre Kinder Erfolg in der Welt des Weißen Mannes, als Schullehrer, Beamte und Sachverständige für Wolle. Sie müssen ihre Kinder nicht per Fernunterricht erziehen, oder Angst haben, daß der Weiße Mann ihr Heim plötzlich mit dem Bulldozer plattmacht. Aber Hazel hegt die Befürchtung, daß der soziale Zusammenhalt der Kooma dabei verloren gegangen ist.

„Die Leute helfen einander immer noch“, sagt sie, „aber es geschieht nicht mehr automatisch, so wie früher.“ Der Umzug in die Stadt hat auch die Verbindung der Kooma mit dem Land und dem traditionellen Glauben abgebrochen. Nur noch die älteren Mitglieder der Gemeinde erinnern sich daran. Noch Jahre, nachdem das Camp niedergewalzt worden war, nahmen die alten Männer ihre Brustbeutel und fuhren per Anhalter aus der Stadt hinaus, um dort zwischen zerbeultem Metall und zerbrochenem

Glas zu picknicken. Der Ort war für sie immer noch ihr ‚Yumba'.

Auch Hazel hält daran fest. Sie spricht mit den alten Leuten und schreibt nieder, was diese über ‚Matya-Mundu' wissen, die lange vergangene Zeit. Manchmal sind diese Geschichten Legenden, erzählen von der ‚Mundugatta', der Regenbogenschlange, die entlang des Warrego-Flusses Wasserlöcher gräbt und sie mit allerlei köstlichen Fischen füllt. Ein anderes Mal schreibt sie die alltäglichen Tätigkeiten eines Jahres nieder: wie man die süßen Früchte des Wilga-Baumes einsammelt, der als ‚Snorty Gobble', als ‚kollernder Truthahn', bekannt ist; oder die beste Art, Emu-Eier zu finden oder Goannas, die australischen Eidechsen, zu jagen.

Häufig sind diese Erinnerungen allerdings auch bitter und erzählen von den brutalen Taten des Weißen Mannes. Eine seltsame Erzählung betrifft einen deutschen Arzt, der ungefähr 1880 hierher kam, um eine kleine Gruppe von haarlosen Kooma-Männern zu studieren. Er wollte Hautproben nach Deutschland mitnehmen, aber die Aborigines weigerten sich. Später wurde die Leiche eines Kooma auf mysteriöse Art nach Berlin verschifft. Hazel meint, daß das etwas mit den Forderungen dieses Wissenschaftlers zu tun hatte.

Hazel hält auch an den Ritualen ihre Volkes fest. Traditionsgemäß folgte dem Tod eines Koma das ‚Ausräuchern' der Häuser seiner Verwandten. Hazel führt diese Sitte fort, indem sie mit einem Eimer voller brennender Dogwood-Blätter durch das Haus geht. Sie sagt, daß das die bösen Geister vertreibt und die guten besänftigt.

„Wir können nicht wieder dahin zurück, wo wir herkommen", erzählt sie mir, „aber wenn wir weiter dem ‚Wayibald' – das ist der Weiße Mann – alles nachmachen, dann werden wir ihm gehören, und nicht uns selbst."

Es hat den Anschein, daß Hazel einen Weg gefunden hat, um mehr zu tun, als nur die Vergangenheit ihres Volkes vor dem Vergessen zu bewahren. Wenn sie durch das ‚Bottom Camp' geht, wo die Kooma einst Echidnas gejagt und im Sommer gefischt haben, geschieht das mit der einfachen Ungezwungenheit einer

Frau, die einem Freund alle Ecken und Winkel ihres ehemaligen Heimes zeigt. Die Vergangenheit ist für sie immer noch lebendig.

Für die Kinder, die in der Welt des Weißen Mannes aufgewachsen sind, ist es nicht so einfach, ihre Identität zu finden. Little Man erzählt mir, wie er in der Stadt das Eidechsen-Rennen gewonnen hat; bei solchen Sachen kann der Weiße Mann offensichtlich nicht mithalten. Und eines der kleinen Mädchen bringt mir ein paar Aborigines-Wörter bei: Brot heißt ‚Muntha' und eine Maus klingt so ähnlich wie ‚Mangumangu'.

Doch als Hazel aufhört zu erzählen, wie die Kooma-Männer auf den Boden stampften, um die Goannas herauszulocken, ziehen mich Little Man und ein anderer Junge am Ärmel und wollen von mir alles über ‚The A-Team' und ‚Sesam-Straße' wissen. Eines der kleinen Mädchen bittet mich um Namen von Amerikanern, die sie als Brieffreunde gewinnen könnte. Und alle zusammen wollen von mir etwas über die Schwarzen in den Staaten wissen. „Wenn ich dort wäre, könnte ich da im Film mitspielen?", fragt mich ein ungefähr elfjähriges Mädchen, „oder würden sie merken, daß ich kein richtiger Neger bin?" Kaum sind sie eine Generationsfolge lang aus dem Busch heraus, schon sind sie so begierig darauf, in meine Kultur einzusteigen, wie ich die ihre kennenlernen möchte.

Nach einem Bad im Warrego und Tee und Ziegenmilch bietet mir Hazel ihr Haus als Übernachtungsmöglichkeit an. Aber ich bin immer noch ganz erpicht darauf, vorwärts zu kommen; nach drei Tagen bin ich erst 950 km von Sydney entfernt. Deshalb lehne ich dankend ab und verspreche sie zu besuchen, wenn ich wieder einmal vorbeikommen sollte.

Im scharfen, schattigen Licht des späten Nachmittags gehe ich in Richtung Stadt, durch das Land des Weißen Mannes, und weiter in die Wildnis dahinter. Wenn ich vor Einbruch der Dunkelheit keinen Mitnehmer mehr finde, werde ich irgendwo dort draußen campieren, vielleicht unter einer Zeder. Ich sehe die Landschaft jetzt mit anderen Augen. In den vergangenen paar Tagen habe ich mich immer auf den Horizont konzentriert und auf etwas Interessanteres gehofft, als immer nur den öden, monotonen Vordergrund vor Augen zu haben. Hazel hat mir gezeigt, daß es dort draußen, vor dem Autofenster, oft ein Juwel gibt, geschichtsträchtig und sogar voller Schönheit. Man braucht nur jemanden, der einem zeigt, wie man dieses Juwel drehen muß, um es zum Leuchten zu bringen.

Der Rücken der Schafe

Es liegt in der Natur übernatürlicher Dinge, daß sie sich leider immer sehr schnell wieder in Luft auflösen. Das magische Glühen, das mich in der Abenddämmerung umgeben hatte, verschwindet spurlos beim Morgengrauen durch den Stoß eines Polizei-Stiefels.

„Das ist Privatbesitz, Mann", sagt der Trooper. Ich hatte mich in Hazels Yumba schlafengelegt und erwache im Queensland des Weißen Mannes. Während ich meine Hosen und Schuhe anziehe, überprüft der Officer meinen Führerschein.

„Haben Sie irgendwas von dem komischen Zeug dabei?" Ich schätze, er meint Marijuana.

„Nein, Sir, Officer. Nein Sir." Schließlich ist das hier ja doch Queensland, Australiens Antwort auf Alabama. Wenn es gewünscht wird, werde ich ihm sogar seine Stiefel lecken.

„Habe fast nur Bücher dabei, Officer." Ich gebe ihm T. S. Eliot, Patrik White, Woody Allen. Er legt sein offizielles Gehabe ab.

„Bin auf dem Weg zu einer Tasse Tee", sagt er, „wollen Sie mitkommen?" Soweit also das große, böse Queensland.

Wir halten neben einem Fernfahrer, der mit seinen Armen zwischen den hölzernen Latten seines Lasters herumfuchtelt und versucht, die Hörner von zwei streitenden Schafen zu trennen. Ich betrachte eine Weile seine Bemühungen, dann frage ich ihn, ob er Platz für mich hat. Er zuckt mit den Schultern. Ich steige in das Fahrerhaus und wir rattern los durch die Prärie.

In den zwei Anhängern drängen sich an die 160 Zuchtböcke. Alle müssen bis zum Ende dieses Tages abgeliefert sein. Offensichtlich handelt es sich hier um einen Job, der große Konzentration erfordert. Der Fahrer, ein Aboriginal-Halbblut namens Paul, hat für die 1400 km-Rundfahrt von seinem Heimatort in New South Wales nichts weiter dabei als einen Schlafsack, einen Wassersack und eine Cassette mit Elvis-Presley-Songs. Er ist zwar bereit mich mitzunehmen, aber nicht, sich mit mir zu unterhalten.

„Wenn ein Mann eine Herde treiben will, muß er immer auf Trab bleiben", sagt Paul nach einer halben Stunde Schweigen. Es sind die letzten Worte, die er in den nächsten drei Stunden bis zum Mittag von sich gibt.

Die Landschaft sieht auch nicht sehr aufmunternd aus, deshalb fange ich an, die Bücher, die ich in mein Gepäck gestopft habe, durchzublättern. T. S. Eliot lasse ich dieses Mal sein und suche nach einem prosaischeren Text – einem Touristen-Führer mit dem Namen ‚Das Hinterland von Queensland'. Die erste Hochglanzseite informiert mich, daß Charleville, durch das wir gleich fahren werden, die Heimatstadt der Steiger-Vortex-Kanone ist. Offenbar waren die Einwohner der Stadt 1902 von der Hitze so fix und fertig, daß sie sechs selbstgemachte Kanonen abfeuerten, um die Luft in Bewegung zu bringen und damit Regenwolken heranzuziehen. Das funktionierte leider nicht. Also kehrten sie an die Bar zurück.

In der Broschüre steht auch, daß Charleville zur Jahrhundertwende bereits ‚eine Stadt mit zehn Pubs' war. Eine ziemlich seltsame Art und Weise, die Einwohnerzahl anzugeben. Doch es sollten noch wesentlich seltsamere Maßangaben kommen.

Über den nächsten Ort auf der Karte läßt sich der Touristenführer nicht so überschwenglich aus. ‚Augathella' steht da, ‚liegt 50 Meilen nördlich von Charleville.' Das ist alles. Diese Zurückhaltung wird von einem neuen Highway unterstützt, der weitläufig um Augathella herumführt, das 1200 km von Sydney und ungefähr 800 km von Brisbane entfernt ist. Von der ehemaligen Landstraße herüber bittet eine Werbetafel: ‚Fahren Sie doch nicht an uns vorbei – kommen Sie herein!'

Wir entsprechen der Bitte und liefern zehn Zuchtböcke in der leeren Hauptstraße der Stadt ab. Die Schafe haben Markierungen in den Ohren – und zwar im wahrsten Sinne des Wortes, nämlich rote und rosafarbene Ohrringe – für einen Mann namens Tony Wearing, der außerhalb der Stadt ein Anwesen hat. Er und sein Sohn Clint sollen uns zur Mittagszeit in Augathella treffen.

Ich gehe davon aus, daß sich die Wearings wie die New South Wales-Farmer kleiden werden, mit Shorts und ärmellosen T-Shirts und Arbeitsstiefeln zum Schlüpfen. Stattdessen stehe ich um 12 Uhr Mittag dem Marlboro-Mann und seinem Marlboro-Jungen gegenüber. Schlank und auf rauhe Art gutaussehend, schlendern die beiden Cowboys in steifen Jeans, Reitstiefeln und breitkrempigen Hüten auf mich zu. Ich bin mir nicht sicher, ob ich ‚Guten Tag', ‚Howdy, Partner' oder ‚Zieh!' sagen soll. Es scheint so, als wäre Schweigen die passende Antwort; genauso wie das Schafe ausliefern, ruft offensichtlich auch das Schafzüchten eine gewisse Zurückhaltung hervor.

Tony tippt an seinen Akubra-Hut in Richtung auf Paul. Paul nickt. Clint, der so ungefähr 12 Jahre alt sein dürfte, steht etwas hinter seinem Vater, scharrt im Sand und starrt auf seine Füße. Er sieht aus, als hätte er bereits im Kinderwagen mit dem Beurteilen von Schafen begonnen und seitdem nichts anderes mehr getan.

Die drei wickeln ihr Geschäft so still ab, daß ich mich schon frage, ob diese ganze Angelegenheit vielleicht nicht ganz legal ist. Dann bricht Tony das Schweigen mit einem Satz, den er völlig ausdruckslos von sich gibt.

„Die Mädels werden von diesen großen Böcken ganz begeistert sein." Er blinzelt so stark, daß die ganze Hälfte seines Gesichts in Bewegung gerät. „Und wenn sie's nicht tun, dann brauchen wir ihnen nur einen Tritt in ihre Ihr-Wißt-Schon-Was zu geben."

Dann laden er und Clint die blökende Fracht in den Laster und verschwinden in den Busch. Ich vermute, daß Clint erst wieder bei der nächsten Lieferung von Zuchtböcken einen Fremden zu Gesicht bekommen wird.

Mein eigener Horizont erweitert sich immer mehr. Seit Dubbo war das Auto ein Schutz gegen die Öde und die ausgedörrte

Landschaft hinter der Windschutzscheibe gewesen. Nördlich von Charleville ist die Straße so eng geworden, daß die Fahrzeuge mit zwei Rädern auf der Bankette fahren müssen, um zu vermeiden, daß sie den Gegenverkehr nicht streifen. Diese Fahrt gestaltet sich ebenso ungemütlich wie langweilig.

Aber nach Augathella führt die Straße in ein weites, welliges Grasland, das den fruchtbaren Ebenen des amerikanischen Westens ähnelt. Ein paar Wolken ziehen gemächlich am fernen Horizont vorbei, der nur ab und zu von einer flachen Hochebene, einer Art Mesa, unterbrochen wird, die in Queensland ‚Jump-Up' genannt werden. Es ist die Art von Landschaft, die ohne ein oder zwei Sioux-Indianer, die quer durch das Bild galoppieren, nackt aussieht.

Ich fühle, wie mein Blick und mein Geist in die weite Ebene hinausgezogen werden. Sogar Paul sieht sich zu einer Bemerkung veranlaßt. „Da draußen gibt's genügend Platz", sagt er und streckt seine Beine. Dann schweigt er wieder für eine weitere Stunde.

Tony mit seinem Sohn Clint

Der Schriftsteller Paul Theroux stellte einst fest, daß die Unterhaltung mit Fremden besonders bei Amerikanern geradezu zwanghaft ist. ‚Um einen Amerikaner zum Sprechen zu bringen, muß man sich lediglich in Rufweite befinden und lächeln', schreibt er. ‚Die leiseste Zuwendung genügt, um eine unaufhörliche Aufzählung sämtlicher intimer Details aus dem Leben dieses Mitreisenden hervorzurufen'.

Natürlich hat er recht. Wann immer ich mir meine erste Reise durch Amerika per Anhalter vor zehn Jahren wieder ins Gedächtnis rufe, kommt sie mir wie ein verwackeltes Heim-Video vor – Rocky Mountains, Grand Canyon, die feuchten grünen Wälder in Oregon – und darüber die Stimmen von Durchschnitts-Amerikanern, einer nach dem anderen, die mir ihre Lebensgeschichten erzählen. Das war eines der Dinge, die mir beim Trampen so viel Spaß machten – eine ganz persönliche Führung durch den Kontinent von Menschen zu bekommen, die ich sonst niemals kennengelernt hätte.

Auf diesem Trip kann ich bislang von Glück sprechen, wenn ich aus einem der Fahrer einen vollständigen Satz herauskitzle, ganz zu schweigen von seiner Lebensgeschichte.

In der Nähe von Tambo tippt mir Paul auf den Arm und deutet auf einen erstaunlichen Baum, der einen kurzen und grotesk dicken Stamm hat, der in einen buschigen Wipfel übergeht. Er sieht aus wie ein Bowling-Kegel mit Afro-Haarschnitt.

„Flaschenbäume“, erklärt Paul, „sind die dicksten Bäume der Welt.“ Ich krame in meiner Rucksack-Bücherei nach einem Bestimmungsbuch für australische Fauna und Flora – da steht es: ‚Flaschenbaum, *Brachychiton rupestris*, auch bekannt als australischer Baobab oder Boab. Kommt nur in Südafrika und Australien vor, sonst nirgens. Wird bis zu 18 m hoch.' Der Sumo-Ringer der südlichen Hemisphäre.

Paul wendet zwischen zwei wirklich mächtigen Exemplaren – die offensichtlich eine Art von Orientierungspunkten darstellen – und fährt in eine Schaffarm, die etwa die Größe eines mittelalterlichen Fürstentums hat. Nach etwa 10 km erreichen wir das Haupthaus, einen Split-Level-Palast, der von Tennisplätzen und Swimming-Pools umgeben ist. M'lord und M'lady befinden sich in Europa, erklärt Paul, während der Prinz und die Prinzessin in einem Internat in Toowoomba gerade ihre standesgemäße Erziehung genießen. Aber es gibt einen gelackten Bediensteten, der uns mit einem Motorrad zu einer eingezäunten Rasenfläche im hinteren Teil des feudalen 20000-Hektar-Anwesens eskortiert. Zwanzigtausend Hektar. Das ist größer als mein Geburtsort Washington, D.C. – aber mit einer Bevölkerungsdichte von fünf Menschen statt 700000. Nicht mitgezählt die Tiere, von denen es mehrere Millionen zu geben scheint.

Aber aus irgendwelchen Gründen wollen Pauls Schafe dieses Vieh-Ghetto nicht betreten. Sobald Paul das Gitter am Laster öffnet, ziehen sich die Böcke in Angriffshaltung an das Ende der Ladefläche zurück. Der erste, der die Ladefläche betritt, ist der Hüterhund des Züchters. Er bellt und heult und kommt einen Augenblick später zerstoßen und zerschlagen wieder zum Vorschein. Wir versuchen, von den Seiten aus die Tiere nach vorne zu treiben. Keine Chance. Schließlich kriecht Paul auf Händen und Knien selbst hinauf und zieht einen Bock an seinen Hörner herunter. Die anderen folgen, so wie sich das für Schafe eben gehört.

„Verdammte, blöde Viecher", murmelt Paul, bevor er sich wieder beherrscht und in sein Schweigen zurückfällt. Empfangsbestätigungen werden ausgetauscht. Ein Vasall nickt dem anderen zu. Und damit ist eine Transaktion im Wert von mehreren tausend Dollar abgeschlosssen, ohne daß der abwesende Besitzer auch nur einen Sonnenstrahl an der Riviera auslassen muß. Ein paar dieser ‚Glücklichen Landbesitzer' sind auf den Rücken ihrer Schafe ganz schön weit nach oben gekommen.

Aus den feudalen Land der Schafbarone fahren wir in die staubigen Orte des Woll-Proletariats. Hier sind die Häuser von normalen Ausmaßen, die Männer sind vom Festhalten und Scheren der Schafe muskulös. Es ist schon fast Abend und die meisten dieser Muskelmänner halten nichts schwereres als ein Glas Bier in der

Hand. Paul ist weiter mit seiner Herde unterwegs, deshalb suche ich mir ein Nest namens Blackall aus und ziehe mich ins Bushman's Hotel zurück, um mir den ganzen Dreck dieses Tages abzuwaschen.

Bei einem Glas Fourex-Bier erfahre ich, daß ein Eskimo-Mann namens Jackie Howe 1892 in der Nähe von Blackall Schurgeschichte gemacht hat. Er scherte 321 Schafe in weniger als acht Stunden, also fast jede Minute eines. Dieser Rekord konnte erst nach 58 Jahren und mit elektrischen Schermessern eingestellt werden. Das ärmellose T-Shirt, das Schafscherer gewöhnlich zu tragen pflegen, heißt seitdem ‚Jackie Howe'.

Das Gedränge der Trinker in ihren verschwitzten Jackie Howes läßt das Bushman Hotel wie eine Schurstation riechen. Aber schließlich dufte auch ich nach vier Tagen auf der Straße nicht mehr wie eine Rose. Meine Shorts und mein Khakihemd stehen schon vor lauter Staub und Dreck. Mein Haar ist strähnig und viel zu lang, um einen guten Eindruck auf die Mitnehmer zu machen, ganz zu schweigen davon, daß diese Länge auch beim Stehen in der Sonne lästig ist. Gibt es einen besseren Ort als Blackall, um eine ‚Schur' zu bekommen?

Die hiesige Frisöse wirft nur einen Blick auf meine verschwitzen Locken und beschließt, daß sie heute ihren Laden früher schließt. Also fahre ich mit zwei Schafscherern tiefer in das Schafland und die Geschichte der Schafe hinein.

Nach einer Stunde Fahrt erreichen wir Barcaldine, das einst der Schauplatz des ‚Großen Scherer-Streiks' 1891 war. Die Behörden damals fackelten nicht lange. Als die Scherer ihre Klingen niederlegten und Streikposten aufstellten, holten die Schafbesitzer Streikbrecher und die Regierung schickte Truppen. Schließlich wurde der Streik aufgelöst und die Gewerkschaftsanführer eingesperrt. Die Begründung dafür stammte aus alten Statuten, die ‚ungesetzliche Versammlungen, Aufruhr und Tumulte' unter Strafe stellten. Der Streik zog jedoch Gewerkschaftstreffen auf dem ganzen Kontinent nach sich, aus denen dann später die Gründung der Australischen Arbeiterpartei hervorging.

Nordwestlich von Barcaldine wird das Land abermals flach und öde. Auf der Karte ist hinter einem Ort namens Winton lange nichts mehr eingezeichnet, deshalb springe ich kurz vor Sonnenuntergang bei der Abzweigung zu dieser Stadt aus dem Wagen. Wenn Blackall die Wollschulter von Queenslands Schafland ist, dann ist Winton das vernachlässigte Schwanzende. Sogar zur traditionellen Teezeit sind die Straßen derartig glühend und staubig, daß ich mir wie Lawrence von Arabien vorkomme, als ich mich mühsam vom Highway zum Geschäftszentrum durchschlage.

Das erste Anzeichen nahender Zivilisation ist die öffentliche Toilette, bei dem an der Männertür ‚Böcke' und an der Frauentür ‚Mutterschafe' steht. Ich drehe den Kaltwasserhahn auf und verbrühe mir den Arm mit heißem Arteserwasser; das ist aus großer Tiefe gefördertes Grundwasser von hoher Temperatur.

Es ist Zeit, einen Blick in meinen Touristenführer zu werfen. Vielleicht gibt es gar nicht weit entfernt einen anderen Ort, der einladender ist. Gibt es nicht. Aber der Touristenführer informiert mich, daß sogar das erbärmliche Winton Anspruch auf einen gewissen Ruhm hat. Ein ‚riesiges Raubtier' jagte in der Nähe der Stadt vor 100 Millionen Jahren einen kleineren Dinosaurier, und die Spuren, die beide hinterließen, sind für jeden Touristen ‚ein Muß'. In der jüngeren Geschichte machte ein Flugzeug, in dem Lyndon B. Johnson saß, eine Notlandung auf dem Flugfeld von Winton. Das war aber zwanzig Jahre ehe er amerikanischer Präsident wurde. Doch an einem Ort wie diesen sind sogar Vorfälle mit zukünftigen Berühmtheiten es wert, der Nachwelt überliefert zu werden.

Man darf einfach nichts auslassen, um irgendwie zu Ruhm zu kommen. Banjo Paterson arbeitete 1895 gerade in der Schafstation von Dagworth, als er ‚Waltzing Matilda' komponierte, jenes Lied, das heute so etwas ähnliches wie die australische Nationalhymne ist. Die Dagworth Station ist zwar etwa 100 km von Winton entfernt – aber noch nahe genug für die Stadt, um diesen Poeten für sich beanspruchen zu können und seinen Namen auf jedes Ladenschild zu pinseln. Da gibt es ein Matilda Motel, ein Banjo's Motel und den Matilda Caravan Park. Tatsächlich gibt es in Winton kaum ein Geschäft, das nicht irgendwo den Namen Banjo Paterson unterbringt.

Ausgenommen der Friseur namens Victor Searle. Ich finde seinen Laden an der Rückseite eines Geschäfts für Männerbekleidung. Das ist das erste Warnsignal. Das zweite ist ein Gestell mit Hüten, das neben dem Friseursessel steht. Mir schwant, daß diese Hüte dazu dienen, um das schafsähnliche Design der Haarschnitte von Victors Kunden schnell zu verbergen. Und das letzte Warnsignal ist Victor selbst, von der Gicht geplagt und kurzsichtig, der mit seiner Schere wie mit einer Heckenschere herumfuchtelt. Trotz dieser Warnsignale renne ich wie ein junges, dummes Lamm in mein Verderben.

Es hat den Anschein, daß es Victor vorbestimmt ist, Jackie Howes alten Rekord zu brechen. Der Haarschnitt ist in knapp drei Minuten beendet. Aber schließlich muß er sich ja auch, bei drei Dollar pro Schnitt, ranhalten und darf nicht trödeln.

„Kühler jetzt, oder?“, fragt er und schüttet mir Talkumpuder auf den Nacken und auf den Rücken unter mein Hemd. Blonde Haare liegen auf Stuhl und Boden wie getrockneter Rasenschnitt – und nicht zu knapp. Ja, es ist mir kühler und außerdem habe ich jetzt vom Schafland und allem, was mit Scheren zu tun hat, die Nase gestrichen voll.

Draußen bläst mir ein heißer Wind über den bleichen, nackten Skalp. Zwischen Hals und Schulter jucken mich Schnittreste. Der fröhliche Wanderer fühlt, ob seine Ohren noch dran sind, vermeidet, sich sein Spiegelbild in einem Schaufenster anzusehen, und bahnt sich seinen Weg hinaus aus Winton.

Jenseits des Schwarzen Punktes

Morgendämmerung. Blendendes Licht. Auf der Ladefläche eines Lasters versuche ich herauszufinden, wo ich mich befinde. Das ist nicht metaphysisch gemeint; ich möchte nur gerne meine Position auf der Landkarte wissen, die um mein Gesicht flattert, während ich versuche, sie auf meinen Knien glattzustreichen.

In den meisten Glaubensfragen bin ich Agnostiker, aber was Landkarten betrifft, bin ich ein wahrhaft gläubiger Mensch. Es steht auf der Karte, deshalb existiert es auch und ich ebenfalls.

Das hier ist eine Stadt, oder sollte zumindest eine sein. Ein bißchen links von Winton ist ein schwarzer Punkt und daneben steht ein netter, geradezu städtisch wirkender Name: Bendemeer. Aber alles, was ich von meinem Sitzplatz auf dem Laster aus sehen kann, sind Dreck und Staub. Das hier ist eine Hauptstraße, oder sollte zumindest eine sein. Sie heißt Landsborough Highway, eine nette rote Linie, die direkt von Winton nach Cloncurry führt. Vermutlich fahren wir darauf. Aber alles, was ich sehen kann, ist eine ausgefahrene, ungeteerte Staubstraße, die eigentlich nicht breiter als ein Ziegenpfad ist. Und es gibt überhaupt kein Anzeichen für die dünne blaue Linie auf der Landkarte, direkt neben der roten, die mit ‚Diamantina-Fluß' bezeichnet ist. Nirgendwo ist Wasser in Sicht.

Damit habe ich die ‚Fata-Morgana-Zone' der australischen Kunst des Landkartenzeichnens betreten. Von jetzt an wird die Karte voll sein mit Wundern; es wird Nicht-Flüsse geben (wie den wasserlosen Todd in Alice Springs); Seen, die keine Seen sind (die gigantischen Salzpfannen von Süd-Australien); und Städte, die nicht mehr sind als Wassertürme. Die Kartographen müssen den leeren Raum dazwischen mit irgendwas füllen. Wenn es also keine richtigen Anhaltspunkte in der Landschaft gibt, müssen sie eben ein paar dazu tun. Sie zeichnen einfach einen trockenen Fluß ein, den Diamantina. Oder heben Privatbesitz hervor, wie Bendemeer. Mir erscheint es einfach unglaublich, daß es möglich ist, Privatfarmen auf offiziellen Landkarten anzugeben. Aber hier sind sie zu sehen, sie durchziehen Queensland wie die Fußabdrücke einer kleinen Fliege. Das ist ein Zeichen dafür, wie wenig der Mensch im australischen Outback, dem Busch, erreicht hat.

Outback, Hinterland. Zum ersten Mal paßt dieses Wort. Hier draußen gibt es keine Landwirtschaft. Keine Städte, nur schwarze Punkte. Und nur ungeteerte Pfade, die sie miteinander verbinden. Und links und rechts von diesen Pfaden dehnen sich endlose, dürre, staubige Weiten aus.

Ludwig Leichhardt war einer der ersten Weißen, der 1848 von Perth aus mit einer Expedition diese Gegend erkundete. Der deutsche Forscher warf in einer Poststation in der Nähe von Roma einen Brief ein, in dem er schrieb, er sei ‚voller Hoffnung, daß unser Allmächtiger Beschützer mir erlauben wird, mein Lieblingsprojekt zu einem erfolgreichen Ende zu bringen.' Das einzige, was zu Ende gebracht wurde, waren Leichhardt und die sechs Mitglieder seiner Expedition. Von ihnen wurde niemals auch nur eine Spur gefunden. Aber es gibt neben der Poststation, in der er vor seinem Verschwinden ins Nichts seinen letzten Brief eingeworfen hat, immer noch eine Gedenktafel.

Neben dem Coolabah-Baum, wo sich das Schicksal der Burke- und Wills-Expedition aufgeklärt hat, gibt es eine weitere Gedenktafel. Wie jedes australische Schulkind weiß, waren die beiden Forscher, und zwei weitere Männer namens King und Gray, die ersten Weißen, die den Kontinent von Süden nach Norden durchquerten. Aber sie brauchten dafür so lange, daß bei ihrer Rückkehr (ohne Gray, der unterwegs verstorben war) ihr Camp am Cooper's Creek von den wartenden Expeditionsmitgliedern bereits verlassen worden war – sie waren in den Süden zurückgekehrt. Die einzige Hinterlassenschaft war eine Inschrift in dem Coolabah-Baum, die ‚Grabe 3 Ff. NW' lautete und besagte, daß dort ein kleines Vorratslager mit Lebensmittel zu finden sei.

Wills, benommen durch einen Sonnenstich und halb verhungert, dachte natürlich nicht daran, in den Baumstamm ebenfalls etwas einzuschnitzen. Als dann eine Rettungsmannschaft zurückkehrte und feststellte, daß auf dem Stamm nur die alte Mitteilung zu lesen war, gingen die Männer deshalb davon aus, daß bislang niemand dagewesen war. Doch Burke, Wills und King waren zwischenzeitlich lediglich ein kleines Stück den Cooper hinaufmarschiert. Sie hatten nichts außer den zerquetschten Fruchtständen eines Farns namens *Nardoo* zu essen. Burke und Wills verhungerten schließlich, während King von Aborigines gerettet wurde. Der Baum mit der geschnitzten Botschaft steht immer noch dort im Südwesten von Queensland.

Der australische Busch ist voll mit derlei Gedenkstätten: für die wahnsinnig gewordenen, für die Verdursteten, für die Verirrten. Wenn deren Landkarten ähnlich der meinen gewesen waren, ist es kein Wunder, daß so viele Forscher einfach verschwunden sind.

Eines kann mit Bestimmtheit gesagt werden: Wenn so ein schwarzer Punkt tatsächlich zu einer Stadt wird, dann gibt es dort mit Sicherheit ein Pub. Beim Reisen durch den Outback muß man in den Hotels zwar mit einer mageren Küche rechnen, aber nie damit, daß man ohne Alkohol bleiben muß.

Die erste Stadt nach Winton, nach mehreren Stunden Staub und Schmutz, ist eine alte Postkutschenstation namens Kynuna. Der Mittelpunkt von Kynuna – und einzige Zweck, jetzt, nachdem es keine Postkutschen mehr gibt – ist ein verwittertes Pub namens Blue Heeler Hotel. Kynuna hat zwar nur zweiundzwanzig Einwohner, aber durch den regen Besuch des Pubs erhöht sich die Einwohnerzahl der Stadt oftmals auf mehr als das Doppelte. Reisende in Richtung Süden trinken, um sich auf die schlechte Straße nach Winton vorzubereiten. Die in Richtung Norden trinken, um die hinter ihnen liegende Fahrt zu vergessen – sei es als Fahrer oder als Anhalter.

‚Dave und Derry schleppten sich durch Morast und Regen in dieses Pub', besagt eine der Inschriften auf den türkisfarbenen Wänden. ‚Waren zwei Wochen da. Jan. 84'.

Das Blue Heeler ist so eine Art Wallfahrtsort für den gelangweilten, verdreckten oder genervten Buschreisenden. Ihre hingekritzelten Bekenntnisse haben die Wetterseite des Pubs in eine Art

Klagemauer des australischen Buschs verwandelt. An manchen Stellen wurden sie geradezu hineingemeiselt. ‚Rockhounds sterben nie aus', sagt eine der besser lesbaren Kritzeleien, ‚aber im Kynuna Pub werden sie zu Stein.'

Dic Wand hinter der Bar ist für normale Dinge bestimmt. Da gibt es eine Unterhose, auf der der Name des Pubs quer über den Schritt geschmiert wurde, und eine schon verblichene Tarifliste für den ‚Antwortdienst des Pubs gegenüber wütenden Ehefrauen'. Wenn eine Ehefrau anruft und fragt, ob ihr Mann da sei, muß der Trinker dem Wirt für bestimmte Ausreden bestimmte Beträge bezahlen: ‚Er ist gerade gegangen': 25 Cents. ‚Er ist schon unterwegs': 50 Cents. ‚Er ist nicht da': $ 1. ‚Wer?': $ 2.

Aber die Botschaften sind nicht nur auf die Wände beschränkt, der Outback von Queensland ist ein Gebiet, in dem man seine Meinung auf T-Shirts kund tut: ‚Wenn du meinen Truck anlangst, lang' ich dir eine' erklärt die Inschrift auf der Brust eines der Gäste. Aber das ist alles nur Bluff. Er leert sein Glas, sieht meinen Rucksack und fragt mich, ob ich bei ihm mitfahren will.

Ein paar Biere tun der Landschaft ausgesprochen gut. Sieh' dir diese Hochebenen an! Und die roten Felsen! Und die Emus überall! Die Straße ist für diese Vögel, die ja nicht fliegen können, die reinste Rennbahn. Sie sprinten den Asphalt hinunter wie Jumbo-Jets, die niemals aufsteigen. Große Ballen trockenen Unkrauts und dürrer Zweige werden vom Wind auf die Straße getrieben. Dann wieder erheben sich links und rechts der Straße gewaltige Termitenhügel. Jeder davon markiert einen Baum, der von diesen Insekten zu Kleinholz gemacht wurde.

Jetzt bin ich ganz weit draußen, jenseits des schwarzen Punktes, jenseits des Schafgebiets, direkt im Land der besonderen Felsen. Überall erheben sich jetzt lange Hügel von Eisenerz, bewachsen mit *Spinifex*, dem Igelgras. Die Landschaft ist beeindruckend, geradezu majestätisch; sie erinnert mich an ein paar zauberhafte, farbenprächtige Gebiete in den Wüsten Utahs und Nevadas.

Besteht vielleicht die Möglichkeit, daß auf dieser Reise jetzt ein neues Kapitel begonnen wird? Ich informiere mich in meinem

Der Emu, ein flugunfähiger Laufvogel der Savanne

Touristenführer. Eine Stunde entfernt liegt wieder so ein schwarzer Punkt, größer als die andern, der mit Cloncurry bezeichnet wird.

,Wir fordern die Besucher dieses wilden Landes voller Gegensätzlichkeiten auf, sich von seiner überwältigenden Schönheit im Licht der Mittagssonne gefangen nehmen zu lassen' erklärt mir die Broschüre. ,Sonst heißt es immer, Neapel sehen und sterben', wir behaupten, ,Cloncurry sehen und leben'. Eine Faustregel lautet, je überschwenglicher ein Ort in so einem Touristenführer angepriesen wird, um so erbärmlicher entpuppt er sich meistens. Cloncurry verspricht, eine Stadt von unübertrefflicher Häßlichkeit zu sein.

Ich werde nicht enttäuscht. Mitten am Nachmittag nähert sich in Cloncurry die Temperatur träge der Marke von 45 °C. Drei Stunden später warte ich immer noch auf meinen nächsten Trip; ein trockener Wind hat die Temperatur jetzt immerhin auf 40 °C abgekühlt.

Schließlich lasse ich einfach mein Gepäck stehen und stürze in ein nahegelegenes Pub, um eine Zitronenlimonade und zwei Biere hinunterzuschütten. „Das ist doch gar nichts", versichert mir das humorvolle Barmädchen, „du solltest mal hier sein, wenn es richtig heiß ist."

Zum Beispiel im Januar des Jahres 1889. In diesem Jahr errang Cloncurry (das mit durchaus passendem Spitznamen ‚Curry' heißt) einen Platz im Buch der Rekorde: 127 °F im Schatten, das entspricht ungefähr 55 °C, als heißester Fleck in Australien und ungefähr drittheißester auf der Erde, nach der Wüste Gobi und der Sahara. Burke und Wills waren offensichtlich von der Hitze völlig betäubt gewesen, als sie sich 1861 mühsam zu Fuß über die Stelle schleppten, auf der heute die Stadt steht. Warum sonst hätten sie diesem verbrannten Ort einen fröhlichen irischen Namen wie Cloncurry geben sollen?

Sobald ich das Pub verlasse, fange ich an, meine eigene Zurechnungsfähigkeit in Frage zu stellen. Oder sind das wirklich Pinguine, die da auf der Hauptstraße an jeder Straßenecke kauern? Eine nähere Untersuchung ergibt, daß es sich bei den vermeintlichen Pinguinen lediglich um geschickt getarnte Mülltonnen handelt. Ein schmaler, gedruckter Zettel ermutigt die Einwohner der Stadt, ‚das Richtige zu tun' und ihren Abfall in den Schnabel des Pinguins zu stopfen.

Unglücklicherweise macht bei mir keiner das Richtige. Bis Sonnenuntergang schwitze ich am Straßenrand vor mich hin. Sogar danach hält die Stadt die Hitze wie ein gutgeölter Wok; wenn ich heute Nacht hier campiere, werde ich morgen früh vielleicht als Tempura aufwachen.

Eine Neonreklame teilt mir mit: ‚Zimmer frei! Zimmer mit Air-Condition!' Tatsächlich sind die Räume so unterkühlt, daß ich an einer Wand hinaufklettere, um die Klimaanlage auszuschalten. Der Fernseher ist nicht so effizient. ‚Nur ein Kanal', informiert mich ein Blatt unter dem Bildschirm, ‚Sie sind jetzt im Busch'. Der Fernseher hat sich seiner polaren Umgebung angepaßt – ich bekomme nur ein verschneites Bild geliefert.

Eine gute Ausrede, um mich meinen Büchern zu widmen. *Die Geschichte des aufregenden Nordwestens* informiert mich, daß Cloncurry das Tor zu einer der reichsten Mineralvorkommen der Welt ist. Natürlich wußte das anfänglich kein Mensch. Das geschah erst 1923, als John Miles sich aufmachte, um in der Wüste nach einem entlaufenen Pferd zu suchen und statt dessen einen seltsamen Felsbrocken fand. Er schleppte ihn zum Prüfamt in Cloncurry, wo es, wie wir erfahren, ‚wochenlang auf dem Boden herumlag und zum Offenhalten der Tür verwendet wurde'. Schließlich beschäftigte sich jemand damit und entdeckte, daß es war voller Silber und Blei war.

Solche Geschichten scheint es in allen Bergwerksstädten zu geben. Derartige Erzählungen habe ich auch über das Opal-Gebiet in Südaustralien und die Goldfelder im Westen gelesen. Da gibt es Pferde, die über gewaltige Nuggets stolpern. Kleine Jungen, die in reiche Erzadern fallen. Regen, der Mengen von Goldstaub in die Zelte von Goldsuchern wäscht. Aber es scheut sich niemand, dir zu erzählen, daß die meisten Menschen, die wirklich nach Reichtümern suchen, mit leeren Händen nach Hause kommen.

Mein eigenes Glück ist morgens auch nicht größer als am vorherigen Nachmittag. Der Grund dafür ist, so vermute ich, daß Bergwerksstädte eine ziemlich liderliche Art von Besuchern anziehen. Wenn diese Durchreisenden kein Gold auf dem Boden finden, dann suchen sie manchmal in den Taschen anderer Menschen danach. Deshalb überlegen es sich sensible Fahrer zweimal, ehe sie einen zwielichtigen Tramper auf dem Beifahrersitz Platz nehmen lassen.

Folglich ist es ein unsensibler Fahrer, der schließlich ausschert, um mich aufzupicken. Durch das Beifahrerfenster starre ich auf einen unrasierten jungen Mann mit einer Zigarre im Mund und einer halbleeren Flasche Champagner zwischen den Beinen. Überall sonst würde ich diesen Fahrer eher abweisen, als eine vielleicht tödliche Fahrt zu riskieren (‚Tut mir leid, Mann, gerade hab' ich bemerkt, daß ich auf der falschen Straßenseite steh'. Ist ja auch alles anders rum, wie bei mir zuhause'). Aber eine weitere Stunde halte ich in Cloncurry nicht aus, also steige ich ein.

Der Fahrer grinst und hält mir eine frische Zigarre hin. „Bin seit zwölf Tagen Ehemann und seit einem Tag Vater", erzählt er mir. Im Moment ist er auf dem Weg ins Mount Isa-Hospital, um seine Frau und sein Kind abzuholen. „Vermutlich ist es was ganz Tolles, ein Kind zu haben. Aber abgesehen von dem schrecklichen Kopfweh nach der Feier, hat der Schock darüber bei mir noch nicht eingesetzt."

Der Schock setzt bei mir eine Stunde später ein, als wir in Sichtweite von Isa kommen. Bei den meisten Siedlungen, durch die ich gefahren bin, ist die Skyline so unerheblich, daß man die Stadt erst bemerkt, wenn man schon fast wieder draußen ist. Doch der Bergwerkskomplex von Isa ist so gewaltig, daß die Rauchsäulen und Abraumhalden schon 10 km vorher zu sehen sind. Und dabei ist das nur der sichtbare Teil. Die Mine von Isa ist ein industrieller Eisberg, von dem an der Oberfläche lediglich 5 km zu sehen sind,

Highway in der Nähe von Isa

während sich im Untergrund weitere 380 km erstrecken. Man muß also nicht extra erwähnen, daß dieser Bergwerkskoloß eine der größten Silber-, Blei und Zink-Minen der Welt ist.

Gewöhnlich sind die Minen von den Orten aus, die von ihnen leben, nicht zu sehen, aber in Isa liegt die Mine direkt am Ende der Hauptstraße und bildet eine Art grau-roten Schatten, der einem überall in der Stadt folgt. Die Siedlung, die zu Füßen dieser Mine kauert, erweckt den unsteten Eindruck eines Bergwerk-Camps wie aus dem Bilderbuch: Da gibt es Barracken, Apartments für alleinstehende Männer und sogar ein paar Zelthäuser aus den Anfängen dieses Jahrhunderts. Doch es ist die Mine selbst, die Isa so unsicher wirken läst: hoch ragt sie auf, immer ist sie hell beleuchtet, immer in Betrieb, gewaltig und nah genug, daß, wenn sie außer Kontrolle zu geraten droht, die Stadt mit einem einzigen großen Schluck verschlingt.

Der andere Schock, den Isa bewirkt, ist die Tatsache, daß man auf den Straßen Englisch mit Akzent hört. Die Städte sind voll mit Schwarzen und Weißen, aber mit keinen Schattierungen dazwischen. In Isa hat die Mine Araber, Griechen, Jugoslawen und andere zu einer reichhaltigen ethnischen Mischung aus über dreißig Nationalitäten verquirlt. In meinem Reiseführer wird sogar von ein paar Eskimos gesprochen.

Aber in der heißen Sonne des australischen Busches schmelzen kulturelle Unterschiede schnell dahin. Eine Generation nach dem Zustrom der Einwanderer macht Isa einen ebenso einfarbigen Eindruck wie die rote, festgebackene Erde, die die Stadt umgibt. Supermärkte, Autohändler und Schnellrestaurants reihen sich in den breiten, heißen Straßen aneinander. Hier gibt es keine Pizza, keine Tortillas oder Moussaka.

Ich lasse mich zu einem Hackbraten im Phoenix Restaurant nieder und unterhalte mich mit der Köchin Marta Alpin, die aus Ungarn stammt. „Wenn ich Gulasch servieren würde, wäre ich innerhalb einer Woche aus dem Geschäft“, erklärt sie mir und brät Fishburger mit Chips für eine Gruppe von Bergarbeiter, die neben mir an der Theke sitzen. „Australier mögen keine fremden Speisen.

Und sobald jemand in Isa angekommen ist, ist er automatisch sofort ein Australier."

In Bezug auf Partnerschaften haben die Minenarbeiter, die ausgehungert sind nach Frauen, einen sehr exotischen Geschmack. In den letzten Jahren haben ungefähr 400 dieser Männer auf den Philippinen Urlaub gemacht und sind von dort mit einer Braut zurückgekehrt.

Andere machen sich nicht erst die Mühe, dorthin zu fliegen. Sie wählen einfach ein Gesicht aus einem der Fotoalben aus, die von Filipinos herumgereicht werden, die schon in Isa leben. Dann fangen sie an, sich mit der Auserwählten zu schreiben. Wenn sich alles gut anläßt, wird die junge Frau herübergeflogen, verlobt und auf Kosten des Minenarbeiters eingekleidet.

Ein Bergwerksarbeiter namens Alan erklärt mir das alles zwischen großen Bissen von seinem Phoenix-Fishburger. Sein Bruder hat sich so eine ‚Braut per Nachnahme' kommen lassen und auch er denkt daran, diesen Weg einzuschlagen. „Eine australische Frau ist es nicht wert, daß man ihr den Hof macht – außer sie ist deine Mutter", sagt er, „und hier draußen kannst du sowieso keine finden."

Was man in Isa aber finden kann, sind Pubs, die sich über einen ganzen Straßenblock erstrecken; es macht fast den Eindruck, als wären sie als Nebengebäude der Mine erbaut worden. Kaum daß die Arbeiter ihre Nase aus ihrem unterirdischen Arbeitsloch herausstrecken, schon sind sie in den Pubs, die genauso kühl und höhlenartig sind wie ein Pharaonengrab. Im Irish Club, einer mehrstöckigen Tränke der Grace Brothers von Isa, zähle ich 500 Sitzplätze und Stühle auf einem Stockwerk. Um acht Uhr abends ist jeder Platz besetzt, in einem anderen Pub ist die Bar so lang, daß die zum Abholen fertigen Essen wie die Nummern bei Bingo-Spiel angekündigt werden – über einen krachenden Lautsprecher: „Achtundsiebzig, Nr. 78. Ihr Dinner steht jetzt am Abholschalter bereit."

Queenslands Städte wie Winton und Cloncurry haben mich ganz gierig auf ein bißchen Nachtleben gemacht. Aber am Eingang zu einem unterirdischen Tanzschuppen namens ‚The Cave' wird mir gesagt, daß mein ärmelloses T-Shirt und meine Sandalen nicht die richtige Kleidung dafür sind. Ich bräuchte ein Hemd mit Kragen und ‚geschlossene Schuhe', um hineinzukommen. Vermutlich ist es kalt dort unten, also ist es besser, auf der Straße mit 30 °C zu bleiben. Dort treffe ich John Wright, einen jungen Mann, der am Ende der Hauptstraße auf einer Mauer sitzt und von den unzähligen Scheinwerfern der Mine beleuchtet wird.

„Die Kleidervorschrift gibt es, um die Schwarzen draußen zu halten", erklärt er mir. „Aber was soll's, wenn du da rein gehst, verpaßt du die ganzen Kämpfe auf der Straße". Er deutet auf das Kino, in dem sie ‚Rocky IV' zeigen. „Wer braucht schon sowas, wenn man es draußen umsonst haben kann?"

Doch in dieser Nacht zeigt sich der Wilde Westen von seiner harmlosen Seite. Wir beobachten, wie die breitschultrigen Minenarbeiter mit den breiten Gesichtern in den Schnapsladen gehen (‚Durst-Hilfe-Stationen' werden sie hier in Isa genannt). Wir bewundern ihre verwilderten Nachkommen, die, gekleidet in hautenge Jeans und noch engere Röcke, in den Untergrund gehen, um im ‚Cave' bei Stroboskop-Licht zu tanzen. Aber wir sehen nichts Gefährlicheres als einen Besoffenen, der in den Straßengraben kotzt.

„Tut mir leid", sagt Wright mit echter Enttäuschung, als sich die Straßen um Mitternacht zu leeren beginnen, „bist du nächsten Sonntag wieder da?"

Nicht, wenn ich es anders einrichten kann. Aber wer kann das zu diesem Zeitpunkt schon wissen? In eineinhalb Tagen bin ich 120 km weit gekommen. Vielleicht wird sich mein Lieblingsprojekt, wie das von Ludwig Leichharts, irgendwo im Nordwesten von Queensland in Nichts auflösen.

Noch vor dem Morgengrauen stehe ich auf, würge ein ungenießbares Frühstück hinunter, das ‚Mt. Isa Special' heißt (und aus Wurst, Zwiebeln und einem Ei besteht – alles in einer graubraunen Soße), und sehe zu, daß ich noch vor der morgendlichen Hitze aus der Stadt komme. Hinter den Autohändlern und den billigen Motels werde ich bald von den alten roten Hügeln der Selwyn Range verschluckt. Vor mir liegen die Barkly Tablelands und eine Reise durch ein Gebiet, das wahrscheinlich noch trostloser ist als das, durch das ich gefahren bin. Weit hinten im Osten ist eine einsame Rauchfahne das Einzige, was man von Isa noch sehen kann.

Während ich die Straße hinuntertrotte, weg von der aufgehenden Sonne, werfe ich einen langgezogenen, gebückten Schatten auf die Straße. Aber ein Mensch wirkt in diesem gewaltigen Buschland sehr klein. Sogar eine wuchernde Mine – einer der aggressivsten Industriezweige der Menschen und einer, der auf die Natur am wenigsten Rücksicht nimmt – scheint nur noch ein Punkt am Horizont zu sein. Und ich bin noch viel kleiner. Nur ein Punkt auf einem Asphaltstreifen, der darauf wartet, mitgenommen zu werden.

Ein kleines Blaues

Das Fahren per Anhalter erzeugt manchmal das Gefühl, mit einer Angelrute am Flußufer zu sitzen. Nur bist du selbst die Beute, und die einzigen Zuschauer sind die Straße und der Himmel. Du wartest mit der Geduld eines Anglers auf das Anbeißen eines vorbeifahrenden Autos. Und wie ein Angler verbringst du die Zeit damit zu träumen, daß dieses Mal ein ganz besonders fetter Brocken anbeißen wird.

Den besten ‚Fischzug', von dem ich weiß, hat mein Freund Rich Ivry 1978 gemacht. Er fuhr gerade per Anhalter durch die Hügel von Oregon, als eine heiße Braut namens Annie anhielt, um ihn mitzunehmen. Inzwischen sind Rich und Annie verheiratet und leben in den Bergen von Bend, nicht weit entfernt von der Stelle, wo sie sich kennengelernt haben. Ich habe so den Verdacht, daß diese

Verbindung unter einem ganz besonders guten Stern steht, weil sie so zufällig auf der Straße begonnen hat.

Per Anhalter zu fahren, ist eine ziemlich außergewöhnliche Angelegenheit – zum einen kann sie sehr einsam sein, zum andern sehr interessant. Innerhalb eines Wimperschlags bist du auf dem Highway gestrandet, wie ein entwurzeltes Stück Treibholz. Im nächsten Moment wirst du in das Auto eines völlig fremden Menschen geworfen. Wo dieser Mensch hinfährt, da fährst du jetzt auch hin. Im Fall von Rich fast direkt zum Standesamt.

Als ich an diesem Morgen per Anhalter aus Mount Isa herauskommen möchte, bin ich nicht darauf aus, mir eine Braut zu angeln. Nach fünf ungemütlichen Tagen bin ich nur erpicht darauf, endlich einen richtig tollen Mitnehmer zu finden. Zum Beispiel einen Station Wagon mit Klimaanlage, genügend Platz zum Beine ausstrecken und einer eisgefüllten Kühltasche, in die ich zwischen den Nickerchen meinen Kopf tauchen kann. Auf alle Fälle irgend etwas, um für einen halben Tag der flirrenden Hitze zu entkommen.

Die nächsten zwei Stunden werden meine Hirngespinste immer verrückter – von einem Station Wagon über einen Sportwagen zu einem Erholungspark auf vier Rädern mit Chauffeur – dann erscheint das erste Auto am östlichen Horizont. Die Sonne scheint mir direkt in die Augen, und so kann ich nicht erkennen, welche Art von Auto das ist, aber ich strecke meinen Finger so unbeweglich wie eine Angelrute nach oben und fische sozusagen ‚im Trüben für Anhalter'. Der Wagen ist ein überhitztes Wrack aus dem Mesozoikum, ohne Stoßdämpfer, mit einer kaputten Gangschaltung und den traurigen Überresten eines Auspufftopfs und -rohres, die wie Eingeweide aus der Karosserie heraushängen.

Das Innere sieht aus, als wäre es von Vandalen bearbeitet worden. Vergessene Cassetten schmelzen auf dem Armaturenbrett vor sich hin. Von der Stelle, an der der Rückspiegel sein sollte, baumelt ein Plastikskelett. Die Plastiksitze sind aufgerissen und die Windschutzscheibe ist so voller Sprünge, daß der Fahrer jedes Mal, wenn ein Lastwagen vorbeifährt, den ganzen Vorderarm dagegenpreßt, sonst würde die Scheibe durch den Luftzug nach innen gedrückt werden.

„Ein Kieselsteinchen könnte dieser Scheibe den Rest geben, aber mach' dir keine Sorgen", schreit mir der Fahrer durch das Ächzen und Krachen der Maschine zu. Wenn dieses Auto ein Fisch gewesen wäre, hätte ich ihn sofort wieder ins Wasser geworfen.

Der Fahrer heißt Steve und braucht genauso dringend wie sein Wagen eine Generalüberholung. Er ist zweiundzwanzig, sieht aus wie fünfundvierzig und hat Zähne und Finger, die vom Nikotin ganz gelb sind. Sein Stoppelbart und die Schmutzränder sehen aus, als wären sie in sein Gesicht eingebrannt. Sein Atem riecht wie ganz Bhopal nach dem Chemie-Crash.

Der Wagen macht auch irgendwie einen tödlichen Eindruck. Auf dem Rücksitz liegen Bogen und Köcher, auf dem Vordersitz ein 30.30 Gewehr, und in seinem Gürtel hat Steve zwei Dutzend Patronen stecken, neben einem Jagdmesser, das fast die Größe einer Machete hat. Die einzige Waffe, die noch fehlt, ist eine Boden-Luft-Rakete auf der Motorhaube. Ich erkundige mich vorsichtig nach dem Verwendungszweck von Pfeil und Bogen.

„Man weiß nie, was man so auf der Straße alles trifft", sagt Steve. Ich starre auf die leere Landschaft und überlege, was wohl eine derartige Waffensammlung erforderlich machen könnte. Und abermals erweist sich mein gastgebender Fahrer als wenig vertrauenserweckend.

„Hinten in Townsville hab' ich Ärger mit dem Gesetz gekriegt", erzählt er mir. „Deshalb hab' ich mich in Richtung Norden verdrückt, um dort noch mal von vorne anzufangen."

Ich überschlage die Möglichkeiten seiner Verfehlungen. Mord auf Bestellung, Waffenschmuggel, bewaffneter Überfall.

„Was willst du denn jetzt machen?", frage ich ihn.

„Autoersatzteile. Ein Freund von mir hat in Katherine 'nen Job im Verkauf für mich." (Ich kann richtig hören, wie er die entsprechenden Ersatzteile anpreist: ‚Mit etwas Feuerkraft kann dieser alte Sedan mindestens wie ein verdammter Sherman Panzer sein, im Ernst . . . !')

Per Anhalter zu fahren, bringt neben anderen Vorzügen mit sich, daß man gezwungen wird, sich mit Leuten auseinanderzusetzen, deretwegen man sonst die Straßenseite gewechselt hätte. Als wir so durch die Eintönigkeit von Queensland rollen, entdecke ich, daß Steve, trotz seines martialischen Aussehens, genauso sanft ist wie der winzige Bullterrier, der über den Sitz gekrabbelt kommt und sich in seinem Schoß zusammenrollt. Steve streichelt das Fell seines Hündchens und unterhält uns die ganze Strecke über mit den Country- und Western-Songs von Slim Dusty.

„Dieser Song beschreibt mich ganz exakt", sagt er und schiebt die einzige intakte Kassette in den Recorder. Slim singt von ‚schwarzen Schaf der Familie'. Steve wartet ein paar Takte lang und stimmt dann in den Refrain ein: „Die grö-hö-ßte Enttäu-häu-schung wa-har ich!"

Er enttäuschte seine Eltern (. . . ‚bin einfach abgehauen, weißt du'), brachte seinen vorgesetzten Offizier in Schwierigkeiten (‚unerlaubtes Fernbleiben von der Truppe') und brach schließlich alle Brücken hinter sich ab, um sein Glück auf der Straße zu versuchen. Steve dreht das Band um und überläßt wieder Slim Dusty das Reden.

Hinter diesem Steuer hier fühl' ich die Freiheit in mir
Ich fahre, fahre, fahre, auf der langen Straße

Bis zur Grenze von Queensland behält Steve seinen rhythmusversetzten Rap-Gesang bei – erst Slim, dann er, dann alle beide zusammen. Als wir durch die letzte Stadt von Queensland kommen, hat er, wie ein Discjockey, ein entsprechendes Lied parat. „Jetzt weiß ich, daß die Liebe kam und ging, in dieser kleine Stadt namens Camooweal."

Für Camooweal selbst bleibt ebenfalls nicht viel Liebe übrig. Bier und Benzin zu überhöhten Preisen sind offensichtlich die einzigen Dinge, an denen diese Stadt verdienen kann, und die Fahrer haben keine andere Wahl als zu bezahlen und schimpfend weiterzufahren. ‚Kein Benzin auf den nächsten 270 Kilometern', steht auf einem

Schild an der Westausfahrt der Stadt – nur falls jemand zu tanken vergessen haben sollte.

Das Grenzschild, an dem wir kurz danach vorbeifahren, ist so mit Schmierereien bedeckt, daß es unmöglich ist festzustellen, ob etwa darauf steht ‚Grenze zum Northern Territory', ‚Sie verlassen Queensland', ‚Willkommen im Niemandsland' oder irgend etwas völlig anderes. Dann folgt ein Viehzaun, dann die gebleichten Knochen von Kühen, die in der Hitze trocknen, ehe sie zerfallen. Es ist ein Grenzgebiet, das das gleiche herzliche Willkommen ausstrahlt, das früher einmal die Berliner Mauer ausgestrahlt hat.

Die einzige Veränderung findet auf der Straße statt. Aus der engen, holperigen Asphaltstraße von Queensland wird ein zweispuriger Highway, der genauso glatt und eben ist wie ein Billardtisch. Nur neben der Straße hat jemand den Filz aufgeschlitzt und für die nächsten 500 km eine felsige, baumlose Halbwüste hinterlassen. Sogar die privaten Farmen verschwinden hier von der Landkarte. Die einzigen Anhaltspunkte sind Markierungen, die ‚Verstärker-Station für Mikrowellen' heißen, wie um den Reisenden daran zu erinnern, daß er sich auf der Fahrt durch einen Ausläufer des Infernos befindet.

Diese Straße ist, unter welchen Umständen auch immer, ausgesprochen unerfreulich. Aber in Steves bewaffneter Rostlaube, die es auf 70 km/h bringt, hat man den Eindruck, langsam in die inneren Kreise der Hölle hinabzusteigen. Die Mittagssonne brennt durch die gesprungene Windschutzscheibe und heizt das schwarze Vinyl, mit dem der Wagen innen ausgestattet ist, ordentlich auf. Wir legen Handtücher auf die Sitze, um uns nicht die Beine zu verbrennen. Das Bier, das wir in Camooweal gekauft haben, muß sofort getrunken werden, sobald es aus der Kühltasche kommt; sonst wird es zu heiß und man könnte es nicht mehr schlucken. Und wenn ich die Seitenscheibe herunterkurble, um meinen verschwitzten Kopf zum Abkühlen nach draußen zu halten, verbrennt die glühende Wüstenluft mein Gesicht wie der erste heiße Luftschwall, der einem Koch beim Öffnen der Backofentür entgegenschlägt.

In früheren Zeiten hatten die Forscher mehr Verstand und kehrten wieder um. Ungefähr 1860 fing die Regierung an, im Northern Territory Land zu verkaufen. Schon bald danach verlangten die Käufer ihr Geld wieder zurück. Später bot Australien den Regierungen von Japan und Indien freie Überfahrt für jeden Auswanderer an, der bereit war, sich im Northern Territory niederzulassen. Beide Nationen lehnten das freundliche Angebot dankend ab.

Der Hauptgrund, warum man dort keine Farm betreiben – oder einfach nur überleben – kann, ist der, daß es in diesem Gebiet praktisch überhaupt kein oberirdisches Wasser gibt. Das ist vielleicht eine Erklärung dafür, warum sich die wenigen Einwohner dieser Gegend so heftig mit Bier bewässern. Früher war das Ausmaß der Sauferei im Northern Territory eine Legende. Heute ist es eine statistische Tatsache. 52 Gallonen Bier pro Jahr, also runde 237 Liter, pro Mann, Frau und Kind – das ist genug, um den Nordterritorianern im *Guinness Buch der Rekorde* einen Eintrag als größte Biertrinkergemeinde der Welt zu bringen. Eine Gesellschaft zur Verhinderung von Alkoholismus in Darwin mußte mangels Interesse wieder aufgelöst werden.

Die Einwohner Darwins werfen ihre Bierdosen auch nicht einfach weg. Jeden Juni verladen sie die Dosen in Metallboote und segeln mit ihnen, wie Panzerschiffe aus vergangenen Zeiten, in die Timorsee. Dieser Ersatz für den ‚America Cup' wird dort ‚Beer Can Regatta' genannt, die ‚Bier-Dosen-Regatta'.

Im Territory hat das Bier auch das metrische System als Maßeinheit verdrängt. In Barkly Homestead, der ersten Tankstelle nach Camooweal, frage ich die Bedienung, wie weit wir fahren müssen, um wieder in die Zivilisation zu gelangen.

„Bis zur Raststation Three Ways ist es ungefähr ein Karton", erklärt sie mir, „und bis Tennant Creek dann nochmal ein Sechser-Pack."

Ich suche auf der Landkarte nach Homestead und teile vierundzwanzig Dosen Bier durch die Anzahl der Kilometer zwischen hier und Three Ways. Um die Raststation im Zeitplan zu erreichen, müssen wir alle acht Minuten ein Bier trinken. Ich frage die Bedienung, wie sie auf diese Zahl kommt. Sie lacht. „Das ist eine gute Straße, Mann, Auf einer schlechten würde man zweimal soviel brauchen."

Im Territory gilt auch die Maßeinheit Dollar nicht mehr. „Was kostet es, den Auspuff zu reparieren?", fragt Steve den Mechaniker der Tankstelle. „Vermutlich einen Karton, Aber nur, wenn ich keine Ersatzteile brauche."

Da Steve diese Art von Geld – oder Bier – nicht besitzt, fahren wir mit dem kaputten Auspuff aus Barkly hinaus und weitere 200 km durch das Nichts. Als Slim Dusty auf seiner fünfzigsten Tour durch den Recorder schmilzt, hört Steve mit den Singen auf und entpuppt sich als Lehrer. Um im Territory zu überleben, legt er mir nahe, muß der Reisende die Sprache des Trinkens als Fremdsprache fließend beherrschen.

„Wenn du die Eigennamen kennst, kann dir nichts passieren", erklärt er mir. „Die Hauptregel hier ist, daß das Bier durch seine Ausstattung und nicht durch den Herstellernamen bezeichnet wird. Das Hence Foster Bier wird dadurch zur ‚Blauen Dose', Victoria Bitter zur ‚Grünen Dose', und so weiter, durch die ganze Farbskala. Die einzige Ausnahme dieser Regel ist das Castelmaine XXXX, ein Bier, das von den Territorianern für besonders lausig gehalten wird. Wenn man es bestellt, darf man nicht nach einer ‚Gelben Dose' fragen. Man muß einfach nur ‚barbed wire' XXXX sagen, also ‚Stacheldraht' XXXX. Verstanden?"

Diese Unterscheidung durch Farben und Bilder reflektiert vielleicht ein Gefühl für Ästhetik, das im Grenzgebiet ganz besonders hoch entwickelt ist. Aber ich hege den Verdacht, daß es einfach nur ein etwas verquerer Sinn für Gemeinschaft und Vertrautheit ist, an einem Ort, an dem sonst alles ziemlich sinnlos ist. Wenn man ungefähr einen Karton lang über die Territory-Straßen gefahren ist, kann man sich immer noch über die Bar lehnen und das Bier aufgrund seiner Farbe identifizieren, auch wenn man den Namen auf dem Etikett nicht mehr lesen kann. Und wenn einem die Farben vor den Augen verschwimmen, kann man statt dessen immer noch

‚A Tube‘ oder ‚A Snort‘ oder ‚A Charge‘ bestellen. Diese ganzen Bezeichnungen stehen in der Territory-Sprache für Bier. Und am Morgen danach gibt es immer einen ‚Aufwärmer‘, der einen wieder auf die Straße bringt.

Als Steve mich in Three Ways absetzt, brauche ich ein oder zwei ‚Aufwärmer‘. Wie Barkly ist auch Three Ways keine gewachsene, sondern eine künstliche Siedlung, die um einen Campingplatz, eine Tankstelle, eine Gaststätte und ein Pub herum errichtet wurde. Kein Mensch lebt wirklich hier; es ist lediglich ein Ort zum Nachschubfassen für durchreisende Minen- und Ölarbeiter und Aborigines, die von anderen Camps oder Stationen kommen.

Als erstes fällt mir sofort auf, daß die Aborigines hier eine sehr viel dunklere Haut haben als die milchkaffeebraunen Ureinwohner, die ich in New South Wales und Queensland kennengelernt habe. Und sie scheinen kein Englisch zu sprechen, jedenfalls nicht sehr gut. Fünfzehn von ihnen kauern beim Dartboard und unterhalten sich in einem sehr schnellen Singsang, der nichts ähnelt, was ich jemals in meinem Leben gehört habe.

Die Minenarbeiter an der Bar sprechen Englisch, aber ihre Gesichter sind derartig mit schwarzem Staub verschmiert, daß es schwierig ist, die beiden Rassen aufgrund der Hautfarbe auseinander zu halten. Bleichgesichtig, und offensichtlich Durchreisender, komme ich mir unangenehm auffällig vor – und ziemlich genervt vergesse ich sofort alles, was Steve mir beigebracht hat.

„Ein kleines Foster“, sage ich zu dem Barmädchen und blitzartig fällt mir ein, daß ich ein ‚Kleines Blaues‘ hätte bestellen müssen. Aber noch ehe ich die Chance habe zu korrigieren, fragt sie sofort nach: „Ein kleines Darwin?“

Ich nicke. Offensichtlich ist mein Irrtum unbemerkt geblieben und ich habe ein hiesiges Bier bestellt. Den hochgezogenen Augenbrauen des Minenarbeiters neben mir nach zu urteilen ist dieses Darwin-Bier starker Stoff.

Einen Augenblick später kommt das Barmädchen mit einer Flasche Foster zurück, die ungefähr die Größe und Form einer Rakete der NASA hat. In dem babylonischen Sprachgemisch der territorianischen Trinker bedeutet Darwin die Biermenge und nicht die Brauerei. Und wie es scheint, sind fünf Quarts, also ungefähr fünfeinhalb Liter, im nördlichen Teil Australiens die gängige Menge für ein Kleines.

Weder in mir noch in meinem Gepäck ist Platz für diese übergroße Bierflasche. Also bitte ich statt dessen etwas belämmert um ein kleines Blaues. Der Minenarbeiter neben mir nickt verständlich.

„Bis zum nächsten Pub ist es nur ein Sechser-Pack, Junge", sagt er zu mir. „Nur eine kleine Fahrt und schon biste da."

Wie man ein Mann wird

Jetzt gibt es eine Pause zwischen all den Bieren, und während dieser Pause ist etwas völlig anderes zu sehen. Die Unterbrechung findet in Tennant Creek statt, einem jener seltenen schwarzen Punkte zwischen Darwin und Alice Springs, die die Bezeichnung ‚Stadt' einigermaßen verdienen.

Ein Goldfund im Jahr 1930 machte aus der ruhigen Telegrafenstation ein pulsierendes Goldsucher-Camp; es war die letzte Stelle in Australien, wo ein Mann einfach einen Claim abstecken und mit Hammer und Meißel zu graben anfangen konnte. Dann erschöpfte sich das Goldvorkommen allmählich und Tennant Creek blieb mit dem abgerissenen, häßlichen Flair einer einstmals wohlhabenden, aber jetzt völlig heruntergekommenen Stadt zurück. Die Hauptstraße säumen die schäbigen Fassaden leerer Geschäfte und Schnellrestaurants. Am Stadtrand modern verlassene Abbauschächte und Hütten der Aborigines vor sich hin. Der Gestank nach Pferdefleisch und -blut aus einer Roßschlächterei ist das erste Wahrzeichen, das den Reisenden aus Richtung Darwin begrüßt.

Als ich bei Sonnenuntergang ankomme, macht Tennant einen dunklen und abweisenden Eindruck, abgesehen von einem Lagerfeuer am nördlichen Stadtrand. Wie vorauszusehen war, werde ich an einem Pub abgesetzt. Dieses Mal ist es ein unansehnlicher

Saloon ohne irgendwelche Tische und Stühle, der sich ‚Miner's Bar' nennt. Während ich auf ein Bier warte, stehe ich neben einem Farbigen, der statt einer Hand einen Haken hat. Da ich nicht weiß, was ich mit ihm reden soll, frage ich ihn nach den Flammen, die ich am abendlichen Himmel bemerkt habe.

„Da findet im Waramungu-Camp eine Zeremonie statt", erklärt er mir nuschelnd und mit Akzent. In der nichtkommerziellen Welt

Aborigines-Kinder im Waramungu-Camp

des Schwarzen Australiens sind traditionelle Zeremonien Aufgabe der Gemeinschaft. Die Eingeborenen dieser Region haben an ihren Ritualen stärker festgehalten als die Aborigines ‚hinten im Osten'.

Der Mann mit dem Haken stellt mich einem Trinker vor, der beim Waramungu-Stamm Verwandte hat. Bereitwillig nimmt er mich zu diesem Camp mit und stellt mich einem älteren Mann vor, oder, wie er es nennt, ‚einem der Senioren'.

Das Waramungu-Camp ist eine Ansammlung baufälliger Gebäude aus Beton, die mitten zwischen den Felsen stehen. Kinder fahren auf den staubigen Pfaden zwischen den Häusern auf ihren Fahrrädern herum, Frauen hocken im Kreis auf dem Boden und plaudern gelassen miteinander. Es sind keine Männer zu sehen, aber aus einiger Entfernung in Richtung des großen Feuers hört man den Gesang männlicher Stimmen. Mein Begleiter spricht mit einer alten Frau und entfernt sich dann in Richtung auf das Feuer.

Inzwischen ist es pechschwarze Nacht geworden und ich halte mich eng hinter ihm, um mir auf dem steinigen Boden nicht die Knöchel zu verstauchen. Mein Führer scheint den Weg auch ohne Licht genau zu kennen.

In einem großen Kreis sind um das Feuer ungefähr hundert Männer versammelt, die mit den Füßen auf den Boden stampfen und singen. Am Rande des Kreises begrüßt uns einer der Senioren. Ich erkläre, daß ich auf der Durchreise bin und frage, ob es erlaubt ist, der Zeremonie beizuwohnen.

„Das geht in Ordnung, Mann", sagt er lächelnd zu mir, „kannst du singen?" Ich kann nicht singen, aber trotzdem nimmt er meinen Arm und führt mich in den inneren Ring des Kreises. Zwischen den Lidern erklärt er mir, um was es sich dabei handelt.

Was sich hier abspielt, ist die alljährliche Initiations- oder Einführungszeremonie der Waramungu-Männer. Oder besser gesagt, nach einer langen Nacht mit Gesang und Tanz, die bei Sonnenaufgang mit der Beschneidung endet, werden aus Knaben Männer. Die heikle Operation wird von einem der Senioren ausgeführt, der dazu ein sehr scharfes Taschenmesser benutzt. Als Jude habe ich eine gewisse Beziehung zu dieser Art von Stammes-Zeremonie. Es ist bestimmt nichts, was ich als freudigen Anlaß bezeichnen würde, zumindest nicht für die Knaben, die sich dabei im Mittelpunkt befinden. Aber die Szene, in die ich hier in Tennant Creek so zufällig geraten bin, ist genauso lebensfreudig und lautstark wie eine Hochzeitsgesellschaft. Abgesehen davon, daß es keinen Alkohol und keine Frauen gibt. Die Gesellschaft besteht lediglich aus einem Dutzend Tänzern und aus einem rein männlichen Publikum, deren Gesichter von dem Feuer erleuchtet werden, und die ihre Bemerkungen in Pidgin-Englisch oder in ihrem Aborigines-Dialekt von sich geben.

„Der können sich bewegen, eh?"

„Tanze! Tanze!"

„Du dich bewegen noch mehr, Mann. Bewegen!"

Die Zeremonie ist eine eigenartige Mischung aus Primitivität und zwanzigstem Jahrhundert. Traditionsgemäß sollten sich die Tänzer eigentlich mit Truthahnfedern und kunstvoll handgemachtem Kopfschmuck schmücken. Doch heute bestehen die Federn aus geblümtem Baumwollstoff und der Kopfschmuck aus der Pappe der Bierkartons. Nur die Äste des Blutholzbaumes, die um die Knöchel der Tänzer geschlungen werden, sind von den Originalkostümen noch übrig geblieben.

Die Äste wischen wie Rocksäume über den Boden, wenn jeder Tänzer auf einem bestimmten Fleck vor dem Feuer mit schnellen Tritten herumhüpft. Ihre Bewegungen – die einem sehr schnellen Laufen auf der Stelle ähneln, bei dem nur die Beine, aber nicht die Arme bewegt werden – erfolgen zu der Musik der sechs Senioren, die hinter dem Feuer aufgestellt sind, wie die Background-Sänger einer Soul-Band. Sie schlagen Boomerangs aufeinander, stampfen mit ihren Füßen und zwingen die Tänzer zu immer schnelleren Verrenkungen. „Beweg' dich, Mann, beweg' dich!", rufen sie, oder scherzhaft: „Das is' gar nix, Mann. Du mußt dich wieder hinten anstellen."

Der Tanz ist dazu da, um die Angst der vier Jugendlichen zu lindern, die bei Sonnenaufgang beschnitten werden sollen. Die Knaben sind ockerfarben bemalt und tragen wie alle anderen

Federn. Sie sitzen ganz still hinter dem Feuer, mit Decken in ihrem Schoß. In dieser Nacht, und später allein im Busch, werden sie ‚zu Männern werden'.

Boomerangs, Äste vom Blutholzbaum, zweihundert stampfende Füße – das alles wirkt ausgesprochen hypnotisierend, und etliche Stunden bin ich von der Musik völlig gefangen und beobachte, wie ein Mann nach dem andern vor den Flammen seinen Tanz wiederholt. Während der kurzen Pausen, die entstehen, bis die Tänzer jeweils ihren Platz eingenommen haben, kommen Männer zu mir und bitten mich um Zigaretten. Aber ansonsten scheint mir niemand besondere Aufmerksamkeit zu schenken.

In den frühen Morgenstunden gibt es eine für mich unverständliche Pause, und ich beschließe zu gehen. In dieser Kultur bin ich immer noch ein Fremder und nicht vertraut mit den Regeln. Irgend etwas sagt mir, daß der letzte Akt dieses Schauspiels unbeobachtet von weißen Augen in privater Atmosphäre stattfinden sollte. Aber niemand fordert mich auf, zu gehen.

Wie in Cunnamulla steht auch hier die Gemeinschaft der Aborigines für jeden weit offen. Für die Waramungu reicht das Bekunden von Interesse und Respekt völlig aus, um mir zu gestatten, diesem intimen Ritual der Mannwerdung beizuwohnen.

Als ich am nächsten Tag wiederkomme, liegen die Männer über das ganze Camp verstreut wie kampfmüde Soldaten auf dem Boden und schlafen tief und fest in der sengenden Hitze. Ich denke an mich, der ich in dieser Nacht im Finstern nach einem Hotel mit Klimaanlage gesucht habe – und beneide sie darum. Am Nachmittag spreche ich mit einigen der Tänzer über die Initiationszeremonie. Ihre Antworten sind zwar höflich, aber ausweichend. „Das kann ich nicht sagen." – „Darüber weiß ich nichts." – „Frag' doch einen von den Senioren, die können dir das erklären."

Grant, ein bärtiger Mann mittleren Alters, gehört zu denen, die erklären können. Er sagt mir, daß ein junger Mann mit dem Speer durchbohrt oder ausgestoßen werden kann, wenn er etwas über die Zeremonie verrät; ganz besonders die Frauen dürfen darüber überhaupt nichts erfahren. Das hatte ich nicht gewußt und es tut mir im nachhinein leid, daß ich die anderen Männer so bedrängt habe.

Grant erzählt mir, daß die jungen Männer jetzt allein dort draußen in der Savanne sind, bis ihre Wunden verheilt sind. Nur ganz bestimmte Mitglieder ihres Stammes, oder ‚Skin', dürfen sie besuchen und ihnen Nahrungsmittel bringen. In ein paar Wochen wird jeder dieser Teenager als ‚freier Mann' zurückkehren; frei, um sich die Frau zu nehmen, die ihm versprochen wurde, und mit der Freiheit, das Haus seiner Eltern zu verlassen. Niemand kann ihn jetzt noch maßregeln, denn jetzt ist er ein Waramungu-Mann, der mit Respekt behandelt werden muß.

„Das ist alles, was ich weiß", sagt Grant und beendet damit unsere Unterhaltung. „Wenn du noch mehr wissen willst, mußt du einen von den älteren Männern fragen. Wir sind nicht wie der Weiße Mann, der immer alles in ein Buch schreibt."

Grant hat noch andere Geschäfte zu erledigen. In einer der örtlichen Kirchen ist ein Gottesdienst, an dem viele farbige Männer

Grant

teilnehmen werden. Wieder einmal hat die weiße Gesellschaft eine fremde Kultur, in diesem Fall die der Aborigines, zwar kolonisiert, es aber nicht geschafft, sie völlig auszulöschen. Die Männer betrachten das Christentum nicht als eine Angelegenheit des Glaubens, sondern als Ausdruck für ihre Ablehnung des Alkohols. „Ich geh' zur Kirche, um mich vom Fusel fernzuhalten", erklärt mir einer der Männer. „In dieser Stadt bist du entweder ein Christ oder ein Trinker." Der Fluch des Westens muß offensichtlich auch mit Mitteln des Westens bekämpft werden.

Bei Sonnenuntergang verlasse ich das Camp und nehme im seichten Wasser des Tennant Creek ein Bad. Es ist das erste fließende Gewässer, daß ich seit Queensland im Süden gesehen habe, und es fühlt sich genauso sauber und behaglich an wie ein beruhigendes Bad zuhause nach einem langen, arbeitsamen Tag. Nicht mehr den Highway nach einem Mitnehmer absuchen müssen, keine Hitze und kein Staub mehr. Zwei Eingeborenen-Buben lassen Steine über das schwarze Wasser tanzen. Riesige rote Termitenhügel ragen am Flußufer wie Minigebirge auf. Zikaden zirpen so laut wie Feuerwehrsirenen.

Ich lege mich auf den Rücken, tauche den Kopf bis über die Ohren ins Wasser und blicke durch die silbernen Äste eines Gummibaumes auf den Wüstenhimmel. Die Welt wird still und fremd und ruhig. Und ich fühle mich ganz weit weg, weiter weg, als ich mich jemals zuvor gefühlt habe. Ich denke über die Lebensart der Aborigines nach, über meine eigene, und wie in Amerika das Fahren per Anhalter für mich als Halbwüchsiger ein Weg war, um in den Busch zu gehen und ‚ein Mann zu werden'. Dieses Mal ist es etwas anderes. Dieses Mal ist es ein Weg, um vielleicht wieder ‚ein Junge zu werden' – um einen Teil von mir wiederzuentdecken, der immer noch auf Abenteuer aus ist und offen für alles, was mir so über den Weg läuft.

Normalerweise hat mein Leben nämlich die Ordnung und die Straffheit eines 5-Jahres-Plans. Zuhause verbringe ich eine Menge Zeit damit, Zeitpläne aufzustellen und Verabredungen zu treffen. Aber wenn ich per Anhalter durch den Busch fahre, dann lasse ich mich gerne dahintreiben. Sogar, wenn ich die Straße schon oftmals gefahren bin.

Und immer sind es die Umleitungen, die mir nahe gehen, wie zum Beispiel bei Feuerschein eine andere Kultur kennenzulernen oder in der einbrechenden Dunkelheit in einem Savannenfluß zu schwimmen. Die amerikanische Schriftstellerin Annie Dillard hat über solche Erlebnisse und Eindrücke eine Theorie entwickelt. Das Licht der Einsicht kann denen, die darauf warten, gegeben werden, sagt sie, aber das ist immer ‚ein Geschenk und kommt völlig überraschend.‘

‚Ich selbst kann in nichts Licht bringen‘, schreibt sie, ‚das Einzige, was ich tun kann ist, zu versuchen, mich immer in seinem Schein aufzuhalten.‘

Die Ruhe, die mich in dem schwarzen Wasser des Tennant Creek überkommt, hat nicht die Kraft einer Vision. Es ist einfach ein gutes Gefühl, daß ich mich direkt im sanften Schein der Einsicht befinde. Als sich die Dunkelheit über den Tennant Creek legt, wünsche ich mir insgeheim, daß ich weiterhin in diesem Schein stehe, wenn mich meine Reise wieder nach Hause bringt.

Ein paar Biere noch bis Alice Springs

„Ich fahre nie an einem Pub vorbei“, macht mit Bill Gillholey beim Kennenlernen klar, „niemals.“

Ich bin wieder im Gebiet des Weißen Mannes, bei einem Abklappern der Pubs per Auto von Tennant Creek nach Wauchope, nach Tea Tree, nach Alice. Jede Niederlassung ein Pub, jedes Pub eine oder zwei kleine Blaue. Dann wieder auf die Straße, wie zwei Männer in einem Kanu, die einen Bier-Fluß hinunterfahren.

„Europa, das hat seine Kultur“, sagt Bill und hält mit einer Hand das Lenkrad fest, während er mit der anderen eine Bierdose an den Mund hebt. „Australien, – Australien, das hat seine Pubs.“

Bill verließ sein Heimatland Ungarn nach der Machtübernahme der Kommunisten in den 50er Jahren. Als Gegner des neuen Regimes fand er keine Arbeit als Minen-Ingenieur. Auch im Northern Territory hat Bill keine Arbeit als Ingenieur gefunden, aber er blieb hier, schlägt sich tagsüber als Gelegenheitsarbeiter auf Buschfarmen durch und nachts als Pub-Besucher von olympischen Ausmaßen. Er nahm sogar den Nachnamen eines Iren an, den er in Darwin bei ein paar Dosen ‚Grünes' kennengelernt hatte. An diesem Ende Australiens scheint das Bier sogar beim Zusammensetzen des ethnischen Mosaiks zu helfen.

Bier ist auch der Lebenssaft des Straßenverkehrs im Northern Territory. Es gibt eine Hauptarterie, den Stuart Highway, der von Darwin direkt an die Grenze von Südaustralien führt. Von allen Seiten münden die ganze Strecke über Äderchen in diesen Hauptstrang und bringen Ware und Verkehr von den Extremitäten in den Hauptfluß. Und an den Kreuzungen scheinen die Raststätten den Kreislauf mit Benzin und Bier auf Trab zu bringen und in Schwung zu halten.

Es gibt aber auch keine anderen Möglichkeiten, bei der staubigen und heißen Fahrt über ‚The Track', wie die Nord-Territorianer den Stuart Highway nennen, eine Rastpause einzulegen. Deshalb sieht man in jedem Pub dieselben Gesichter. Die Fahrer trinken und nicken einander zu und fahren anschließend im Konvoi in die nächste Kneipe. Bis ich in Alice Springs bin, werde ich vermutlich jeden an der Bar kennen.

Wenn ich nicht vorher das Bewußtsein verliere. Mit Bill von Pub zu Pub zu fahren macht mir deutlich, wie viel ich noch über die australische Art des Trinkens lernen muß. Amerikaner trinken nicht notwendigerweise weniger, sie trinken nur anders. Ein oder zwei Biere nach der Arbeit. Cocktails vor dem Abendessen. Vielleicht ein paar über den Durst am Wochenende. Wie alles in den Staaten, gibt es auch für das Trinken vorgeschriebene Zeiten und vorgeschriebene Gründe. Und es gibt immer noch ‚trockene' Gebiete im sogenannten ‚Bible Belt', wo man überhaupt nicht öffentlich trinkt, zumindest nicht legal. Und überall in den Vereinigten

Staaten wächst die Abneigung gegen alles, was Kalorien hat oder gesundheitsschädlich ist: ‚Lite Beer', das Kalorien reduzierte Bier, oder Diät-Cola sind die Ergebnisse einer wachsenden puritanischen Einstellung.

Ich entdecke schon bald, daß es in Australien diese disziplinarische Bremse einfach nicht gibt. Man trinkt zu jeder Tages- und Nachtzeit und braucht dafür keinen besonderen Grund. Kipp dir ruhig um 11 Uhr vormittags einen Drink hinter die Binde. Brich' ruhig zum Mittagessen einer Flasche Wein den Hals und geh' dann wieder zur Arbeit. Trinke ruhig die Minibar im Hotel leer, wozu ist sie denn sonst da. Laß' dich doch wegen ein bißchen Fusel nicht aus der Bahn werfen.

Deshalb trank ich ein Jahr lang, lernte dabei, und trank noch mehr. Ich lernte, daß es sich nicht gehört, ohne Flasche in der Hand einen Besuch abzustatten; und daß es noch ungehöriger ist, das Pub zu verlassen, bevor man seine Runde geworfen hatte. Ich gewöhnte mich sogar an das Pub, das um die Ecke von meiner Wohnung in Sydney liegt, und das eine sehr frühe Öffnungszeit hat, damit die Dockarbeiter vor der Schicht noch schnell ein Bierchen zischen können. Die Schicht beginnt um 6.30 Uhr morgens.

Im Northern Territory mache ich nun in dieser Beziehung mein Abitur. Bars können zu jeder Tages- und Nachtzeit voller Menschen sein und an jedem Tag in der Woche. Ein Unterschied zwischen Kneipe, Saloon und Hotelbar existiert nicht. Und je einsamer die Raststätten liegen, desto bizarrer ist die Atmosphäre, die dort herrscht. Volieren und kleine Zoos sind sehr häufig. Gewöhnlich wird die wilde Natur durch ein Kamel oder ein Emu verkörpert, die vor der Türe herumstehen, aber manchmal sind die Tiere auch drinnen zu finden. Andere Raststätten übernehmen die Schirmherrschaft für besondere Veranstaltungen. Die winzige Siedlung in Wauchope zum Beispiel hält alljährlich ein Cricket-Match gegen den Rest der Welt ab. Das einheimische Team hat natürlich einen Vorteil: Wauchope ist so abgelegen, daß es für den Veranstalter schwierig ist, eine gegnerische Mannschaft zu finden.

Doch der wirkliche Unterschied der Raststätten im australischen Busch ist das geradezu heroische Saufen, das dort stattfindet. Und wieder ist die Etymologie, die Lehre vom Ursprung der Wörter, der Schlüssel zum Trinken im Northern Territory. Ein Bierglas mit zehn Unzen ist kein ‚Schooner' oder ‚Pot', sondern ein ‚Handle', eine Voraussetzung. Denn offensichtlich sind zehn Unzen die Voraussetzung dafür, daß man sich wieder auf die Straße wagt. „Und vergessen sie nicht noch einen Sechser-Pack mit ‚Blauen Dosen' mitzunehmen, damit sie auf dem Weg ins nächste Hotel keine Entzugserscheinungen bekommen."

„Der Esky ist nur Reserve", erklärt Bill vor der Raststätte von Wauchope und leert einen Karton Forster in die Kühlbox. „Selbst wenn ich total voll bin, fahr' ich nie an einem Pub vorbei. Niemals."

Und ganz besonders nicht an einem bestimmten Pub. Südlich von Wauchope steht mitten in der sandigen, sonnengebleichten Savanne eine Anzeige, die auf den Anhänger eines umgestürzten Lastwagens gepinselt ist: ‚Barrow Creek Hotel – 21 $^1/_8$ km'. Zum ersten Mal, seit ich das Territory betreten habe, wird die Entfernung zwischen zwei Punkten ausgedrückt, nun, als Entfernung. Und noch niemals habe ich das so präzise ausgedrückt gesehen.

Das Pub, das zwei Büchsen weiter in Sicht kommt, sieht nach nichts aus, aber das tun Busch-Pubs selten; eine schmucklose Ansammlung von Eisen und Holz auf Betonblöcken. Der Rest von Barrow Creek besteht aus ein paar Häusern, einer Windmühle und einem alten Gebäude, in dem sich einst die Verstärkerstation des Überlandtelegrafen befand. Als zwischen Adelaide und Darwin um 1870 herum die Telegrafenlinie aufgebaut wurde, konnten die Morsezeichen nur 320 km weit gesendet werden. Deshalb wurden Zwischenstationen wie Barrow Creek installiert, um die Nachrichten weiterzuleiten. Jetzt muß dafür der Straßenverkehr bedient werden. Aber nicht, daß irgend jemand aus dem Pub kommt, um Benzin aufzufüllen.

„Ich hab' ein Prinzip – geh' niemals raus, um Benzin nachzufüllen", sagt Lance Pietsch, der Wirt. „Wenn man Konkurrenz hat, dann muß man was bieten. Aber Barrow Creek? Wenn sie hier nicht tanken, sind sie voll. Und wenn ich nicht rauskomme, kommen sie rein. Dann laß ich sie was trinken, verkauf' ihnen was zu Essen und T-Shirts. Und damit verdien' ich was."

Das ist der erste Hinweis, wie Pietsch über Besitztum denkt. Der zweite ist ein Foto von ihm, das schief hinter der Bar hängt. Pietsch ist ein breitschultriger Typ mit der Brust und den Armen eines Schlachters. Aber es macht ihm nichts aus, sich mit dem schief aufgehängten Bild lächerlich zu machen. „Ich hänge alles schief auf", sagt er „das gibt dem Ort hier Charakter."

Die gesamte Einrichtung ist ein Lehrbuch für wohlkalkulierten Kitsch. Hinter der Bar hüpft ein zahmes Känguruh herum, im Hinterhof stolziert ein Emu. Und die Wände von Barrow Creek lassen die künstlerischen Verzierungen, die ich in den Pubs von Queensland gesehen habe, wie Höhlenmalereien aussehen. Den hauptsächlichen Schmuck bilden Nacktfotos und Sticker mit ordinären Aufschriften. Dann gibt es eine Sammlung von bedruckten Mützen von Stationsvorstehern, die dort hängen wie Votivtafeln in einer Wallfahrtskirche: Telecom Tom, Shim Ree, Tossa Reidy. An jedem Mann gibt es eine Erinnerung durch seine Mütze und durch eine kurze Inschrift. ‚War hier – hab' das gemacht', besagt die Inschrift unter Tossa Reidys zerdrückter Mütze. ‚Hatte eine sehr kurze Zündschnur und war ein einfallsreicher Flucher.'

Und unter Telcom Toms Mütze steht: ‚Wollte 1952 nur durchfahren. Bin seitdem hier.' Und das ist er immer noch, ein verschrumpeltes, in Khaki gekleidetes Männchen, das auf einem Barstuhl kauert, an dem eine Plakette besagt: ‚Reserviert für pensionierte Einwohner von Barrow Creek.' In einer Gemeinde mit vierzehn Personen ist er der einzige Pensionär.

Tom nahm einmal an einer Treibjagd auf Dingos teil. Bezahlt wurde er nach der Anzahl von Ohren, die er als Beweis für das Töten der wilden Hunde mitbringen mußte. Tom füllte seinen Sack mit getrockneten Aprikosen und warf nur oben ein paar Hundeohren drauf. „Kein Mensch wollte sich das Ganze näher ansehen," erzählt er mit verschmitztem Grinsen, „der Gestank drehte einem den Magen um."

An der Wand hängt auch etwas, das einem den Magen umdreht: ein Bild, unter dem steht ‚Original Northern Bullenscheiße'. Es besteht aus einem großen und sehr überzeugend wirkenden Haufen auf einem Stück Pappe. Pietsch schwört, daß der Haufen echt ist. „Original Stierscheiße, keine Fälschung", versichert er, „ich hab' das selbst auf Pappe gelegt und mit Haarspray eingesprüht, damit es nicht auseinanderläuft." Ich hege so meine Zweifel, aber sie sind nicht groß genug, um meinen Finger in das Zeug zu stecken und festzustellen, ob er die Wahrheit sagt.

Doch mit Abstand das Auffälligste in diesem Hotel ist eine Tapete von Dollarnoten, die an der Wand hinter der Bar hängt. Sie wird die ‚Creek Bank' genannt und es gibt in mehreren Pubs im Territory Ableger davon. Die Trinker können ihre finanzielle Zukunft planen, in dem sie eine Banknote – $ 2, $ 10 sogar $ 100 – mit ihrer Unterschrift versehen und sie an die Wand heften. Wenn der Trinker dann später einmal wieder vorbeikommt, kann er einfach seine Banknote wieder ‚abheben' und weiterzechen. Es wird auch ausländische Valuta angenommen.

Die Creek-Bank ist offensichtlich eine flüssige Investition, aber bestimmt keine narrensichere Art, Geld aufzuheben. Die meisten Anleger sind Farmgehilfen oder Ölarbeiter, die nur selten nach Barrow Creek zurückkehren, wenn überhaupt. Wenn es einen Run auf die Bank gibt, reicht das Geld gewöhnlich genauso lange wie Chips am Roulette-Tisch. „Ich hab' noch keinen Typen erlebt, der sein Geld zurückgefordert hat, ohne es dann wieder auszugeben, ehe er aus der Tür geht", sagt Pietsch. „Das Haus gewinnt immer."

Manchmal schaffen es die Trinker gar nicht aus der Tür hinaus, sondern brechen auf dem Holzboden zusammen. Eines dieser Gelage während eines Pferderennens dauerte fünf Tage lang. „Die Typen fielen einfach von ihren Stühlen, wachten wieder auf und tranken weiter." Doch an den meisten Tagen ist das Hotel zwischen Mitternacht und 7 Uhr morgens geschlossen. Acht der vierzehn Einwohner von Barrow Creek arbeiten in dem Pub, zapfen Bier oder machen die Betten. Die Stunden nach Mitternacht sind ihre einzige Erholungspause zwischen den Schichten.

Die ‚Creek-Bank‘

„Aber wenn ein Typ um 4 Uhr morgens ganz unbedingt ein Bier braucht, kriegt er auch eines“, sagt Pietsch, „das ist hier eine eiserne Busch-Regel.“ Schließlich sind es bis zum nächsten Pub ungefähr 100 km. Nur ein völlig herzloser Wirt würden einen Mann mit leeren Händen in diese endlose Weite schicken.

Pietsch behauptet, daß er angehender Priester gewesen sei, ehe er Wirt wurde. Er studierte gerade die klassischen Sprachen, Latein und Griechisch, als er einen Ferienjob als Gehilfe auf einer Farm annahm. Dort entdeckte er das Trinken, das Rauchen und den Sex. „Ich fragte mich: ‚Wie lange gibt es das schon?‘ und ließ dann das Priesterseminar sausen.“

Seitdem ging es immer weiter bergab; zuerst als Buchmacher, dann als Barkeeper in Südaustralien. „Das einzige, was mich berühmt machte, waren dreizehn Schuldsprüche, weil ich beim Münzenspiel dabei war“, erzählt er. „Berufsrisiko.“ Vielleicht Original Bullenscheiße aus dem Northern Territory. Wer weiß das schon so genau, hier draußen? Und wen interessiert das schlußendlich?

Barrow Creek's isolierte Lage hilft Pietsch, einem anderen Berufsrisiko zu entgehen: den Gewohnheitstrinkern. Pietsch haßt sie. „In Südaustralien kamen sie sechs Jahre lang jeden Tag herein und sagten: ‚Wie geht's, Lance?‘ Sie konnten sich nicht einmal vage daran erinnern, daß sie in der Nacht vorher aus der Tür getragen worden waren.“

Das einzige Gesicht, das Pietsch in Barrow Creek immer wieder sieht, ist das von Telecom Tom. Praktisch jeder andere Trinker fährt nur durch. Mich selbst eingeschlossen. Ich hinterlege in der Creek-Bank eine Zwei-Dollar-Note, nur für den Fall, und mache mich wieder mit Bill in die Wüste auf.

„Europa, nur in Europa findest du einen Prado, die Uffizien, ein Jeu De Paume“, sagt Bill und wird mit jedem Schluck Bier theatralischer. „Aber sage mir, wo in Europa kannst du ein Barrow Creek Hotel finden?“ Er stellt die Bierdose zwischen seine Beine, preßt die Spitzen seines Daumens und des Zeigefingers zusammen und küßt sie. „Nirgends!“ Für Bill ist das Barrow Creek das Hofbräuhaus unter den Busch-Pubs.

Irgendwo südlich von Barrow Creek, benebelt vom Bier, fangen die einzelnen Bilder an, zusammenzupassen. Das Tattersall Hotel an der Grenze von New South Wales und Queensland. Das Blue Heeler-Hotel in Kynuna. Und jetzt die malerischen Wasserlöcher des Northern Territory. Sie ähneln alle einander, aber sonst nichts, was ich jemals in meinem Leben gesehen habe.

Zuerst habe ich diese Pubs als exzentrische Vorposten auf dem Weg zum Hauptereignis betrachtet. Unbewußt war ich davon überzeugt, daß irgendwo ‚dort draußen' irgendeine Szene oder irgendetwas hinter dem Horizont hervorkommen und laut schreien würde: ‚Das ist es, Junge! Das echte Australien!' Ich würde über das Kleinod stolpern (wie der legendäre Goldsucher in Cloncurry) und seinen Reichtum mit mir in die Stadt zurücktragen.

Reisen machen sich selten auf diese Art und Weise bezahlt, schon gar nicht in Australien. Die Zivilisation ist zu weit verstreut, um irgendwelche Verallgemeinerungen zuzulassen. Und im Outback findet das Privatleben und das Arbeitsleben außer Sicht weit weg in der Wüste oder Savanne statt. Die einsamen Raststätten bilden ein schmales Fenster zu dieser abgeschlossenen Gesellschaft. Und indem ich einfältig durch dieses Fenster spitze, sehe ich seltsame und wunderliche Dinge, die mich neugierig machen: Wenn es sich hier schon nicht um das wahrhaftige Australien handelt, dann zumindest um etwas Ausgefalleners als den internationalen Glitter von Sydney. Ein Guide Michelin durch den Outback würde, wie Bill Gillholey, kein Pub auslassen. Niemals.

In der Mitte

Zwei Kartons später lande ich in der Stadt namens Alice.

Meine Ankunft hier ist genauso mit Umwegen verbunden wie der Marsch durch die vielen Pubs, der mich hierher geführt hat. Bill fährt an der Stadt vorbei, westlich in Richtung eines felsigen Hügels in den McDonnell Ranges. Hier gibt es keine grünen Blue Mountains, nur ausgewaschene Hänge aus roten Felsen erheben sich aus der Wüste.

Aber Bill ist nicht hinter einem malerischen Ausblick her. Nachdem es ihm nicht gelungen ist, seinen Beruf als Minen-Ingenieur auszuüben, hat er das Schürfen zu seinem Hobby gemacht. Und dieser unfruchtbare Hügel ist einer der besten Plätze im ganzen Territory, um nach Amethysten zu schürfen.

„In meiner Heimat ist jeder Quadratzentimeter Erde schon einmal umgegraben worden", sagt er und läßt seinen Pickel in die steinige rote Erde sausen. „Aber hier, wer weiß hier schon, was da unter der Oberfläche liegt?"

Seine Leidenschaft für wertvolle Steine wirkt ansteckend, vor allen Dingen nach ein paar Bieren. Also hacken wir etliche Stunden lang den Boden mit dem Pickel auf und durchsuchen dann die Erdbrocken nach dem dunklen Purpurschimmer der Amethyste. Doch wir finden nur winzige Stückchen, die zwar nett zum Aufheben sind, aber keinerlei Wert besitzen.

Ankunft in Alice Springs

„Eines Tages", sagt Bill und holte eine letzte Dose ‚Blaues' heraus, „eines Tages stoße ich auf eine Ader. Ich bin nicht um den halben Erdball gereist, um wie ein Bauer zu leben."

Bill läßt mich in Alice bei einem Spirituosen-Geschäft aussteigen. Er wird für einen Freund ein paar Leitungen ziehen und um Mitternacht wieder zurückzufahren; da ist es besser, ein paar Dosen an Bord zu haben, nur für den Fall. Und so marschiere ich nach Alice Springs hinein – angesäuselt, verdreckt und mit Edelsteinen beladen wie ein Goldgräber aus der Wüste, der bereit ist, seinen hart erarbeiteten Reichtum mit vollen Händen auszugeben.

Aber hier bin ich an der falschen Adresse. Alice macht nicht den Grenzland-Eindruck wie die Nester, durch die ich unterwegs gekommen bin. Das alte Stadtzentrum ist abgerisen worden, um einer Fußgängerzone Platz zu machen. Die einstmals staubigen Straßen sind inzwischen mit dem Geld der Touristen gepflastert worden; und drauf stehen wie Fremdkörper ein Casino, Andenkenläden und Kentucky Fried Chicken.

Bill bei seiner Lieblingsbeschäftigung: Amethysten schürfen

In einem Cafe höre ich einen Mann mittleren Alters mit amerikanischem Akzent reden und gehe zu ihm hin, um ihn anzusprechen. Wir tauschen das übliche „Wo sind Sie denn her?“ aus und dann lädt er mich in das Restaurant nebenan zu einem Hamburger ein.

„Fast wie zuhause“, sagt er und gräbt seine Zähne in einen gewaltigen Batzen Hackfleisch, der zwischen zwei ebenso gewaltigen Brötchenhälften zappelt. Das sieht ziemlich reklamemäßig aus. Der Mann arbeitet in Pine Gap, oder der ‚Space Base‘, der ‚Raumfahrt-Basis‘, wie die Satelliten-Station in Alice genannt wird. Eigentlich nicht direkt genannt wird, denn alles, was mit Pine Gap zusammenhängt, ist geheim. Jeder nimmt an, daß es eine Station der CIA ist, aber die USA hüllen sich darüber in völliges Schweigen. Jeder ‚weiß‘, daß die seltsamen weißen Kuppeln in der Wüste Lausch-Stationen sind, die ihre Daten von einem Spionage-Satelliten bekommen – aber, um es zu wiederholen, das ist alles inoffiziell. Christopher Boyce, der kalifornische Kommunikations-Techniker, der geheime Unterlagen an die Russen verkauft hat, und dessen Geschichte in dem Film ‚Der Falke und der Schneemann‘ erzählt wird, behauptete bei seinem Prozeß, daß seine Arbeit für die U.S. ‚tägliche Irreführungen bei unseren Sendungen nach Australien‘ beeinhaltet hätte. Er ging dabei nicht ins Detail, obwohl er später Pine Gap als Kanal für die falschen Informationen angab. Und, um es abermals zu wiederholen, keiner darf das eigentlich wissen.

Und dieser Angestellte, der mir gegenübersitzt, seinen Hamburger mampft und freundlich über Baseball plaudert, macht mich auch nicht klüger. Wir sprechen über die Los Angeles Dodgers („Nächstes Jahr nehmen die an der Weltmeisterschaft teil, darauf kannste einen lassen“), den Unterschied zwischen amerikanischem und australischem Bier („Nach diesem australischen Zeug schmeckt unser Bier wie Abspülwasser„) und das Wetter in Alice („Verdammt toll“). Aber weder er noch irgendein anderer Amerikaner, den ich dort kennenlernte, ließ ein Wort darüber verlauten, was sie in Pine Gap so machen.

„Mein Job ist so geheim, daß nicht einmal meine Frau weiß, was ich mache“, erzählt mir einer von ihnen „und dabei hat sie selbst in der Base gearbeitet.“ Ich frage ihn, wie die über hundert Amerikaner auf der Base mit der Isolation zurechtkommen. Er sagt mir, daß sie alle sich so vielen Clubs wie möglich anschließen, um mit ihren australischen Nachbarn auf ‚neutralem Gebiet‘ verkehren zu können. Da gibt es Baseball Clubs, Bridge Clubs, Astronomie-Clubs. „Lach' dir soviele Freunde an, wie du willst, aber verlier' um Gottes Willen nie ein Wort darüber, mit was du dir deinen Lebensunterhalt verdienst.“

Das paßt auch auf Alice Springs. Wie die Mitarbeiter der Space Base hat auch Alice seine Identität verkauft, um dafür dem Rest der Welt ein Stück neutrales Gebiet bieten zu können. Die Touristen können von überall aus der Westlichen Welt kommen, im Casino die Kugel rollen lassen oder ein paar Runden Golf spielen, und nie haben sie das Gefühl daß sie weit weg von zuhause sind.

Weit weg von zuhause komme ich mir vor, als ich mit meinem Rucksack, einem ziemlichen Bierrausch und 3000 km schweißgetränkter Reise hinter mir an einer Straßenecke stehe. Es ist die Art von Heimweh, die mich in eine Telefonzelle treibt, in der einen Tasche reichlich 20-Cent-Stücke, um das Gewicht der Amethyst-Stückchen in der anderen Tasche auszugleichen. Ich habe Geraldine zwei oder dreimal kurz angerufen („Ich bin gerade da-und-da . . . es geht mir gut . . . ich vermisse dich . . .“). Aber wir haben uns noch nicht einmal richtig unterhalten.

Und das tun wir auch jetzt nicht. Ich lasse das Telefon lange klingeln, dann wähle ich noch einmal, um sicher zu gehen, daß ich mich nicht verwählt habe. Immer noch nichts. Einen Moment lange stehe ich in der Zelle und fühle Verzweiflung in mir aufsteigen, dann wähle ich die Nummer meiner Zeitung. Schließlich habe ich meine Flucht mit dem Versprechen verbrämt, ein paar Stories über den Outback zu schreiben. Jetzt scheint der richtige Augenblick gekommen zu sein, um sich ‚zurückzumelden‘.

Das Telefonat spielt sich etwa folgendermaßen ab: *Telefon:* biep . . . biep . . . biep *Büro:* Chefredakteur. *Anhalter:* Hallo, hier ist

Horwitz. (triumphierende Kunstpause) Ich bin in Alice. *Büro:* Wie schön für dich, Junge (im Hintergrund Telefongeklingel, das Geräusch von Fingernägeln, die nervös auf den Tisch klopfen). Wie wär's denn zur Abwechslung mal, nun, mit richtiger Arbeit? *Anhalter:* . . . *Büro:* Genau. Ich verbinde dich mit der Bunten Seite für die Samstag-Ausgabe. Die wollen was über den Ayers Rock.

Zum ersten Mal funktioniert das Verbinden und ein anderer Redakteur ist am Apparat. Er will wissen, ob ich zum Uluru fahren kann. Ja, ich denke schon. Ein Feature über die Stimmung nach der Übergabe des Rocks an die Aborigines? Sicher, warum nicht. Zweitausend Worte? Bis Samstag? Nun, ja. Click.

Der Telefondraht hat mich wie einen ausgetricksten Karpfen an Land gezogen und liegengelassen. Teilweise bin ich froh, wieder mit der Außenwelt Kontakt aufgenommen zu haben. Schließlich war Alice mein Ziel, soweit ich überhaupt ein Ziel hatte. Ich bin mir nicht sicher, ob ich weiter in das Nichts vordringen oder mich schön langsam auf den Rückweg nach Sydney machen soll. Jetzt habe ich wenigstens ein paar Tage, in denen ich in Ruhe meine nächsten Schritte überlegen kann.

Und ein paar Tage, um auf Kosten der Zeitung zu reisen. In einem aufgemotzten Detroit, in dem Radio und Aircondition auf vollen Touren laufen, rase ich eine Wüstenstraße hinunter. Die Straße ist ein dünner Streifen Asphalt und mein gemieteter Ford frißt die Kilometer, immer fünf Meilen auf einmal . . . 60 . . . 65 . . . 70 . . . Ich fahre zu schnell und ich weiß das auch ganz genau. Aber nach den vielen Tagen, in denen ich die Straße entlang getrottet bin und auf jemanden gewartet habe, der mich mitnehmen würde, bin ich ganz wild auf Pferdestärken, die ich selbst in der Hand habe.

Ein gewaltiger, oben abgeflachter Berg zieht meine Blicke auf sich und fast lande ich im Straßengraben. Der ganze Highway ist mit Bremsspuren übersäht, offensichtlich bin ich nicht der erste, der von diesem Vorläufer des Mount Conner abgelenkt wird. Nach vielen Tagen im Flachland entdeckt das Auge die Höhe mit dem gleichen Enthusiasmus wieder, mit dem ein Heranwachsender zum allerersten Mal die sanfte Schönheit der weiblichen Brust entdeckt. Dann geht der Berg langsam wieder in die Ebene über.

Den großen roten Brocken, der kurz danach am Horizont auftaucht, kann man gar nicht übersehen. William Gosse, der erste weiße Mann, der 1873 den Felsen erreichte, nannte ihn ‚den größten Kieselstein der Welt'. 1115 Fuß, also über 340 m, ragt der Felsen über seine Umgebung hinaus und ist deswegen so bemerkenswert, weil er absolut freisteht. Die Olgas sind nur ungefähr 19 km entfernt, aber zu weit weg, um diesen Felsen zu irgendeiner Hügelkette gehören zu lassen. Da steht er also, ganz allein in der flachen Wüste und sieht aus der Entfernung wie ein übergroßer Brotlaib aus: Ein gewaltiger, unförmiger Teigklumpen, der in der Mittagssonne gebacken und anschließend für ein paar Millionen Jahre zum Trocknen liegengelassen wurde.

Aus der Nähe wird der Klumpen lebendig, ja sogar sinnlich. Von einem Punkt sieht er aus wie eine Nackte von Rubens, deren Brüste und Hinterteil von der Wüstenhitze rosa gefärbt wurden. Von

Faszinierender Ayers Rock

einer anderen Stelle aus wirkt er eher wie ein Fort aus Stein oder ein Schloß aus Sand. Dann tauchen Vertiefungen und Klüfte auf und Uluru verwandelt sich in viele Felsen, die alle in einer unbeholfenen polygamen Umarmung erstarrt sind.

Es ist dieses chamäleonartige, das Uluru zu einem der meistfotografierten Steinbrocken der Welt gemacht hat. Genauso wie sein seltsamer runder Nachbar, der Mount Olga, ist auch Ayers Rock ebenso unfaßbar wie Wirbel in einem Strom. Wenn man das Licht etwas verändert, oder sich einen Schritt zurückbewegt, schon verändert sich sein Aussehen komplett.

Ernest Giles hatte das verstanden, obwohl er eigentlich vom Mount Olga besessen war. William Gosse erreichte als erster Ayers Rock, aber Giles bekam ihn als erster zu Gesicht, und zwar auf einer Expedition ins Landesinnere im Jahr 1872. Er war von diesem Zentrum derartig besessen, daß er sich noch weitere zwei Male durch die Wüste quälte, um diesen Ort wiederzufinden.

Giles war beim ersten Anblick von Ayers Rock sprachlos. 1872 kam er ihm bis auf 29 km nahe und machte in seinem Tagebuch Notizen über einen namenlosen Hügel südöstlich von Olga. Dann ging er wieder nach Adelaide zurück. So wurde die Taufe des Rock William Gosse überlassen, einem Feldvermesser, der ein Jahr später mit vier weißen Männern, drei afghanischen Kameltreibern und einem schwarzen Bediensteten namens Moses ins Zentrum reiste. In sein Tagebuch schrieb er:

Samstag, 19. Juli
Lagerten in Sandhügeln mit Spinifex, Barometer steht auf 28 – 12, Wind aus Südost. Behielten denselben Kurs bei, in Richtung auf die Hügel, über dasselbe bejammernswerte Land. Beim Näherkommen bot der Hügel einen ausgesprochen bemerkenswerten Anblick, sein oberer Teil ist mit Löchern und Höhlen bedeckt . . . Ich habe ihn Ayers Rock getauft, nach Sir Henry Ayers.

Nachdem er den Felsen nach dem südaustralischen Premierminister getauft hatte, mußte er ihn natürlich auch besteigen. Nach

‚einer barfüßigen Kletterei über zwei Meilen mit scharfen Felsen', erreichte er ‚glücklich den Gipfel und hatte einen Anblick, der mich für mein Ungemach entschädigte.' Er machte sich sofort daran, die umgebenden Hügelketten mit Namen zu versehen – nämlich nach dem Gouveneur und dem Oberfeldvermesser von Südaustralien – und stieg anschließend wieder ab.

Und so sitzen wir also da, mit einem Felsbrocken namens Ayers Rock und mit dem seltsamen Bestreben aller Menschen aus dem Westen, jeden Berg zu besteigen, ganz egal wie mühsam der Aufstieg ist. ‚Das Besteigen des Ayers Rock gehörte zu den Dingen, die er sein ganzes Leben lang vorhatte', steht auf einer Blechtafel am Fuß des Berges, die in Erinnerung an einen Mann aus Newcastle aufgestellt wurde, der beim Aufstieg an einem Herzanfall starb. Daneben stehen noch Dutzende von Erinnerungstafeln an Bergsteiger, die bei ihrem Vorhaben von einer Herzschwäche dahingerafft wurden, wie als warnendes Beispiel für alle, die diesen Felsen erklimmen möchten.

Für die meisten Weißen bleibt der Rock das, was er auch für Gosse war: eine Art geologisches Monstrum, ein Superkieselstein, den man erstürmen muß. Aber für die Aborigines ist er *Uluru*, der Ort, wo sich die Totem-Bestien zu einer Traumschlacht trafen. Uluru ist immer noch mit den Spuren dieser Schlacht bedeckt. *Kuniya*, die Teppich-Schlange, siegte dabei über eine andere Schlange namens *Liru*, und *Kuniya* lebt immer noch innerhalb des Felsens. Der Teufel *Dingo* gewann die Kontrolle über den Gipfel, während der Hase *Wallaby* sich vom Schlachtfeld zurückzog und dabei im ganzen Gesicht des Berges Falten hinterließ. Die Aborigines, die am Fuß des Rocks wohnen – Ulurus traditionelle, eigentliche ‚Besitzer' – halten diese Großtaten aus vergangenen Tagen immer noch hoch in Ehren und leiten ihre Herkunft von diesen Wesen ab. Uluru ist eine ‚Art kontinentaler Nabel', schreibt Thomas Keneally, ‚der Ort, an dem die Halbgötter der Aborigines, die Vorfahren der Helden, halb Mensch und halb Tier, die Nabelschnur durchtrennten, die die Erde mit dem Himmel verband.'

Am Uluru ist mein Lehrer ein Pitjantjatjara-Mann namens Tony Tjamiwa. Wie mir Grant bereits in Tennant Creek erklärt hatte, gibt es keine Aufzeichnungen über den Glauben der Aborigines. Und da es bei den Aborigines auch keine klar definierten Hierarchien gibt, ist es schwierig, jemanden zu finden, der für die ganze Gemeinde sprechen kann. Tjamiwa ist einer dieser seltenen Sprecher, der diese Aufgabe wegen der neugierigen Massen von Touristen übernehmen muß, die täglich den Ayers Rock stürmen.

Doch das Ganze läuft nur sehr schwerfällig ab. Wir treffen uns in Mutitjulu, einer Gemeinde von mehreren hundert Eingeborenen am Fuße des Felsens. Er versteht nur wenig von meiner Sprache und ich überhaupt nichts von seiner; die Sprache der Pitjantjatjara scheint aus einer völlig unmöglichen Ansammlung der Buchstaben j, g und k zu bestehen und wird in einem hohen Singsang gesprochen, bei dem die Worte ineinander fließen.

„Ananguku ngura nyangatja Tjukurpa." Er deutet auf den Felsen und malt eine schlangenähnliche Figur in die Luft. „Tjuta tjukutjuku." Weitere Sandmalereien folgen. Unsere ‚Unterhaltung' steht kurz vor dem endgültigen Zusammenbruch, als ein weißer Ranger ankommt und eine grobe Übersetzung von Pitjantjatjara ins Englische und umgekehrt liefert.

Das Konzept, das Tjamiwa zu erklären versucht, ist genauso fremdartig wie sein Dialekt, und das ist einer der Gründe, warum die Religion der Aboriginals von den Weißen kaum verstanden wird. Nehmen wir nur einmal das Hauptkonzept von Tjukurpa. Unsere unbeholfene Übersetzung davon lautet ‚Traumzeit' und suggeriert eine Art von Geschichte aus dem Alten Testament mit Freudschen Anklängen. Aber für Tjamiwa bedeutet Traumzeit sowohl die Vergangenheit als auch die Gegenwart und die Zukunft in einem. Es ist nicht nur seine Geschichte, sondern auch sein ungeschriebenes Gesetz; es ist eine nahtlose Verknüpfung von Wissen und Glauben.

Auch die Kunst der Aborigines wirkt auf das westliche Auge unverständlich. Sogar der phantasiebegabte Giles konnte mit den Felsmalereien, die er im Ayers Rock entdeckt hatte, nur wenig anfangen; sie seien ‚in der üblichen Art der Aborigines aufgemalt' schrieb er, ‚parallele Linien mit Punkten dazwischen'.

Tjamiwa zeigt mir den Umhängebeutel eines Buschmannes, der dazu benutzt wird, um Beeren und Nüsse zu verwahren. Der Beutel besteht aus der bearbeiteten Rinde des Quandong-Baumes und trägt ein abstraktes Muster, das in diese Rinde eingebrannt wurde. Für mich zumindest sieht das Muster abstrakt aus: ineinander verschlungene Linien und Kreise, die praktisch genauso aussehen wie die Linien und Kreise auf den anderen Beuteln, die er mir zeigt. Aber Tjamiwa sieht darin eine ganz besondere und wunderliche Geschichte aus der Traumzeit über zwei Frauen, die sich auf der Jagd nach einem *Goanna*, einer australischen Eidechse, tief in eine Höhle locken lassen. Am Ende der Höhle treffen die beiden Frauen zwei Schlangenmänner, die sie schließlich heiraten.

Uluru ist der beherrschende Punkt in Tjamiwas visueller und spiritueller Landschaft. Als er kürzlich eine Hütte baute, sorgte er dafür, daß sich die Türe direkt zu einem Blick auf seinen ‚Traumzeit-Pfad' öffnet – auf das zerfurchte nördliche ‚Gesicht' des Ayers Rock, mit dem seine Leute eng verbunden sind. „Ich besitze dieses Ding nicht", sagt er über Uluru. „Es besitzt mich."

Ich beneide Tjamiwa um seine Gewißheit, daß die Geschichte seines Volkes, sein Gesetz und seine Wurzeln alle in einem gewaltigen Felsbrocken sicher aufbewahrt sind. Aber diese Stärke des Glaubens der Aborigines beinhaltet auch gleichzeitig seine größte Verletzlichkeit. Wenn man die Aborigines von ihrem Land trennt, verliert ihre Kultur und ihr Glaube ihre Seele.

Als sich Tjamiwa mit mir unterhält, ist das ‚Gesicht' von Uluru mit Touristen bedeckt: ‚minga juta', nennt er sie, was übersetzt soviel heißt wie ‚viele Ameisen'. Aber noch weitaus lästigere Typen – nämlich Werbefritzen, Verkäufer und Promoter von allen möglichen Dingen – drängeln sich lautstark vor den Türen. Eine New Wave-Band möchte eine Bühne aufbauen und Uluru als Hintergrund für eine Konzertaufzeichnung fürs Fernsehen verwenden. Eine Film-Crew bittet um die Erlaubnis, in den Olgas einen Flugzeugabsturz machen zu dürfen. Jemand anderer möchte gerne Felsbrocken den Rock hinunterwerfen. Und ein Drachenflieger, der sich nur für sich selbst interessiert, bittet erst gar nicht um Erlaubnis: Er springt einfach vom Gipfel und gleitet in einem Bogen zur Erde.

Irgendwie gelingt es Tjamiwa und seinen Stammesangehörigen angesichts dieses Massenansturms ruhig und gelassen zu bleiben. Vielleicht deswegen, weil der Zauber dieses Ortes auf alle Besucher, außer den dickhäutigsten, Wirkung zeigt. Die Australier lassen ihre Abfälle zwar am Strand und neben den Buschpfaden liegen, aber um den Ayerns Rock ist der Boden blitzsauber.

Touristen, vor allen Dingen die Amerikaner, haben oft den eigenartigen Tick, auch die größten Naturwunder ganz klein machen zu wollen. ‚Majestätisches macht auf uns keinen Eindruck', schreibt Garrison Keillor in *Lake Wobegon Days*, seiner erfrischenden Satire über das Amerika des Mittelwestens. ‚Wir haben für den Grand Canyon mehr übrig, wenn vor ihm Hänsel und Gretel in einem Auto sitzen und grinsen.'

Aber der Uluru scheint sogar den Hänsels und Gretels gewaltigen Respekt einzuflößen. Ein paar von ihnen lerne ich kennen – „Kartoffeln aus Idaho!" rufen sie mir zu – bewaffnet mit Instamatic Kameras und Budweiser Bierdosen sitzen sie am Fuß des Felsens. Als ich ihnen von den Geschichten berichte, die Tjaminwa mir erzählt hat, fragen sie mich, ob es eine Gotteslästerung wäre, über Ulurus Gesicht nach oben zu klettern. Ich habe durchaus das Gefühl, das dies so wäre, und als wir den weißen Markierungspunkten folgen, die den Aufstieg anzeigen, überkommt uns Unbehagen. Zusammen mit ein paar anderen kehre ich zum Fuß des Rocks zurück und laufe statt dessen um den Felsen herum.

Bei Sonnenuntergang versammeln sich die Touristen, um zu beobachten, wie der Felsen seinen Tanz durch die Farben des Spektrums beginnt, von Rot nach Orange, Rosa, Purpur und dann wieder nach Rot – dann folgen Braun und Schwarz. Ein erwartungsvolles Schweigen ergreift die Anwesenden, wie das Schweigen, wenn sich im Theater der Vorhang hebt. Nur das Klicken der Kameras stört. Als das Schauspiel zu Ende geht, zerstreut sich das

Publikum und überläßt den gewaltigen Wüstenstein einer friedlichen Nachtruhe.

Sogar im Hochsommer kühlt es in der Wüste sehr schnell ab, sobald die Sonne untergegangen ist. Ich bohre meine Zehen in den immer noch warmen Sand, wie um das seltsame Gefühl, das hier über allem schwebt, festzuhalten. Ich fühle mich jetzt im Mittelpunkt, in mir selbst ruhend, friedlich, bereit weiterzumachen ...

Es ist Morgen und der gemietete Ford rast wie ein Pferd, das den Stall wittert, in Richtung Alice Springs. Ich drücke meinen Fuß auf das Gaspedal und zweihundert Pferdestärken setzen ihre Kräfte frei ... 60 ... 65 ... 70 ... Nichts als die leere Straße und leerer Raum, in dem ich mich mit mir selbst messen kann ... 75 ... 80 ... 85 ... Ich strecke die Hand nach dem Sendersuchlauf des Radios aus, komme mit einem Rad auf den unbefestigten Seitenstreifen, schleudere heftig und rutsche rücklings vom Asphalt. Die Schnauze des Ford bohrt sich in die Straßenaufschüttung.

Dann fängt der Wagen an, sich zu überschlagen. Als mir klar wird, daß er das tun wird, warte ich einen Augenblick lang darauf, daß mein Rückgrat zerbricht, daß mir der Schädel eingedrückt wird. Ich habe keine Zweifel, daß ich jetzt sterben werde, ich frage mich nur, wann es passieren wird. Das Letzte, was ich auf dem Kopf stehend sehe, ist eine Woge von Sand und Steinen, die bereit ist, auf mich herabzustürzen. Dann wird mir schwarz vor Augen.

Ich erwache und hänge kopfüber in meinem Sicherheitsgurt, mein Kopf stößt an das zerfetzte Dach des Wagens. Blut tropft mir langsam über das Gesicht und auf das Wagendach. Draußen drehen sich immer noch die Räder, auch der Motor brabbelt und ächzt noch vor sich hin. Drinnen dröhnt es aus dem Radio: „Nach neun Spielen gehört Australien nicht zu den 30 ..."

Ich wollte im Radio gerade etwas anderes als das Cricket-Match suchen, als ich die Hand vom Steuer nahm und von der Straße abkam.

Langsam versuche ich, mir über das Ausmaß meiner Verletzungen klar zu werden. In meiner Nase und unter meiner Zunge stecken Glassplitter. Ich lecke über meine Vorderzähne; nachdem ich sie mir schon zweimal abgebrochen habe, bin ich sicher, daß sie die ersten waren, die zu Bruch gegangen sind. Aber die Kronen sind in Ordnung. Ich versuche meine Zehen zu bewegen. Sie bewegen sich. Ich taste vorsichtig nach der Wunde, aus der immer noch Blut über meine Brust auf das Wagendach tropft. In meinen Oberschenkel klafft ein tiefer Schnitt, meine Nase blutet, mein Arm ist zerschnitten. Ich bin zwar böse zerzaust und habe ein paar Verletzungen abbekommen, aber ansonsten bin ich in Ordnung. Ich habe Glück gehabt.

Ich öffne den Sicherheitsgurt und klettere durch die Öffnung, wo zuvor die Windschutzscheibe war. Mein Bein tut weh, deshalb krieche ich auf Händen und Knien zur Straße. Und wieder einmal liege ich in der heißen Sonne neben einem leeren Highway und warte auf jemanden, der mich mitnimmt.

Mein Glück ist grenzenlos. Auf diesem einsamen Straßenabschnitt nähert sich tatsächlich ein Auto, das kurz hinter mir war. Und nicht nur das: der Fahrer ist ein Polizist aus Alice, der gerade dienstfrei hat. Er nimmt sofort alles in die Hand. Zwei starke Hände greifen unter meine Achseln und ziehen mich auf den Rücksitz. Zwei kräftige Beine verschwinden über die Aufschüttung, um meine Habseligkeiten einzusammeln, die aus dem Handschuhfach des Fords wie Konfetti in alle Winde zerstreut wurden. Dann steht der Mann neben dem Highway, starrt meinen Wagen an und schüttelt ungläubig den Kopf. „Ich hab' keine Ahnung, wie du aus diesem Ding rausgekommen bist, Junge," sagt er.

Erst in diesem Augenblick wage ich einen Blick darauf zu werfen. Der gemietete Ford ist zu dem geworden, was man bei den Autoversicherern einen ‚Total-Schaden' nennt. Er sieht wie eine Blechdose aus, auf der jemand mit Stahlkappenstiefeln herumgetrampelt hat. Der einzige Teil, an dem die Karosserie nicht völlig verbeult ist, ist eine kleine Stelle um das Lenkrad. Der Rest ist ein Sarg aus Metall und Chrom.

Vor diesem Unfall hatte es schon etliche Vorfälle gegeben, die mich hätten warnen sollen: Einmal ging es in Amerika gerade noch gut, als es trotz eines Stück Huhns, das mir in der Kehle stecken geblieben war, noch einmal glimpflich abging. Aber bei diesen Vorfällen hatte ich meinen möglichen Tod mit Unglauben und einem geradezu kindlichen Gefühl der Unverletzbarkeit betrachtet. Irgendwie würde schon immer alles gut gehen.

Bei hoher Geschwindigkeit von der Straße abzukommen ist etwas anderes. Wie jeder andere bin auch ich mit den Statistiken tödlicher Verkehrsunfälle zu sehr vertraut, um mich in einer derartigen Situation als unverletzbar zu wähnen. Und irgendwie hatte ich sie auch herausgefordert. ‚Mr. Bleifuß', pflegte mich mein Vater zu nennen, wenn ich als Teenager wie ein Blöder durch unsere Vorstadtstraßen raste. Offensichtlich habe ich mich in den vergangenen zehn Jahren nicht gebessert.

Es wird behauptet, die letzten Worte von Flugzeugpiloten, die von den Black Boxes aus den Wracks aufgezeichnet wurden, lauteten gemeinhin ‚Oh, Scheiße' oder ‚Verdammter Mist' – mehr ein Ausdruck von Ungläubigkeit als von Angst. Eine Black Box in meinem Ford hätte vermutlich eine Art kummervolles Seufzen eines nicht bekehrbaren Geschwindigkeits-Besessener aufgenommen, der sich wünscht, das Band zurücklaufen lassen zu können, um diesen Teil noch einmal aufzunehmen.

Auf dem Rücksitz des Polizeiwagens komme ich mir wie in einer Badewanne vor, bei der das Wasser ausläuft. Jemand hat den Stöpsel herausgezogen und ich fließe durch den Siphon. Ich vermute, daß das der Schock ist. Keine Angst und keine Schmerzen, aber eine gewaltige, klaffende Leere, wie einer dieser bodenlosen Abgründe in Zeichentrickfilmen. Man kann nichts anderes machen als zu versuchen, diese Leere zu füllen, und das versuche ich, indem ich während der stundenlangen Fahrt nach Alice unentwegt auf den Polizisten einrede. Wenn er wirklich ein Wort einwirft, höre ich es gar nicht, weil ich so verzweifelt damit beschäftigt bin, das Nichts mit Lärm zu übertünchen.

In Alice Springs übernimmt der Autopilot meinen Kopf. Polizeiformulare, die ausgefüllt, Papiere der Verleihfirma, die unterzeichnet werden müssen. Auf dem Polizeirevier gebe ich mit hängendem

Kopf zu, daß ich über 75 Meilen pro Stunde gefahren bin. „Mach dir keine Gedanken“, sagt der Officer zu mir, „die meisten Leute rasen mit 90 den Highway 'runter.“ Es ist alles so unkompliziert und schmerzlos, wie eine Parkgebühr zu bezahlen.

Der Officer fragt mich, ob ich in ein Krankenhaus möchte. Plötzlich will ich nur noch nach Hause. Die Vorstellung, meine Wunden in Alice Springs heilen zu lassen, ganz allein, nur mit meinen Gedanken als Gesellschaft, erfüllt mich mit seltsamer Panik. Der Officer scheint erleichtert zu sein. Er ruft einen Abschleppwagen an, um den Ford zu seinem Metallgrab bringen zu lassen. Dann telefoniert er nach einem Taxi für mich und geht wieder zu seinem Cricket-Spiel zurück.

Erst auf dem Weg zum Flughafen weicht schließlich diese Betäubung von mir. Mein Bein fühlt sich an, als hätte jemand ein Küchemesser oberhalb des Knies hineingestoßen. Und in meinem Kopf dreht sich jedes Mal alles, wenn ich darüber nachdenke, wie schlimm es hätte kommen können. Ich fühle mich schwindlig, kann kaum atmen und bin voller Angst.

Dann wird es leicht grotesk. Ich eile in das Flugzeug und vergesse völlig, daß meine Nase, mein Hemd und meine Hosen immer noch steif vor Blut sind. Ich betrachte die Gesichter auf beiden Seiten des Ganges und fühle mich ungefähr ebenso willkommen wie ein Palästinenser, der bei einer jüdischen Hochzeit zu spät kommt.

Ich schicke mich an, mich auf meinen Platz niederzulassen, der sich zwischen zwei anderen Passagieren befindet. Der Mann zu meiner Linken setzt schnell seine Kopfhöhrer auf und preßt seinen Körper eng gegen das Flugzeugfenster. Die Frau zu meiner Rechten versucht sich in dem Aschenbecher auf ihrer Armlehne zu verkriechen.

Sobald wir in der Luft sind, taucht eine Stewardess mit gewaltigen falschen Augenwimpern auf, um mich zu fragen, ob ich ‚Beistand‘ benötigen würde. Einen Augenblick später bin ich in der Bordküche und schlürfe einen Scotch, während sie den Schnitt in meinem Oberschenkel inspiziert.

„Nun, das ist ein sicherer Weg, um ein Mädchen dazu zu bringen, dir die Hosen auszuziehen", bemerkt sie, während sie meine Wunde verbindet.

Ich werde schlagartig wieder wach. Ich bin wieder in der Welt der Lebendigen. Das Leben ist genauso real und banal wie der schlechte Scherz, den eine Stewardess erzählt, deren Wimpern so lang sind wie ihre Nase. Ich kann nicht aufhören zu lachen. Die Stewardess hält mich für verrückt, und das bin ich zeitweise wohl auch.

Der Halleysche Komet

Mein Bein heilt schnell, aber in meinem Kopf ist eine undichte Stelle, durch die immer wieder der Wind der Straße zu pfeifen scheint. Immer wieder ist es der Highway südlich von Alice, den ich mit meinem großen, gemieteten Ford hinunterrase. Ich taste nach dem Sendersuchlauf, der Wagen kippt auf zwei Ränder und fängt an, sich zu überschlagen. Und dann ist da wieder dieser Kies und Sand, der darauf wartet, über mich hereinzubrechen. Ich taste nach dem Sendersuchlauf, der Wagen kippt auf zwei Räder und fängt, an sich zu überschlagen . . .

In meinem Kopf spielt sich diese Szene immer wieder ab, wie die hängengebliebene Platte auf dem Plattenspieler. Aber da sind auch noch andere Bilder, weniger erschreckend, mehr vertraut.

Es ist ein klarer Morgen im Busch, ein Anhalter sitzt auf dem Gepäck, eine Landkarte liegt ausgebreitet über seinen Knien, und er überlegt, was der nächste Highway-Abschnitt für ihn bringen wird. Als ein Wagen auftaucht, faltet er die Karte zusammen und streckt den Finger in den Wind. Los doch, Junge. Nur kein Zögern. Der Wagen hält, der Anhalter steigt ein . . .

Dann läutet das Telefon und ich bin wieder in dem hohen, grauen Gebäude in der Stadtmitte, in dem ich meinem Beruf nachgehe. In diesem Büro gibt es keine Fenster, nur das Flackern der Buchstaben auf dem Computer-Bildschirm. Ein Reporter am Schreibtisch daneben schnippt seine Zigarette in eine halbleere Tasse mit Kaffee. Sie zischt und eine dünne Rauchfahne steigt von der graubraunen Flüssigkeit auf.– Anzeigenschluß. Wo ist die Kopie? Horwitz, wo ist diese Kopie? Sie muß bei Ihnen liegen. Horwitz? HORWITZ??

Es dauert einen Monat, ehe der Unfall zu verblassen beginnt, und einen weiteren Monat, ehe sich mir wieder die Chance bietet, auf die Straße zurückzukehren.

Im April bricht in der nördlichen Hemisphäre das aus, was gemeinhin als ‚Frühlings-Erwachen' bezeichnet wird. Hier in Australien ist der April mit Melancholie verbunden, der Sommer neigt sich seinem Ende zu und der Winter steht vor der Tür.

An einem Tag im April sehe ich die Beschwerdebriefe durch (‚Sehr geehrter Herr, kürzlich vernahm ich, daß sie in Ihrem unzutreffenen Artikel . . .'), die Presse-Mitteilungen (‚Wußten Sie, daß die Matchbox Toys Pty Ltd. eine der renommiertesten Marken auf dem Gebiet der Spielzeugherstellung . . .'), die Ankündigungen von langweiligen Ereignissen (‚Der Verband für Hausziegelhersteller von New South Wales veranstaltet ihre jährliche . . .').

Nur das übliche Zeug. Dann fällt mir ein Umschlag in die Hände, der als Absender ‚Northern Territory Gouverment' trägt. Ich öffne ihn, und unter anderem lese ich: ‚Alice Springs ist von führenden Astronomen als der beste Platz für das Beobachten des Halleyschen Komenten bezeichnet worden. Hat Ihre Zeitung schon darüber nachgedacht, ob sie nicht einen Korrespondenten für dieses Ereignis, das nur alle 76 Jahre wiederkehrt, nach Zentralaustralien schicken will?'

Wenn sie es noch nicht getan hat, wird sie es jetzt tun. Ich stecke die Pressemitteilung in meine Hemdentasche, rücke meine Krawatte zurecht und eile schurstracks zu den Glasboxen, wo unsere Herausgeber residieren. Bis zu dem Augenblick, in dem mich die Sekretärin zum Eintreten auffordert, ist mein Manuskript fertig. Ein paar Artikel über das ‚Einmal-alle-76-Jahre-Ereignis', ein oder zwei Features über den Busch, und eine längere Geschichte von mir, für die ich mir eine gewisse Zeit auf der Straße ausbedinge.

Der dreistündige Flug von Sydney nach Alice Springs läßt meine vorherige Reise so beschwerlich und langsam wie das betrunkene Heimschwanken nach einem ausgiebigen Pub-Besuch aussehen. Während das Fliegen zwar das Gefühl für Entfernungen einschränkt, so verstärkt es doch die Kontraste.

Vorher schien das Zentrum von Australien genauso wenig bemerkenswert – oder so sehr bemerkenswert – zu sein wie die Öde, durch die ich per Anhalter fuhr, um dorthin zu kommen. Dieses Mal klettere ich im Smog von Sydney in die Maschine und steige unter dem wolkenlosen, strahlend blauen Himmel eines Outback-Nachmittags aus, und das Zentrum wirkt auf mich genauso frisch und knackig wie der Sellerie in meiner Bloody Mary. Ich starre aus dem Fenster auf die sanften Wellen der Sanddünen, die wie Elritzen über die Oberfläche der Wüste schwimmen, und mich ergreift wieder das Gefühl, das ich viele Monate vorher schon hatte, als ich zum ersten Mal über Australien flog und mir vorstellte, daß ich gleich auf einem fremden Planeten landen würde.

Kurz vor Alice schwimmt noch etwas auf der Oberfläche: die gewaltigen, weißen Kuppeln der Pine Gap-Satelliten-Station, die auf dem Wüstenboden liegen wie gigantische Golfbälle, die in der größten Sandfalle der Welt landeten. Wenn auch das, was innen geschieht, streng geheim ist, die Lage dieser CIA-Basis ist es offensichtlich nicht.

Um ein *wirkliches* Geheimnis zu enträtseln, hätten die Sowjets ihre Kameras besser auf Alice Springs richten sollen. Zumindest an dem Tag, an dem ich dort ankam. Im Stadtzentrum lagerten an einen grasigen Hügel Hunderte von Menschen, tranken Bier und starrten in einen Staubsturm. Als sich der Staub für einen Augenblick legte, waren zwei Segel zu sehen, und die Menschenmenge fing zu juchzen und zu brüllen an.

„Bei einem solchen Wind kann ja jeder gewinnen!“ rief eine gedämpfte Stimme irgendwo mitten in diesem Staubwirbel.

Ich war gerade rechtzeitig zum Beginn der heißen *Henley-On-Todd-Regatta* gekommen, einer Busch-Parodie auf die alljährlich stattfindende Themse-Regatta in England. Die Parodie fängt bereits beim Fluß Todd an. Das ist nämlich ein ausgetrockneter sandiger Kanal, der sich mitten durch Alice Springs schlängelt. Und es geht weiter mit den ‚Seeleuten‘: die setzen sich in erster Linie aus Teenagern in Turnschuhen zusammen, deren Beine unter den Booten ohne Boden herausschauen. Sie stehen im Innern der hohlen Schiffe, halten die Seiten in Brusthöhe fest und warten darauf, daß der ‚Admiral‘ den Startschuß gibt. Dann rasen sie das Flußbett entlang, um zwei Öltonnen herum und wieder zurück zur Startlinie, dabei flattern ihre Segel in der windstillen Wüstenluft. Die einzige Flüssigkeit, die zu sehen ist, ist ein dünner Strahl von verschüttetem Bier.

„Sind ein paar gute Segler da!“ ruft der Admiral, als zwei Boote gegeneinanderstoßen und umschlagen, wie zwei Kleinkinder, die im Sandkasten miteinander raufen. „Aber leider müssen beide

Zweikampf bei der Henley-On-Todd-Regatta

Schiffe disqualifiziert werden. Die Jury wartet schon darauf, welches der Boote das größte Bestechungsgeschenk anbringt."

Für meine Reporter-Augen sieht das Ganze nach Stoff für die Titelseite aus. Ich sollte mir vielleicht ein paar Hintergrundinformationen besorgen. Im Bierzelt treffe ich den Gründer dieser Regatta, einen wortkargen, graubärtigen Mann namens Reg Smith, der eine Schiffermütze trägt. Vor 25 Jahren hatte er den Einfall zu dieser Regatta gehabt, und zwar während seiner Arbeit in der Wetterstation des Flughafens von Alice Springs. Der Job war nicht sehr anstrengend: der Himmel über Alice ist eigentlich fast immer klar und damals landete täglich nur ein Flugzeug. Also saß Smith da und starrte in die Luft, bis er plötzlich von einer dieser unglaublichen Busch-Ideen wie von einem Blitz getroffen wurde – einer jener Visionen, die auch die erste Busch-Bank oder die Bierdosen-Regatta von Darwin hervorbrachte.

„In einem trockenen Fluß Boote um die Wette fahren zu lassen, schien mir die logischste und natürlichste Sache der Welt zu sein, die man hier draußen machen kann" erklärt mir Smith. Hinter ihm ruhen sich die Seeleute aus, während draußen zwei Ruderboot-Crews mit Sandschaufeln durch den Todd paddeln. „Natürlich war das Rennen zu Beginn sehr viel primitiver als heute.'

So primitiv, daß die Yachten sich mit ihren Segeln in überhängenden Gummibäumen verhedderten oder mitten im Todd in Sandlöchern ‚untergingen'. In einem Jahr besaß das Flußbett sogar die Frechheit, sich nach einem der seltenen Regengüsse mit Wasser zu füllen; das Wasser mußte abgeleitet werden, damit die Boote ungehindert ‚segeln' konnten. Die Bäume und der Sand sind inzwischen unter Kontrolle gebracht worden und die Sponsoren des Rennens haben jetzt eine Versicherung dafür abgeschlossen, falls der Todd sich jemals wieder zur Zeit der Regatta mit Wasser füllen sollte.

Aber ein bißchen ist noch von dem knorrigen Geist der Anfangszeit übrig geblieben. Der letzte Wettbewerb des Tages wird von zwei Booten ausgetragen, die auf vier Räder montiert wurden und eine Art Gladiatoren-Rennen bis zum Tode austragen. In einer

Ecke wartet ein Piratenschiff mit drei Masten namens *HMAS Nauteus*, in der anderen Ecke steht ein Boot mit dem schönen Namen *Bite Ya Bum* bereit, das als Insignien am Bug einen riesigen Mittelfinger trägt, der demonstrativ nach oben zeigt.

Die Mitglieder der Mannschaften sehen wie Polizisten bei einem Volksaufstand aus. Sie tragen Gasmasken und Sturzhelme und sind schwer bewaffnet mit Wasserkanonen, Kieselsteinen, Farbe, Stinkbomben, Wasserbomben, Rauchbomben und allen möglichen anderen Dingen, die Verwirrung stiften können und leicht zu werfen sind.

Diese Schlacht ist genauso wenig zuschauerfreundlich wie der America's Cup. Eine gewaltige Staub- und Rauchwolke hüllt die Kämpfenden ein und die Menschenmenge wartet ungeduldig auf das Ergebnis und versucht anhand der Geräusche aus der Wolke herauszufinden, welches Schiff am Gewinnen ist. Dann klärt eine Breitseite aus Wasser und Farbe für einen Augenblick die Staubwolke. Wir erhaschen einen Blick auf die Mannschaft der *Nauteus*,

Bei der Hitze die ideale Schlachtmethode . . .

die gerade über die Kanonen der *Bite Ya Bum* kriecht, um einen Mann-gegen-Mann-Kampf zu beginnen und danach ist die Schlacht schnell vorbei. Die siegreiche Mannschaft begibt sich geradewegs ins Bierzelt, um ein paar weitere Schooner zu versenken.

„Wir haben ihnen vor dem Kampf einen Großteil ihrer Munition gestohlen", sagt der Skipper der *Nauteus* und zieht seine Gasmaske herunter, um ein Bier zu kippen. Und drunten im Todd bringt eine Gruppe von Aborigines das zerwühlte Flußbett wieder in Ordnung, amüsiert über die seltsamen Wasser-Träume dieser weißen Burschen.

Alice Springs hat sich inzwischen in einen Kometen-Zirkus mit zehn Arenen verwandelt. Sogar die Pine-Gap-Gespenster kommen aus ihren Wandschränken und verwandeln einen kleinen Park namens ‚Space Base Picknick-Gelände' in den Treffpunkt für einen ‚Sternengucker-Busch-Ball'. Ich hoffe, etwas mehr über die Space Base zu erfahren und fahre über eine gut ausgebaute, aber nicht markierte Straße zur Satelliten-Station, die sich 20 km außerhalb von Alice befindet.

Die Straße endet an einem Wachturm, der rechts und links von hohen Zäunen und Überwachungskameras flankiert wird. Ein freundlicher, schwerbewaffneter Wächter schickt mich zu einem grasbewachsenen Picknickgelände weiter. Und tatsächlich, da sind sie: CIA-Frauen, verkleidet mit alubeschichteten Raumanzügen, die nur ein paar Meter neben Pine Gaps-Stacheldrahtzaun Hot Dogs und Hamburgers braten. Noch näher kommt niemand aus Alice Springs an diese Spionage-Station heran.

Wieder in der Stadt zurück, probiere ich himmlische Speisen: Mond-Stein-Brötchen, Fliegende-Untertassen-Doughnuts, Galaktische Gumbo-Suppe, Morgenröte in Aspik. Diese ‚himmlische' Geschäftstüchtigkeit erstreckt sich auch auf alle anderen Gebiete des kosmischen Konsums: Halley's Sweatshirts, Kometen-Bier-Kühltaschen, Computer-Postkarten vom Halleyschen Kometen, wie er 1910 wie ein Feuerball über Alice fliegt. „Das ist wie ein Super-Treffen für alle Dinge, die mit dem Kosmos zu tun haben!"

jubelt ein einheimischer Fremdenverkehrstyp, den ich wegen einer ‚offiziellen Stellungnahme' interviewe.

Auf den Straßen sieht es mehr wie bei einem Treffen der Vereinten Nationen aus, das völlig außer Kontrolle geraten ist. Aus jeder Ecke der Welt sind Sternengucker gekommen, die sich darin übertreffen, ihre sprichwörtlichen nationalen Eigenheiten zu demonstrieren: Japaner mit genügend Kameras um den Hals, um eine Krönungsfeier zu dokumentieren; englische Amateur-Astronomen mit perlweißer Haut, die sich vor der glühenden Wüstensonne mit Schirmen und dicken Schichten Sonnenschutzmittel schützen; und, natürlich, die Amerikaner, tausende von ihnen, die Pseudo-Cowboys aus Dallas, mit 10-Gallonen-Hüten und gewaltigen Ansteckern, auf denen steht ‚Ich bin stolz drauf, Texaner zu sein!'; die netten Typen aus Florida, mit Bermudashorts, Football-Hemden und Schirmmützen, auf denen Koala-Bären aus Baumwolle sitzen; und dazwischen die unvermeidlichen New Yorker, die durch die breiten Straßen stolpern und von dem vielen leeren Raum ganz erschlagen sind . . . „Harry, hast du den Park gesehen? Leer, der is' völlig leer!"

Und dann der Besucher, der von allen am meisten herausgeputzt ist: in Lebensgröße, von jeseits des Pluto, der wahre und einzige Halleysche Komet! Das zumindest verspricht die Werbung.

Als es Nacht wird in Alice Springs, und sich alle um die Teleskope auf der Rennbahn außerhalb der Stadt versammeln, schwindet mein Zynismus. Schließlich werde ich, wenn dieser Komet das nächste Mal vorbeiwischt, 103 Jahre alt sein. Mein Großvater ist so alt geworden, aber er mußte die Zeitung mit einer dicken Brille und einem Vergrößerungsglas lesen. Egal, in welcher Verfassung ich mich mit 103 befinde, in Alice Springs, Australien, werde ich zu diesem Zeitpunkt ganz sicher nicht sein. Also ist es besser, sich den Kometen jetzt anzusehen. Dann kann ich mich in fünfzig Jahren auf meinen Stock stützen und mit heiserer Großvaterstimme meinen Enkeln erzählen, wie das damals war, als ich mich als junger Bursche anno '86 im australischen Busch herumgetrieben habe . . .

Angestrengt starre ich in den nächtlichen Himmel. Nichts als Sterne. Ich schlendere hinüber, um bei einer Gruppe von Australiern die Ohren aufzusperren, die in den Himmel deuten und sich bühnenreif zuflüstern: „Bei der Milchstraße nach unten . . . Siehst du diesen Baum? . . . Dort ein bißchen nach links."

Ich folge ihren Anweisungen. Immer noch nichts zu sehen. ‚Noch ein bißchen weiter nach links, Junge.'

Und tatsächlich, dort ist ein verwaschener Lichtpunkt, genau über dem Horizont. Ein Mann bietet mir seinen Feldstecher an. Der Lichtpunkt wird größer und noch verwaschener. Ich gehe zu einem Teleskop von der Größe einer Feldhaubitze: ein verwaschener Fleck in einem verwaschenen Fleck, noch mehr verwaschen. Ich blicke die anderen Sterngucker an. Sie blicken mich an.

„Ist das alles?"

„Das ist alles."

Wir suchen nach einer angemessenen Beschreibung (schließlich werden meine Enkel Einzelheiten wissen wollen). Ein verwaschener Lichtfleck. Ein Klecks. Ein verschwommener Lichtpunkt. Ein Scheinwerfer, der durch Nebel schimmert. Ein Scheinwerfer, der mit schwacher Glühbirne durch Nebel scheint. Ein weit entfernter, schwacher Stern. Ein Mißerfolg. Ein Schwindel. Ein verdammter Schwindel. Ein verdammter Mißerfolg eines verdammten Schwindels. Ein verd . . .

Neben mir räkeln sich ein paar von den Ich-bin-stolz-Texanern in Klappstühlen und starren durch Teleskope zum ersten Mal in ihrem Leben auf den südlichen Himmel.

„Herb, wo ist der Schwanz des Kometen?"

„Du schaust ihn genau an, Hon."

„Doch nicht das? Das sieht doch nach überhaupt nichts aus!"

„Genau das, Hon."

„Und wir sind den ganzen weiten Weg von Dallas hierhergekommen, um uns das anzusehen?"

„Tja, hm."

Schweigen. Ein stummes Überschlagen der Preise für das Flugzeugticket, der Hotelrechnungen, der Miete der Klappstühle.

Herb's Gesicht trägt den bestürzten Ausdruck eines Mannes, der gerade irgendwo im Westen von Texas eine trockene Wasserquelle ausgegraben hat.

Ein Viehhändler namens Arnie nimmt die Sache gelassener. „Schau Herb, es kommt doch auf das Konzept an", sagt er mit dröhnender Stimme, „dieser Bursche namens Halley hat diese Berechnungen gemacht und sie haben sich als zutreffend herausgestellt. Dadurch wird das Ganze doch ausgesprochen aufregend. Es wird keinen gewaltigen Feuerball am Himmel geben, wenn du das erwartet hast."

Wieder Schweigen. Offensichtlich haben Herb und Hon genau das erwartet. Wenn sie einen gottverdammten Baumwollball sehen wollten, dann hätten sie das zehn Minuten von Dallas entfernt auch haben können.

„Ich hab' schon vorher gewußt, daß es nicht so aufregend werden wird, wie sie alle behauptet haben", mault Hon. „Aber das hier ist *nicht eine Spur* von aufregend."

„Ach, komm", sagt Herb zu ihr, „schauen wir uns lieber den Astronomiefilm an, den sie jetzt gleich zeigen. Vielleicht sehen wir diesen Kometen dann wenigstens im Film."

Und so marschiert der Stolz von Texas von hinnen nach dannen und läßt Arnie und seine Freunde zurück, die ein unerwartetes Interesse am Trifid Nebel, der Magellanschen Wolke, Sternenhaufen und anderen Phänomenen des Weltraums entwickeln.

„Das ist das Objekt, das im Centaurus an 25. Stelle der Helligkeit steht."

„Kein Scherz?"

Ich schlendere hinter Herb und Hon her und finde sie, wie sie Einschnitte in der zerfurchten roten Oberfläche des Mars' betrachten. Das Bild hat eine beunruhigende Ähnlichkeit mit Zentralaustralien, des Zentralaustraliens, das ich gerade per Anhalter zu bereisen vorhabe.

On the road again

Eine wichtige Regel, die beim Fahren per Anhalter zu beachten ist, ist auch die, die am ehesten mißachtet wird: ‚Du sollst keine Pläne machen.' Das ist nämlich eine Sünde, die sofort und grausam bestraft wird. Pläne werden umgeworfen, festgelegte Routen gestrichen, Abkürzungen verwandeln sich in langwierige Umwege. Wenn du in einer bestimmten Zeit an einem bestimmten Ort sein willst, dann fahre nie per Anhalter, dann nimm einen Bus.

Ich war lange genug von der Straße weg, um all diese Regeln zu vergessen und von der Sicherheit eines genauen Plans in Versuchung geführt zu werden. Nachdem ich also drei Nächte lang einen verwaschenen Fleck am Himmel beobachtet und Artikel über Leute geschrieben habe, die einen verwaschenen Fleck am Himmel beobachten, breite ich eine Landkarte auf dem Boden meines Motelzimmers in Alice Springs aus, nehme ein paar Schluck Bourbon aus meiner Mini-Bar und spiele Abel Tasman.

Drei Wüstengebiete liegen meiner Durchquerung und Umrundung des restlichen Australien im Wege: die Gibson Wüste, die Great Sandy und die Great Victoria. Ich wähle die Gibson Wüste (Ernest Giles Wüste) und stelle mir folgende Route zusammen:

1) Per Flugzeug nach Ayers Rock, damit ich auf diese Art die Stelle umgehen kann, wo ich vor ein paar Monaten den Unfall mit dem gemieteten Ford hatte, was mir noch recht unangenehm in Erinnerung ist. 2) Per Anhalter in Richtung Westen über den ungeteerten Gun-Barrel Highway, einer Wüstenstraße, die 1000 km durch eine leere Wildnis ohne Ansiedlungen führt. Das ist der direkteste, aber auch abenteuerlichste Weg nach Westaustralien. Aber ich will ja direkt hinein in die Öde. 3) Anschließend weiter über die Goldfelder nach Perth, wo ich nach einer Woche ankommen werde; danach dann an der Küste entlang nach Broome und Darwin.

Das alles klingt so einfach und mühelos, wie mit dem Finger auf der Karte entlangzufahren. Wenn ich mich an diesen Zeitplan halte und mich an keinem Ort zu lange aufhalte, kann ich den restlichen Kontinent in der Zeit abklappern, die mir noch zur Verfügung steht, ehe ich wieder an meinen Arbeitsplatz zurückkehren muß.

Die Sache hat nur noch den Haken, daß ich eine offizielle Erlaubnis brauche, um das Land der Aborigines westlich des Ayers Rock durchqueren zu dürfen. Ein Anruf und ich habe sie.

Beamter: Mr. Horwitz, sind Sie sich sicher, das machen zu wollen? Wir sprechen über eine Wüstenpiste und nicht über die Autobahn. *Mr. Horwitz:* Gibt's da irgendein Problem? Vielleicht keine Autos? *Beamter:* Massenweise. Durchschnittlich drei Wagen am Tag. *Mr. Horwitz:* Ich glaube, das kann ich riskieren. *Beamter:* Wie Sie wollen. Ich gebe Ihnen eine Erlaubnis für zehn Tage.

„Zehn Tage!" sagt sich der Macho Mr. Horwitz beim Flug nach Ayers Rock. „Da schaukelt doch sogar ein Kamel schneller nach Westaustralien."

Nach drei Stunden auf der Straße in der glühenden Hitze meint der gar nicht mehr machoartige Mr. Horwitz kleinlaut: „Ein Mensch ist kein Kamel." Das einzige, was sich den ganzen Tag über vermeintlich in Richtung Westen bewegt hat, war die Sonne. Jetzt röstet sie nicht mehr mein Gesicht und meine Arme, sondern setzt meinen Rücken und meinen Nacken in Flammen. Noch ein paar Stunden so weiter und meine Haut ist genauso rot wie der Ayers Rock.

Das erste Anzeichen von Verkehr besteht in einer Staubwolke am westlichen Horizont, die aus Richtung Docker River kommt, wo ich hin will. Es ist ein Wagen mit Vierradantrieb, der wie eines jener vorsintflutlichen Ungeheuer aussieht, über die ich in meinem Autofahrerhandbuch für den Busch gelesen habe. Der Wagen hat zwei Reservereifen auf dem Dach, Zusatzausrüstung an jedem freien Fleck und genügend Nahrungsmittel und Wasser, um einen Atomkrieg zu überleben. Oder einen dreitägigen Sandsturm, was der Fahrer offensichtlich gerade hinter sich hat.

„Die einzigen Wagen, die ich in deine Richtung hab' fahren sehen, hatten eine Panne." Die Stimme des Fahrers klingt so undeutlich, als hätte ihm jemand Sand in die Lungen geschaufelt. „Is' aber egal, denn die Wagen waren so vollgestopft mit Reserve-Benzinkanistern, daß da sowieso kein Platz für noch jemand gewesen wär'."

In Kalifornien sah ich einmal einen Anhalter, der seine gesamte Habe in einen Benzinkanister gestopft hatte. Der Grund dafür war, die Autofahrer denken zu lassen, daß der Anhalter kein Anhalter sein, sondern ein anderer Autofahrer, dem nur das Benzin ausgegangen sei, und der bis zur nächsten Tankstelle mitgenommen werden möchte. Der Trick funktionierte – unter einer ganzen Schlange von Anhaltern nahm ein Wagen nur ihn mit. Das ist die Art von Yankee-Einfallsreichtum, die ich jetzt gebrauchen könnte.

Eine Stunde später habe ich den nötigen Einfall: marschieren. Wenn ich das nicht mache, werde ich direkt hier in Sichtweite des Ayers Rock auf der Straße schmelzen. Vermutlich würden sie für mich keine Gedenktafel am Fuß des Rocks aufstellen. Das Problem ist nur, in welche Richtung soll ich gehen? Zurück zum Camp am Fuß des Rocks sind es 10 km, zu den Olgas, in Richtung Docker River, ist es etwas weiter. Also, welche Richtung soll ich einschlagen?

Nachdem ich bereits die Sünde begangen habe, vorher Pläne zu machen, werde ich Buße tun und von jetzt an die Wagen, die mich mitnehmen, die Richtung entscheiden lassen. Ich werde zurückgehen in Richtung Camp, werde aber bei jedem vorbeikommenden Wagen den Daumen ausstrecken, egal ob das Auto nach Westen oder Osten fährt. Wenn es durch meinen Mitnehmer so entschieden wird, dann werde ich eben zum Stuart Highway zurückkehren und dann nach Süden in Richtung Adelaide fahren, die Nullarbor Plain überqueren und auf diesem Weg nach Westaustralien kommen. Das ist zwar eine Route, die viel länger ist und ganz außen herum führt, aber ich werde es machen. Meine Mitnehmer werden entscheiden.

Eine Stunde später kommt ein Caravan von den Olgas aus dem Osten. Ich renne über die Straße und strecke meinen Daumen aus, zurück in Richtung Alice Springs. Der Van verlangsamt seine

Fahrt, eine Tür öffnet sich, und eine Hand zieht mich mitten in das 10. Klassentreffen einer Astronomie-Klasse aus Tokyo.

„Wie geht es Ihnen?" fragt mich eine lächelnde junge Frau namens Atsuko. Sie ist die einzige der Gruppe, die ein bißchen Englisch spricht. „Wir sind, wie Sie sagen, auf den Weg in Busch. Und Sie?"

„Ebenfalls. Toll. Ja, ich bin auch auf dem Weg in den Busch." Und damit fahren wir den ganzen Weg, den ich hergekommen bin, wieder zurück.

Im Van befinden sich vier junge Japaner, fünf Teleskope und das gesamte Angebot einer Nikon-Generalvertretung: Blitzlichter, automatische Kameras, Stative, teleskopische Objektive. Die meisten dieser Ausrüstungsgegenstände sind noch in Folie verpackt. Atsuko erzählt, daß der Schein vom Camp am Ayers Rock es sehr schwierig machen würden, dem Kometen zu sehen, geschweige denn, ihn zu fotografieren. Deshalb hoffen sie, zwischen hier und Alice eine geeignetere Stelle zu finden, wo sie ihr Lager aufschlagen.

„Gibt es hier viele Leute?", fragt mich Atsuko und deutet mit dem Finger auf eine weiße Stelle auf der Landkarte. Diese Stelle ist genauso dicht besiedelt wie eine Raketenabschußrampe in Sibiren. Als ich den Kopf schüttle, lächelt sie und übersetzt diese aufregende Feststellung für die anderen aus ihrer Gruppe.

Es ist die erste positive Erfahrung ihrer Reise nach Australien. Sie hatten erwartet, daß es hier von Känguruhs nur so wimmelt und haben bis jetzt nur ein einziges gesehen, und zwar platt auf dem Asphalt der Straße. Sie hatten gehofft, ganze Orgien mit billigem Lamm- und Rindfleisch feiern zu können, mochten sich aber die überteuerten Preise in den Restaurants von Ayers Rock nicht leisten und mußten statt dessen auf Hackbraten ausweichen. Und soweit es den Kometen betrifft, nun, dieser Komet war in der australischen Wüste genauso wenig beeindruckend wie in einem Vorort von Tokyo.

„Der Komet, den meine Großmutter 1910 gesehen, sie sagt, er war ein Feuer am Himmel", radebrecht mir Atskuko. Er mußte damals tatsächlich so leuchtend und nah gewesen sein, daß die Japaner Angst hatten, daß der Dampf des Kometen sie vergiften könnte. Atsukos Familie füllte für den Notfall Sauerstoff in Fahrradschläuche ab.

„Aber dieses Mal, der Komet ist nur Kopf und kein Schwanz", beklagt sich Atsuko. „Wir denken, wenn wir in Busch, vielleicht der Komet bekommt ein bißchen Schwanz."

Und vielleicht können Schweine dann fliegen. Noch ein paar Tage ohne richtigen Kometen, und ein paar tausend Japaner und Stolz-darauf-Texaner-zu-sein laufen in Alice Amok und massakrieren die Reiseveranstalter.

Als der Wagen schlingernd zum Stehen kommt, legt Atsuko aufgeregt ihre Hand auf meinen Arm. Dort, ungefähr 100 Meter entfernt, steht mitten in der Wüste ein rotes Riesenkänguruh und schnüffelt auf der ockerfarbenen Erde herum. Innerhalb von Sekunden wird die gesamte fotografische Ausrüstung des Van in Anschlag gebracht. Hochkarätige Objektive starren aus den Fenstern wie die schußbereite Artillerie einer Armee-Einheit. Klick. Weiterdrehen. Klick. Weiterdrehen. Neuer Film. Klick. Die Van-Besatzung belichtet etliche Meter Film, ehe das Känguruh weghoppelt und außer Reichweite gerät. Jetzt grinst jeder und plappert aufgeregt über dieses Ereignis. Endlich haben sie den Beweis für ihre Reise nach Australien in Händen.

Zwei Stunden östlich vom Ayers Rock, in einer Raststätte neben dem Stuart Highway, trennen sich unsere Wege – sie fahren nördlich nach Alice Springs, ich in Richtung Süden nach Adelaide. Aber wir trennen uns natürlich nicht, ehe wir uns nicht alle brav nebeneinander aufgestellt haben, damit eine Kamera auf einem Stativ per Fernauslöser einen Schnappschuß von uns allen machen kann: vier Japaner und ein Amerikaner, mit einer leeren Wüste als Hintergrund. Wir schütteln uns die Hand und dann fahren sie weiter, während ich mir vorstelle, daß mein Konterfei in ein paar Wochen an die Wand eines Wohnzimmers in Tokyo geworfen wird, zwischen drei Dutzend Dias von einem roten Riesen-Känguruh und ein paar Aufnahmen eines verwaschenen, undeutlichen

Schmierflecks namens Halleyscher Komet. ‚Dieser Anhalter, der war gerade auf dem Weg in den Busch . . .‘

Die Chronik meiner eigenen Reise gleicht einer Warteschleife über dem Mittelpunkt des Kontinents. Eigentlich hatte ich ja vor, in diesem Augenblick in den Sonnenuntergang westlich von Docker River hineinzufahren, oder einen Kessel Tee zusammen mit afghanischen Kameltreibern aufzubrühen (die in meiner Phantasie immer noch die Wüste dort draußen durchqueren). Statt dessen bin ich wieder 200 km in Richtung Osten zurückgefahren, um den Sonnenuntergang im Desert Oasis Roadhouse zu beobachten, der das Gebäude erst Grau, dann Braun und schließlich Schwarz aussehen läßt. Es ist ganz bestimmt kein Ayers Rock.

Noch entmutigender wirkt eine Botschaft, die mir an der Straße ins Auge fällt. Auf fünfzehn einzelnen Felsbrocken steht da sorgfältig eingekratzt: ‚C-O-O-B-E-R P-E-D-Y B-I-T-T‘. Aus der Sprache der Anhalter übersetzt bedeutet das: ‚Gott helfe mir, ich sitze hier seit Tagen fest und kratze stundenlang mein Fahrziel in

Abendstimmung in Desert Oasis (Stuart Highway)

diese Felsbrocken ein', damit ich nicht verrückt werde, oder noch etwas Schlimmeres passiert.' Entweder konnte der arme Kerl nicht buchstabieren, oder er wurde mitgenommen, ehe er das Wort ‚bitte' vollenden konnte. Entweder das, oder die Hitze hat ihn endgültig fertig gemacht, und ein Rudel Dingos fraß seine Leiche vollständig auf, bevor ich hierher kam.

Ich fange gerade an, das fehlende ‚E' einzukratzen, als ein anderer Botschafter der Finsternis auftaucht, dieses Mal in persona. Aus der Desert Oasis tritt ein ungepflegter Mann ungefähr in meinem Alter, mit einem Rucksack über der Schulter und einem Schild aus Pappe unter dem Arm. Er ist der erste Anhalter, den ich seit meiner Begegnung mit Phil ‚Boots' Harris vor drei Monaten im ländlichen New South Wales treffe, jener Tramp, der mich mit seinen Kartentricks ausgenommen hat.

Glücklicherweise ist dieser Typ in der umgekehrten Richtung, nach Alice Springs, unterwegs. Unglücklicherweise kommt er gerade aus Südaustralien und kann es gar nicht erwarten, mir alles darüber zu berichten.

„Kumpel, wenn du nur ein bißchen Grips hast, dann laß das sein. Ich hab' säächs Tage gebraucht, um von Adelaide hierher zu kommen. Die schlimmsten säächs Tage in meinem Leben." Sein Akzent sagt mir, daß er aus Neu-Sääland stammt. Sein Gestank – und die Legionen von Fliegen, die um seinen Kopf summen – sagen mir, daß er die Wahrheit sagt.

„Kumpel", sagt er und setzt sich jetzt auf sein Gepäck, „ääs war die Hölle, das kann ich dir sagen". Und er sagt es mir. Zwei Tage in Port Augusta, in brennender Sonne, ohne jemand, der anhält, um ihn mitzunehmen. Schließlich eine Fahrt nach Coober Pedy. „Das war die Hölle, Kumpel, ganz einfach die Hölle". Dort ein weiterer ungewollter Aufenthalt von zwei Tagen. Anschließend eine Fahrt mit zwei Aborigines, denen mitten im Nichts die Achse bricht, und die daraufhin einfach den Wagen – und ihn – stehenlassen und in der Wüste verschwinden. Schließlich gelingt es ihm, einen Wagen für das letzte Stück anzuhalten, das das Schlimmste von allen ist. „Kumpel, stell dir ein völlig verkrumpeltes Bettuch vor. Und dann stell' dir vor, daß es aus Felsen besteht und du darüber fahr'n mußt. So ist da die Straße. Sobald wir das Northern Territory erreicht haben, hab' ich mir den Hintern behandeln lassen müssen."

Er hat noch mehr Geschichten auf Lager (‚eine ganze Menge davon, Kumpel'), aber auf der anderen Straßenseite nähert sich ein Auto. Deshalb läuft er hinüber und streckt seinen Daumen in die Luft. Als der Wagen anhält, spricht er eine Minute mit dem Fahrer, kommt dann herüber und fragt mich, ob ich nicht doch nach Alice fahren möchte. Danke nein, sage ich ihm. Er schüttelt den Kopf, als wäre ich freiwillig auf dem Weg in den Schlachthof.

„Da, nimm das", sagt er feierlich und gibt mir eine Straßenkarte und einen Touristenführer für den Outback Südaustraliens. „Und paß auf dich auf, Kumpel. Ich hoffe, du schaffst es." Mit diesen Worten entschwindet er in Richtung Alice und läßt mir seine Fliegen zurück, die anfangen, eifrig in meinen Augen und in meine Nase zu kriechen.

Als es dunkelt, nimmt das ‚C-O-O-B-E-R P-E-D-Y B-I-T-T' die unheimliche Vorahnung eines Gedenksteins an. Ich gehe zu der Raststätte zurück, aber dort ist niemand, den ich bitten kann, mich mitzunehmen. Also bestelle ich mir ein Bier und fange mit einem Intensivkurs über Südaustralien an, durch das zu fahren ich gar nicht vorhatte. Die Hochglanzbroschüre des Kiwi-Auto-Atlas' bietet eine abschreckende Einleitung: ‚Von Coober Pedy nach Kulgera: 465 km – 100 km asphaltierte Straße und 344 km Schotterpiste – und Erdstraße in nicht sonderlich gutem Zustand, wird durch tiefe Querrinnen, viel Staub, losen Sand und steinige Oberfläche zum Risiko.'

Ausgerenkte Rückenwirbel. Gestauchtes Steißbein. Lungenschädigung durch den Staub. Kein Wunder, daß es auf dieser Straße nicht viel Verkehr gibt.

Ich werde von zwei etwa siebzehnjährigen Mädchen unterbrochen, die auf eine Tasse Kaffee hereinschauen. Die lächeln mich so freundlich an, daß ich zu ihnen hinübergehe und mich nach ihrem Fahrtziel erkundige.

„Darwin“, antworten sie gleichzeitig, „und du?“

„Darwin, aber auf der anderen Strecke, unten herum.“

Sie sehen sich an und zucken die Achseln. Ein verrückter Yankee. Als ich sie nach ihren Plänen frage, bekomme ich einen gekicherten Bericht darüber, daß sie gerade Tasmanien verlassen haben und auf dem Weg zu ihrer neuen Arbeitsstelle auf einer Viehfarm in der Nähe von Darwin sind. Jo kocht gerne. Maryanne macht die Wäsche, aber sie möchte gerne eine ‚Jillaroo‘ werden, das scheint das weibliche Pendant eines Cowboys oder ‚Jackeroo‘ zu sein. Abgesehen davon gibt es auf dieser Farm offensichtlich eine Menge Jacks und keine anderen Jills.

„Dreihundertsechzig Böcke, und nur zwei von uns“, kichert Jo, „kannst du dir das vorstellen?“

Ich kann es. Gröhlen. In den Hintern zwicken. Vergewaltigung. Massenvergewaltung. Maryanne hat sittsamere Erwartungen.

„Ich hoffe lediglich, einen Jungen zum Ausgehen zu finden“, sagt sie und macht ein seriöses Gesicht. „Was hältst du davon?“

Ich bin durchaus davon überzeugt, daß sich die Erwartungen dieser niedlichen Mädchen aus Tasmanien sicher erfüllen werden, und das sage ich ihnen. Jo, die ‚aufgeschlossenere‘ von beiden, bricht in perlendes Gelächter aus.

„Bist du sicher, daß du nicht auf dem direkten Weg nach Darwin willst? Wir haben genügend Platz.“ Bock Nummer dreihunderteinundsechzig.

Nein, danke. Ich wollte, meine eigenen Aussichten wären ebenso vielversprechend: ein Wagen nach dem andern, alle in Richtung Süden, und ich der einzige Anhalter, der unter Millionen von leeren Sitzen auswählen kann.

Der Sitz, den ich schließlich zwei Stunden später bekomme, besteht aus ein paar Zentimetern Vinyl, eingequetscht zwischen 500 Pfund Baby-Nahrung und einem Vorrat an Windeln, der garantiert ein Baby-Leben lang reicht. Und Ken und Anna und das Baby auf dem Vordersitz, die von einem ausgedehnten Einkaufsbummel in Alice in ihren Heimatort nach Südaustralien fahren.

„Mit den Läden in unserem Städtchen ist nicht viel los", erklärt Ken und stemmt ein wahres Gebirge an Einkaufstüten zur Seite, um auf dem Rücksitz für mich Platz zu machen. „Deshalb fahren wir ein oder zwei Mal im Monat zum Großeinkauf in die City."

Diese City ist Alice Springs und ein Einkaufsbummel dort bedeutet lediglich die Kleinigkeit von insgesamt 900 km von ihrem Haus in Mintabie, Südaustralien, aus. Wenn man erst einmal daran gewöhnt ist, ist das auch nicht schlimmer als in das Feinkostgeschäft um die Ecke zu laufen.

Nicht nur das Einkaufen ist in Mintabie etwas schwierig. Auf dem Autodach ist ein Haufen Bauholz festgezurrt, aus einem Baumarkt von Alice Springs. „Das ist für unsere Wände", erklärt Ken. „Momentan haben wir nur welche aus Wellblech." Offensichtlich sind die paar hundert Einwohner von Mintabie zu beschäftigt damit, Opale auszubuddeln, als daß sie sich darum kümmerten, aus was ihre Häuser gebaut sind. Doch eines Tages wird jeder von ihnen den ganz großen Fund machen, und das bedeutet, daß sie von Mintabie wegziehen können. Also warum sollten sie sich Gedanken über die Bauweise ihrer Häuser machen?

Ken verkaufte vor einem Jahr seine Farm in der Nähe von Adelaide, um sich eine Ausrüstung zum Opalschürfen zu kaufen. „Man verdient keine Million Dollar, indem man im Pub darüber spricht", erklärt er seinen Berufswechsel. Man macht diese Million auch nicht damit, indem man nach Opalen gräbt, zumindest ist das offensichtlich bei Ken und Anna nicht der Fall. Aber ebenso offensichtlich scheint, daß jeder, den sie kennen, bereits den großen Fund gemacht hat.

„Sie sagen das natürlich nicht so direkt, aber irgendwie kannst du das natürlich riechen, daß sie was gefunden haben", meint Anna. Vielleicht ein neuer Truck. Oder eine neue Antenne, die vom Dach ihrer Wellblechhütte in die Luft ragt. Und dann der letzte Beweis: sie verlassen Mintabie ganz. Und das wiederum läßt die übrig gebliebenen Opalsucher weiterhin im Wüstensand graben. Vielleicht haben sie eines Tages auch Glück und können Mintabie endlich verlassen. Und bis dahin gibt es zur Abwechslung und

Unterhaltung immer noch die 15-Stunden-Fahrt nach Alice und zurück.

„Wir haben unser ganzes Geld in diese Opal-Sache gesteckt", erzählt Ken, „selbst wenn wir wollten, könnten wir nicht abhauen." Für viele Menschen bedeutet freies Unternehmertum offenbar, daß sie alles unternehmen können, um sich un-frei zu machen.

Um Mitternacht biegt Ken zu einer Raststätte nahe der südaustralischen Grenze ab, um den Aufbau auf dem Dach festzuzurren, ehe er sich auf 200 km voller Schotter und Staub wagt. Er sagt mir, daß die Abzweigung nach Mintabie „praktisch am Arsch der Welt liegt", und daß er der Meinung ist, daß es für mich günstiger wäre, hier zu übernachten. „Hier kannst du wenigstens in der Raststätte Wasser bekommen, falls du hängen bleibst." Dann bringt er es nicht über sich, mir eine weitere Aufmunterung für meinen gesunden Schlaf vorzuenthalten: „In ungefähr einer Woche kommen Anna und ich wieder vorbei. Wenn du dann immer noch hier bist, können wir dich ja mitnehmen."

Das Rasthaus ist geschlossen; nicht mal im Nebengebäude ist ein Lichtschimmer, der auf menschliche Anwesenheit schließen lassen könnte. Hier gibt es nur mich, eine Benzinpumpe und einen nächtlichen Himmel, so unbehelligt von Smog und künstlicher Beleuchtung wie ich selten einen gesehen habe. Sobald Kens Rücklichter verschwunden sind, offenbart sich über mir ein wunderbares Sternengefunkel. Sogar der Komet sieht heute nach mehr als nur nach einem verwaschenen Klecks aus – sagen wir, nach einem Stück Gaze, und nicht nach einem Staubfleck.

Die meisten Reisenden träumen davon, ihren Schlafsack auf einem unberührten Stück Wildnis wie diesem hier auszurollen. Ich nicht. Draußen zu schlafen hat noch nie zu meinen Lieblingsbeschäftigungen gehört; abgesehen davon, auch nicht drinnen. Draußen wird meine angeborene Schlaflosigkeit nur noch durch eine erstaunliche Unwissenheit über die Grundlagen des Campens übertroffen. Ich bin ein hoffnungsloser Fall, wenn es um das Festzurren eines Zeltes geht, außer es gibt dafür eine Flutlichtanlage und ein Ingenieur geht mir zur Hand. Und ich habe auch kein

Talent, ein Feuer zu entfachen, ohne dafür wenigstens ein bis zwei Liter Brennspiritus zu verbrauchen.

Ich habe auch eine unfehlbare Nase dafür, mein Lager genau dort aufzuschlagen, wo ich es nicht tun sollte. Im ersten Sommer, in dem ich per Anhalter durch Amerika fuhr, lernte ich in San Francisco eine junge Schauspielerin namens Trish kennen. Sie wollte sehr gern per Anhalter fahren, hatte aber Angst davor, es alleine zu versuchen. Deshalb bat sie mich, ob sie sich mir nicht bis zur kanadischen Grenze anschließen könnte. Ich war damals siebzehn Jahre alt, hatte den ganzen Tag nur eines im Kopf und dazu eine 24-Stunden-Erektion und konnte mein Glück gar nicht fassen. Ich würde ihr nicht nur erlauben – und natürlich würde sie zustimmen – mit mir meinen Schlafsack zu teilen. Wie könnte sie mir auch widerstehen, sobald ich vor ihr mein gesamtes Wissen über das Fahren per Anhalter ausgebreitet hatte?

Der Tag verging erwartungsgemäß. Ohne Probleme kamen wir durch die Hügel von Nordkalifornien, machten am Straßenrand Picknick mit Brombeeren und marschierten bei Sonnenuntergang auf der Suche nach einer Stelle zum Campen gerade am Ufer eines Flusses in Oregon entlang. Ich trottete in der hereinbrechenden Dunkelheit auf dem Pfad voran, bis er in eine kleine Lichtung überging, die so nah am Fluß lag, daß man das sanfte Plätschern des Wassers gegen das Ufer hören konnte. Das einzige, was fehlte, war ein fahrender Sänger, der im Wald hinter uns die Laute schlug. Ich breitete den Schlafsack aus – schaffte es sogar, ein schwelendes Feuer zu entfachen – und bereitete mich auf etwas vor, von dem ich überzeugt war, daß es der Beginn einer unvergeßlichen Romanze sein würde.

Trish war keineswegs beeindruckt. ‚Irgendwas riecht hier so komisch', sagte sie immer wieder. Das waren die Nerven, vermutete ich, kein Grund, die Dinge zu überstürzen. Es gibt immer noch die nächste Nacht. Also kroch ich in meinen Schlafsack und schlief sofort ein, was ich mit siebzehn noch leicht schaffte.

Ein paar Stunden später rüttelte Trish mich wach. ‚Dieser Ort ist unheimlich', sagte sie, hellwach, ‚hier gibt es irgend etwas Verfaultes. Ich schwöre es dir.‘ Ich lächelte das Lächeln eines erfahrenen Anhalters. ‚Die erste Nacht in der Wildnis kommt einem immer unheimlich vor.‘ Und ich rollte mich auf die andere Seite, um ein paar Stunden ungestört zu schlafen.

Bei Tagesanbruch erwachte ich und fand Trish, die schon angezogen war und gepackt hatte, beim Studieren der Landkarte. ‚Ich hau’ hier auf der Stelle ab, egal ob du mitkommst oder nicht‘, sagte sie mit tiefen Ringen unter den Augen nach einer offensichtlich schlaflosen Nacht. Ich schlüpfte sofort aus meinem Schlafsack, zog meine Kleider an und rollte den Schlafsack zusammen, um ihn in meinem Gepäck zu verstauen.

Trish keuchte. Unter einer Ecke des Sacks befand sich ein Loch, so groß wie ein Grab, das bis zum Rand mit Netzen voller Fischköpfe, Fischschwänze und Fischinnereien gefüllt war. Für unser Schlafzimmer hatte ich genau die Stelle gefunden, an der sämtliche Angler des Columbia River ihre Fische ausnahmen und säuberten. Trish und ich, wir trennten uns in dieser Nacht an der kanadischen Grenze. Ich habe seither nie mehr etwas von ihr gehört.

An der südaustralischen Grenze gibt es derlei Gefahren nicht. Ich bezweifle sogar, daß es innerhalb von 800 km in jeder Richtung einen Fluß oder auch nur eine Pfütze gibt, die groß genug ist, daß eine Kaulquappe darin schwimmen kann – ganz zu schweigen von einer ausgewachsenen Forelle. Hier gibt es nur flachen, festzementierten Dreck und dazwischen ab und zu den üblichen Trampelpfad der Rinder.

Ich werfe meine Isomatte auf den Boden, breite eine Decke darauf aus, lege mich auf den Rücken und betrachte den funkelnden Himmel. Schauen wir mal . . . der Halleysche . . . das Kreuz des Südens . . . der Trifid-Nebel. Zum ersten Mal an diesem Tag fühle ich mich wohl und zufrieden. Wieder im Busch, frei wie ein Vogel, nur die Sterne als Gefährten. Die Sternschnuppen werden Schafe und während ich sie zähle, torkle ich langsam in den Schlaf. Wer weiß, frage ich mich schlaftrunken, nur ein Augenzwinkern vom Tiefschlaf entfernt, vielleicht bin ich gerade dabei, das Blatt zu wenden . . .

Ein Blatt zu wenden . . . ein Blatt . . . flattert im Wind . . . ein Wind bläst mich wie ein Blatt nach Südaustralien.

Ich fahre aus dem Schlaf hoch und sehe riesige Knäuel von Gestrüpp vorbeifliegen. Die Decke hat sich um meine Knöchel gewickelt und ein Teil meiner Kleider und Bücher liegt vom Winde verweht über den ganzen Boden verstreut, wie der Rumpf eines Flugzeugs nach dem Absturz. Nur mein halbleerer Rucksack liegt da, wo ich ihn vor ein paar Stunden hingelegt habe.

Ich setze mich auf und die Decke fliegt hinter meinen anderen Sachen her. Mein Schaumstoffkissen rollt über den Boden, bis es am Rucksack hängenbleibt. Ich stehe auf und werde sofort wieder zu Boden geblasen. Halbnackt und zitternd krieche ich über das Geröll, um mein in alle Winde verstreutes Hab und Gut einzusammeln. Das Hemd ist in einem Haufen Kuhscheiße vor Anker gegangen. Meine Jeans haben sich in einem Stacheldrahtzaun verfangen. T. S. Eliot rollt mit langsamen, unbeholfenen Purzelbäumen in Richtung Wüste.

Auf der anderen Seite des Stacheldrahtzauns finde ich eine flache Senke und gehe in Deckung. Der Wind tobt immer noch über meinen Skalp, aber zumindest ist jetzt mein Körper geschützt. Ich stelle mein Gepäck als Windschutz gegen den Zaun. Dahinter zusammengekauert, ziehe ich zwei Paar Hosen an, drei Hemden, zwei Paar Socken – im Grunde genommen meine gesamte Garderobe, ausgenommen das Hemd, das im Dung gelegen hat, und fünf Paar Unterhosen mit Gummizug. Hier, im Zentrum eines Zyklons, ist kein Platz für Würde. Ich ziehe die Jockey-Shorts über den Kopf, immer ein Paar nach dem anderen, wobei ich den Eingriff über die Nase rücke, damit ich noch etwas Luft bekomme.

Mit jeder weiteren Lage Baumwolle umgibt mich eine beruhigende Stille. Ich lege mich hin, höre auf zu zittern und lausche auf mein heftiges Atmen und die gedämpften Windböen über mir. Diese Kuhle ist viel besser als der harte Boden. Und auch dieser

Trick mit den Unterhosen ist nicht schlecht; ich sollte das in einer schlaflosen Nacht in Sydney noch einmal versuchen.

Das ist die surreale Logik, die dem Schlaf vorausgeht. Ich lache laut auf. Da liege ich in einer Grube mit Jockey Shorts über dem Kopf – ein passendes Ende für einen Tag, an dem ich mich kopfüber in den Rückzug gestürzt habe. Zumindest habe ich meinen Campingrekord gehalten.

Noodling

Es gibt nur eines, was ich noch mehr hasse, als in stockfinsterer Nacht in der Großen Wüste mein Lager aufzuschlagen: am nächsten Morgen in der Großen Wüste mein Lager wieder aufzulösen. Wenn es dunkel ist, kann man sich zumindest gemütlich in seinen Schlafsack rollen und das war's dann – falls nicht gerade irgendwelche Zyklone durch die Gegend toben.

Aber die Morgen sind die reine Hölle. Ich liebe es, langsam wach zu werden, mit einer Tasse Kaffee und der Sportseite meiner Zeitung. Und ich hasse es, bei Morgendämmerung frierend nach meinen Socken und Schuhen zu kramen, und mich dann zu einen ‚Dingo-Frühstück' aufzumachen; pinkeln und einmal die Gegend betrachten. Für mich ist das die übelste Art, einen Tag zu beginnen.

Einen Hurrikan zu überstehen, hat einen Vorteil. Da ich seinetwegen meine gesamte Garderobe bereits am Leibe trage, muß ich nur ein paar Sachen in meinen Rucksack stopfen und kann mich anschließend bereits zur Straße begeben. Die nächtliche Brise hat sich abgeschwächt, aus dem Zyklon ist ein einfacher Sturm geworden, und so fühle ich mich ganz wohl, wie ich da so an der Straße sitze, mit einer Decke um meine Schultern und gegen mein Gepäck gelehnt.

Wenn ich nur etwas zu Essen hätte. Es gehört zu meiner ganz speziellen Art von nicht vorhandenem Camping-Know how, daß ich nie irgendwelche Nahrungsmittel bei mir habe, wenn ich mich abseits jeglicher Zivilisation im Nichts befinde. Und in der Raststätte rührt sich immer noch nichts. Vielleicht schläft der Besitzer noch, so wie das jeder einigermaßen vernünftige Mensch zu dieser Stunde tut. Vielleicht sollte ich ihn aufwecken. Vielleicht ist er schon wach und gerade dabei, mir zwei Dutzend Pfannkuchen mit sechs Spiegeleiern oben drauf zu machen, und einem Kaffee, der stark genug ist, um eine Leiche wieder zum Leben zu erwecken. Aber vielleicht ist er auch gerade beim Einkaufsbummel in Alice.

Ich versuche mich mit dem Rezitieren von ‚The Love Song of J. Alfred Prufrock' abzulenken. Zwischen Sydney und Alice habe ich die ersten Verse auswendig gelernt, aber jetzt bleibe ich mitten in dem Gedicht bei zwei bestimmten Zeilen stecken: ‚Ich habe mein Leben mit Kaffee-Löffeln abgemessen' und ‚Wäre es das schließlich doch wert gewesen, nach all den Tassen, der Marmelade, dem Tee'. Wenn man es richtig liest, handelt das gesamte Gedicht vom Frühstücken!

Endlose Ebenen, durchzogen von endlosen Straßen

Meine Erinnerungen an Marmelade und Tee werden von einem sehr unpoetischen Röhren unterbrochen, das die Straße heraufkommt. bbbbrrrrr. BBBBBrrrrr! Ich suche mit zusammengekniffenen Augen den Horizont ab. Die Gegend sieht aus, als hätte der nächtliche Sturm sämtliche Bäume, Hügel und Felsbrocken weggeblasen. Das Gelände wirkt so flach und nackt, daß ich das Gefühl habe, bis nach Alice sehen zu können. Aber alles, was ich unterscheiden kann, ist ein winziger Punkt, der auf mich zukommt und ständig bbbbrrrrr, BBBBBrrrrr! macht. Er kriecht langsam und schmerzerfüllt dahin, so wie ich vor meinem Morgenkaffee.

Ein paar Minuten später kommt ein Lastwagen keuchend neben mir zum Stehen. Aus der Kabine starren mich vier männliche Aboriginals mürrisch an, auf der Ladefläche wackelt ein Dutzend verbeulter Benzinkanister vor sich hin. Dem Lärm nach zu urteilen befindet sich unter der Kühlerhaube irgendein prähistorisches Monster, dem man Nadeln in die Nase gestochen hat.

„Wo fahrt ihr hin?", rufe ich dem Fahrer zu, einem sehr schwarzen Mann mit einem gewaltigen Haarschopf. Er sieht mich verständnislos an. Ich deute in Richtung Süden und nicke heftig mit dem Kopf.

„Pedy", murmelt er. Ich deute auf die Ladefläche, dann auf mich und nicke wieder mit dem Kopf. „Hey, Kumpel. Okay", murmelt er.

Ich krieche auf die Ladefläche und quetsche mich zwischen zwei Benzinfässer wie ein blinder Passagier auf einem Öltanker. Wir knattern mit 12 Meilen pro Stunde weiter und der Höllenlärm fängt wieder an. BBBBRRRRRRRR! Vom Auge des Hurrikans bin ich den Magen eines kranken, jammernden Wales geraten. BBBBBBRRRRRR! Ich werfe mir wieder die Decke über den Kopf und der Lärm verringert sich um ein oder zwei Dezibel. BBBbbbrrrr. Es sieht so aus, als würde ich auch hier wieder eine sekundäre Verwendung für meine Unterhosen finden.

Und es sieht so aus, als würde es eine sehr langsame Fahrt nach Coober Pedy werden. Nach zehn Minuten Fahrt hält der Fahrer an und füttert das Monster mit einem Kanister Benzin. Dann rollt er den leeren Kanister in den Staub neben der Straße, klettert zu mir herauf und überläßt jemand anderem das Lenkrad. Ich probiere es mit den drei Worten in Pitjantjatjara, die ich am Ayers Rock gelernt habe – *Uluru, Paya* (danke) und *Rama-Rama* (verrückt). Er antwortet mir mit seinen gesamten Englischkenntnissen – Okay, hey, Kumpel, Ja. Wir rufen uns unsere drei Worte in sämtlichen möglichen Kombinationen zu, dann grinsen wir und nicken uns für weitere 1200 km freundlich zu.

Eigentlich fällt es einem sehr schwer, nicht zu nicken, wenn man über eine Straße geschaukelt und gestoßen wird, deren Oberfläche wie Geröll wirkt, das man über ein aufgewühltes Meer gestreut hat. Nur die Ölfässer hindern mich daran, über Bord zu gehen. Und es gibt nichts zu sehen, außer der Staubwolke, die hinter dem Laster aufwirbelt, und ab und zu ein paar Blicke auf die ausgedörrte, leere Wüste rechts und links der Straße. Im Laufe des Vormittags wird die Sonnenhitze immer stechender; sogar auf der windigen Ladefläche des Lasters kann ich fühlen, wie die Sonne jeden Millimeter bloßen Fleisches verbrennt. Und ich kann nicht mehr dagegen tun, als mich unter meine Decke zu hocken, einen Teil davon als Stoßdämpfer unter meinen Hintern zu stopfen und das Ganze auszusitzen.

Nach ein paar Stunden turnt mein Begleiter wieder nach vorne zu seinen Kumpanen. Dann passiert etwas Seltsames. Der Laster biegt von der Hauptstraße ab (soweit man sie so nennen kann) und holpert auf etwas, das wie ein Dingo-Pfad aussieht. Ich halte mich krampfhaft an der Bordwand des Lasters fest, während wir durch Buschwerk rütteln und schaukelnd durch tiefen Sand fahren. Ich besitze die typische Abneigung des Anhalters für Umwege, vor allem dann, wenn die Hauptstraße selbst bereits einen Umweg um sämtliche menschliche Niederlassungen bedeutet.

Ich poche gegen das Rückfenster, bekomme aber keine Anwort; offensichtlich ist drinnen eine Art von innerbetrieblicher Auseinandersetzung im Gange. Schlingernd hält der Laster hinter einem dürren Gestrüpp an. Die vier Männer steigen aus, sprechen laut in Pitjantjatjara miteinander und gestikulieren in meine Richtung.

Alles was ich weiß, ist, daß gleich irgend etwas Unangenehmes passieren wird, und was immer es auch sein wird, es hat mit mir zu tun.

Eines ist jedenfalls sicher: Dieses Mal kann ich mich nicht irgendwie aus der Sache herausreden, egal was es ist. Alles was ich tun kann, ist, ihrem Geschnatter zuzuhören und meine Paranoia bei einer möglichen Übersetzung zu Hochform auflaufen zu lassen. (‚Was glaubst du, wieviel Geld er dabei hat?' – ‚Bringen wir ihn um oder lassen wir ihn einfach hier, damit er von der Sonne gegrillt wird?'). Ich kann auch nicht unauffällig in die Wüste davonschlendern – ‚Bis bald mal wieder, Jung's' – und dann abhauen. Nicht hier, nicht im Zentrum einer bodenlosen Staubschüssel, die im wesentlichen Südastralien darstellt. Ich würde es höchstens drei Stunden lang schaffen, ehe ich wegen Hitze, Erschöpfung, Austrocknung oder noch Schlimmerem zusammenbrechen würde.

„Hey, du!" Es ist der Fahrer, der mich anspricht. Er kommt zu mir herüber, nervös schwitzend, eine Hand um etwas in seiner Hosentasche geklammert.

„Hey, Mann!" Er zieht seine Faust aus der Tasche und streckt sie mir entgegen. Ich erstarre. Dann öffnet er die Faust und zeigt mir etliche verknitterte Zwei-Dollar-Noten.

„Okay, ja!" ruft er laut. Ich blicke ihn verständnislos an. Ja, was? Ihm fehlen ganz einfach die englischen Worte und seine Körpersprache macht die Sache auch nicht verständlicher. Auch mein umfassendes Vokabular in Pitjantjatjara scheint nicht auszureichen. Rama-Rama? Uluru?

„Grog, Mann", sagt einer seiner Begleiter, „Schwarzer Mann sich nicht kann kaufen Grog."

Wir gehen jetzt zur Zeichensprache im Sand über und er zeichnet mir eine Karte des Weges, den wir gekommen sind, auf. Südlich des Punktes, wo wir von der Straße abgebogen sind, zeichnet er eine Figur, die wie eine Flasche aussieht. „Schwarzer Mann nicht kann kaufen Grog", wiederholt er und übergibt mir das Geld und den Zündschlüssel des Lastwagens. „Zwei, Mann."

Allmählich fange ich an zu verstehen. Sie wollen, daß ich ihr Geld und den Laster nehme, zu der Raststätte fahre und für sie zwei Kartons Bier kaufe. Aus irgendwelchen Gründen – rassistischen, vermute ich – können sie das Bier nicht selber kaufen. Sie werden hier auf meine Rückkehr warten.

Diese Bitte sagt eine Menge über ihr Vertrauen in mich und mein fehlendes Vertrauen in sie aus. Alles, was ich getan habe, um ihr Vertrauen zu gewinnen, war, drei Worte in schlechtem Pitjantjatjara auszusprechen. Alles, was sie getan haben, um mein Vertrauen zu verlieren, war, sich lautstark in einer Sprache zu unterhalten, die ich nicht verstehe. Die Paranoia hat dann für den Rest gesorgt.

Meine erste innere Reaktion ist Erleichterung, daß mir nichts Unangenehmes bevorsteht, und daß ich meinen schlimmen Verdacht aus der Welt schaffen kann, in dem ich ihnen in dieser Sache behilflich bin. Zum ersten Mal auf meiner Reise habe ich das Gefühl, als hätte ich das unausgesprochene Vertrauensverhältnis, das zwischen Anhalter und Mitnehmer herrscht, verletzt. Aber sie wissen das nicht und ich kann es vertuschen, in dem ich für sie ein paar Biere kaufe.

Aber als ich in einer Staubwolke wieder auf die Hauptstraße zurückholpere, taucht ein anderes Dilemma auf. Von Natur aus bin ich keineswegs ein Mensch, der sich in die persönlichen Angewohnheiten anderer Menschen einmischt. Leben und leben lassen; trinken und die anderen betrunken werden lassen. Das ist die unbekümmerte Seite meiner Anhalterseele. Aber der verantwortungsbewußte Teil meldet gehörige Bedenken an. Bis Coober Pedy haben wir immer noch 320 km einer rauhen, leeren Straße vor uns. Mit ein oder zwei Karton Bier an Bord könnte das eine lange und vielleicht sogar gefährliche Reise werden.

Oder ist das wieder eines der Vorurteile, das da nach oben kommt, so wie kurz vorher, als ich die rassistische Einstellung der Territory-Bewohner bei mir selbst entdeckte, obwohl ich derartiges bis jetzt erfolgreich ignoriert hatte? So nach dem Motto: ‚Wende niemals einem Schwarzen deinen Rücken zu ...‘ oder: ‚Ein Abo kann dir die Kehle schneller durchschneiden, als du Bumerang sagen kannst . . .‘ und: ‚Was immer du auch vorhast, laß dich niemals von Boongs mitnehmen . . .‘

Meine bisherigen Erfahrungen mit Aborigines haben diese gräßlichen Warnungen ständig ad absurdum geführt. Angefangen bei Cunnamulla über Tennant Creek bis Ayers Rock, überall bin ich von den Schwarzen mit einer Offenheit und Freizügigkeit behandelt worden, die unter Weißen nicht immer der Fall ist. Und dieser letzte Vorfall ist ein weiterer Beweis für das Wohlwollen der Aboriginals. Wieviele weiße Fahrer würden einem ungepflegten Anhalter ihr gesamtes Geld und ihre einzige Transportmöglichkeit einfach so anvertrauen?

Und genau das macht mich unruhig, denn in der Bitte liegt ein Hauch von Verzweiflung. Aber das wirkliche Problem besteht darin, daß ich keine Möglichkeit habe, vorher zu wissen, ob das Ganze zu einem riesigen Besäufnis ausarten wird, und wenn ja, habe ich keine Möglichkeit, es wieder rückgängig zu machen. Nördlich von Alice gab es ab und zu Raststätten, in denen man das sinkende Schiff verlassen konnte. Aber hier gibt es nichts – in den letzten Stunden haben wir nicht einmal ein anderes Auto gesehen. Die Barriere zwischen uns ist keine rassistische, sie besteht aus Sprachschwierigkeiten. Wenn das Ganze außer Kontrolle gerät, und das kann nach zwei Karton Bier leicht passieren, werden wir mehr brauchen als Zeichnungen im Sand, um die Situation zu klären.

Als die Raststätte in Sicht kommt, habe ich mit mir einen Kompromiß geschlossen. Dieses Vorhaben wird noch durch ein riesiges Schild über der Bar bestärkt, auf dem steht, daß es gesetzwidrig ist, vor einer Fahrt in das Gebiet der Aborigines Alkohol zu kaufen. Zwei Karton Bier erregen vielleicht Verdacht. Zwei Sechser-Packs bestimmt nicht, und diese Menge wird auch nicht soviel sein, daß ich anschließend allein in der südaustralischen Wüste stehe.

Der Wirt ist die einzige Person in diesem Pub, und er stellt keine Fragen. Also nehme ich das Bier und fülle meinen Brotbeutel mit altbackenem Brot und überteuertem Käse. Dann bestelle ich, nur um sicherzugehen, noch einen Hackbraten. Nach den vielen Stunden ohne Nahrung munden mir die Fleischbatzen aus der Mikrowelle wie ein französisches Château-Briand. Heikle Anhalter überleben die Küche der Raststätten nicht einen einzigen Tag.

Meine Begleiter scheinen nicht überrascht zu sein, als ich den größten Teil ihres Geldes wiederbringe, dafür aber nur ein Dutzend Bierdosen. Und die Geschwindigkeit, mit der die Dosen geleert, zusammengedrückt und im Sand vergraben werden, beruhigt sämtliche Zweifel, die ich bezüglich der Mißachtung ihrer Wünsche gehabt habe.

Ich will gerade das Brot und den Käse herumreichen, als sich zwei der Männer selbst bedienen. Ihr ungezwungenes Benehmen sagt mir, daß diese Geste in ihren Augen weder unhöflich ist noch Gefräßigkeit bedeutet. Es scheint eher so zu sein, daß Nahrungsmittel und Wasser als Allgemeingut betrachtet werden. Während des Vormittags wurden mir von der Fahrerkabine aus ungefähr alle zwanzig Minuten der Wassersack oder eine angezündete Zigarette gereicht. Das war meine Ration, darauf hatte ich als Mitfahrer auf diesem Laster ein Recht. Es wäre ungehörig – ja sogar beleidigend – so zu tun, als wären meine Nahrungsmittel nicht für alle da. Jeder von uns ißt ein paar Scheiben, dann teilen wir uns den Wassersack und eine Packung Zigaretten und steigen wieder in den Laster für die lange Fahrt nach Coober Pedy.

Jetzt sitzt Joe mit mir hinten auf der Ladefläche, er ist der mit: „Schwarzer Mann sich nicht kann kaufen Grog." Sein Englisch reicht für eine langsame Unterhaltung, die oft von Zeichensprache und Zeichnungen auf dem staubigen Deckel eines Ölfasses vervollständigt wird. Soweit ich ihn verstehe, kommen die Männer aus ihrem Reservat im Northern Territory und sind auf dem Weg nach Coober Pedy, um dort ein paar Wochen mit ‚noodling', eine Art sehr gemächlichen Durchwühlens der Geröll- und Erdhaufen, die von den Weißen und ihren Maschinen beim Opalschürfen übrigbleiben, zu verbringen.

„Weißer Mann immer weiter, weiter, weiter", sagt Joe und macht Männer nach, die mit Bohrern und Pickeln den Boden aufgraben.

„Sie übersehen viel Wertvolles." Wie es scheint, ist ‚noodling' nicht die dümmste Metapher für den Unterschied zwischen unseren Kulturen.

Tatsächlich entgeht Joe nichts auf den 100 km Fahrt über die ungeteerte Straße nach unserem Stop für das Bier. Ungefähr alle zehn Minuten stößt er mich an und zeigt auf irgend etwas am leeren Horizont. Jedes Mal ist da ein Emu oder ein Känguruh, für mich fast nicht zu sehen, aber für Joe so unübersehbar wie ein Wolkenkratzer. Dafür ist der Anblick im Vordergrund ganz klar: endlose Reihen von verlassenen Autos erstrecken sich links und rechts neben der Straße, wie parallele Warteschlangen vor einem Schrottplatz gleich hinter dem Horizont. Ausgebrannte Wagen, ausgeschlachtete Wagen, Wagen, die sich überschlagen haben. Das Ganze sieht aus wie ein Trainings-Camp für Autobomben-Terroristen.

„Schwarzer Mann schlecht mit Auto", erklärt Joe. „Nicht kaufen Reparatur in Busch." Zumindest gibt es genügend tote Rinder, die den Autoleichen Gesellschaft leisten. Aber sonst – nichts. Das ist

Joe

die kahlste, ödeste und verlassenste Gegend, die mir je vor die Augen gekommen ist.

Mehrere tausend Kilometer lang habe ich um Nicht-Superlative gekämpft, um das Nichts des australischen Outbacks zu beschreiben. Bei Städten und Menschen ist es ganz einfach: sie haben Gebäude, Fassaden, Gesichter. Aber was kann man über eine Gegend sagen, die völlig konturlos ist? Eine Gegend, deren hervorragendste Eigenschaft die ist, daß sie keinerlei hervorragende Eigenschaften hat? Flach, kahl, trocken. Nackt, leer, öde. Unfruchtbar, erbärmlich, ausgebleicht. Man kann zwar immer wieder neue Adjektive finden, aber das Ergebnis ist einfach immer wieder Null. Das Ganze ist einfach immer wieder Null. Zero. Nichts. Aus. Am Ayers Rock gibt es noch viel freien Platz für die Antworten.

Für die ersten Forscher war diese ausgedörrte Region nördlich von Adelaide einfach nur Australiens ‚Ghastly Blank', Australiens ‚Gräßliches Nichts'. Östlich von hier machte sich 1844 Charles Sturt in die Wüste auf, um den Inland-See zu finden. Er war von dem Erfolg seiner Suche so überzeugt, daß zu seinem Team zwei Matrosen und ein Boot gehörten (ebenso elf Pferde, zweihundert Schafe, dreißig Ochsen und vier Karren). ‚Ich werde den Mann beneiden, der als erster die Flagge unseres Heimatlandes in den Mittelpunkt unserer neuen Heimat pflanzt', erklärte er. Aber nachdem er etliche Monate durch die Wüste gestolpert war, erreichte Sturt weder den See noch den Mittelpunkt – nur die ausgetrocknete Fläche des Lake Torrens. ‚Die schreckliche Unfruchtbarkeit, die nervtötende Monotonie, die absolute Leere dieser Gegend liegt jenseits jeder Beschreibung', schrieb er in sein Tagebuch und beschrieb die Gegend damit sehr gut. Daniel Brook, ein Mitglied von Sturts Team, fügte hinzu: ‚Dieser Anblick ist der Höhepunkt der Trostlosigkeit . . . Schrecklich! Fürchterlich!' Kurz danach ließ Sturt sein Boot am Darling River zu Wasser und kehrte nach Adelaide zurück.

Wenn ich so vom Laster aus in die Gegend blicke, dann wundere ich mich, daß Sturt es soweit geschafft hatte. Wüste zu meiner Rechten, Wüste zu meiner Linken, in der Mitte die Staubwolke des

Wagens. Diese Gegend hier ist die Stelle, die ich mir an meinem ersten Tag in Australien als Landeplatz für ein Forschungsteam aus den Weiten des Alls vorgestellt habe. Der Außerirdische landet, stellt fest: ‚Kein Leben' und fliegt wieder ins All zurück. Die Mitglieder dieses extraterrestrischen Forschungsteams können Hunderte von Meilen in jede Richtung gehen und werden doch immer wieder zu dem Schluß kommen. Kein Leben. Keine verdammte Möglichkeit dafür.

Es ist genau die Art von Gegend, wo du niemals eine Panne haben möchtest; genau das fällt mir ein, als der Motor hustet und dann in Schweigen verfällt. Der Laster bleibt dabei halb auf dem Highway und halb im Straßengraben stehen. Es scheint so, daß das stöhnende Monster unter der Kühlerhaube von seinen Leiden schließlich erlöst wurde.

Die vier Männer steigen aus und starren abwechselnd durch den Rauch, der unter der Motorhaube hervordringt. Sie studieren die japanische Reparaturanleitung, und zwar verkehrt herum. Dann fangen sie an, unbeteiligt in die Luft zu schauen. Das ist die ‚noodling'-Schule für Wagenreparatur. Es scheint unser Schicksal zu sein, die lange Reihe der kaputten Autos neben der Straße zu verlängern. Ich blicke hinaus in die leere Wüste und bin mit unserer Situation überhaupt nicht einverstanden. Wenn es um Autoreparaturen geht, habe ich zwei linke Hände, bei allem, was mit Mechanik zu tun hat, stelle ich mich wie ein Tölpel an.

Aber Verzweiflung wirkt ungemein aufmunternd. Zuerst studiere ich die Reparaturanleitung, dann das Durcheinander aus Metallteilen unter der Haube, und schließlich wird mir klar, daß wir keinen Keilriemen mehr besitzen, falls wir jemals einen gehabt haben. Das ganze Wasser des Kühlers verdampft momentan mit großer Geschwindigkeit.

Joe bastelt einen Keilriemen zusammen, in dem er den Gummi, der unter der Motorhaube lose herumhängt, einfach zusammengeknotet. Aber unseren mageren Wasservorrat in den Kühler zu füllen, scheint etwas zu riskant zu sein. Wenn wir es tun und der Laster sich nicht starten läßt, dann werden wir uns besonders lange

Strohhalme zusammenbasteln müssen, um in den nächsten Stunden das Wasser aus dem Kühler trinken zu können.

Also raffe ich mich abermals auf und will mich um die Beschaffung von Kühlflüssigkeit kümmern. Während sich die Vier außer Sichtweite begeben – soweit man sich in einer Wüste überhaupt außer Sicht begeben kann, nämlich sich einfach hinter dem Lastwagen zusammenkauern – warte ich an der Straße auf ein vorbeikommendes Auto, um mir vom Fahrer etwas Wasser zu erbetteln. Offensichtlich ist es in dieser Gegend für vier schwarze Typen genauso schwer Wasser zu bekommen wie ein Bier.

Am Steuer des ersten Autos, das vorbeikommt, sitzt ein rumänischer Auswanderer names Milos. Er kommt aus Adelaide und will in Richtung Norden, „um ein bißchen Wüste" zu sehen. Er will mir hilfsbereit seinen gesamten Wasservorrat überlassen, die ganzen 3 Liter. Ich erkläre ihm, daß durch Südaustralien keine Donau fließt und gebe ihm sein Wasser zurück, zusammen mit dem Touristenführer, den mir gestern der Neuseeländer geschenkt hat.

Ausgerechnet in der Einöde streikt der Motor

Kurz danach kommen zwei Aborigines in einem zerbeulten Truck angetuckert. Als meine Begleiter den vertrauten Akzent der Farbigen hören, stürzen sie hinter dem Laster hervor wie Gäste bei einer Überraschungsparty. Eine geschlagene halbe Stunde lang schwatzen die sechs miteinander, dann folgt ein gnadenloser Überfall auf Wasser, Nahrungsmittel und Zigaretten der Neuankömmlinge. Dann wird wieder ausgiebig geschwatzt. Ich vermute, daß ich Zeuge eines zufälligen Wiedersehens von verloren geglaubten Freunden oder Verwandten bin. Tatsächlich erzählt mir dann einer der Ankömmlinge, daß sie sich erst vor kurzem getroffen haben, nämlich auf einer Noodling-Expedition nach Coober Pedy. Im Busch kann die Hautfarbe eines Menschen sowohl ein starkes Bindeglied als auch eine ebenso starke Barriere sein.

Eine Stunde später machen sich die Männer daran, den Kühler zu reparieren. Doch Wasser allein bringt den Laster nicht wieder zum Laufen. Erst als uns ihr Truck von hinten anschiebt, springt der Motor, oder eine schwindsüchtige Version davon, an. Ungefähr hundert Meter weit husten und keuchen wir den Highway entlang – dann ist jeder davon überzeugt, daß das ein weiterer Anlaß zum Feiern ist. Also steigen wir wieder aus und schwatzen und rauchen eine weitere halbe Stunde miteinander. Dann schiebt uns der Truck wieder an, und wir knattern weiter die Straße entlang in Richtung Coober Pedy.

Erleichtert stoße ich einen indianischen Kriegsschrei aus: Yihaaa! YiHAAAAAA! – und Joe macht ihn mit Begeisterung während der ganzen, Stunden dauernden, Fahrt nach. „Mach' noch einmal", bittet er mich wie einen Popsänger, von dem er sein Lieblingslied noch einmal hören möchte, „noch einmal, Tony." Wegen des rotbraunen Staubes, durch den wir uns schon den ganzen Tag über quälen, haben wir beide fast die gleiche Hautfarbe. Und so hocken wir da, wie zwei rothäutige Apachen, und stoßen den ganzen Weg zu den südaustralischen Opalfeldern indianische Kampfschreie aus.

Gegen Abend erreichen wir Coober Pedy. Der Keilriemen hält noch immer, der Kühler kühlt noch immer. Ich klettere aus dem

Laster, schüttelte jedem die Hand . . . „Hey, Mann, okay" . . . „Ja" . . . „Okay, ja . . ." und werfe mir mein Gepäck über die Schulter. Es fühlt sich auf meinem Rücken wie ein Sack voll nasser Fische an. Ich lasse den Sack fallen und entdecke, daß einer der Benzinkanister undicht war und vermutlich die ganzen letzten zehn Stunden darauf getropft hat. Der Leinensack sieht aus und fühlt sich an wie eine triefende Frühlingsrolle, die man ein paar Tage in Öl eingelegt hat. Mit Schaudern denke ich an all die angezündeten Zigaretten, die den ganzen Tag über zwischen Joe und der Fahrerkabine hin und her gegangen sind, direkt über diesen benzingetränkten Sack. Nur ein Funken, und mein Gepäck wäre in den Weltraum geflogen.

Und wenn es das getan hätte, hätte es sehr gut in Coober Pedy landen können. Die Bezeichnung ‚Mondlandschaft' ist für diesen häßlichen, unheimlichen Ort viel zu freundlich. Man stelle sich eine endlose Ebene mit sandfarbenen Erhebungen vor, die sich wie eine verlassene Zeltstadt bis zum Horizont erstrecken. Das ist der Stadtrand, eine von Menschen gemachte – oder besser gesagt, verbrochene – Anhäufung von Dreck, entstanden durch Pickel, Bulldozer und Dynamit, die man verwendet hat, um die Opale freizulegen.

Die Stadt selbst befindet sich in völliger Harmonie mit ihrer Umgebung. Damit will ich sagen, daß es die häßlichste, heruntergekommenste und abstoßendste Ansiedlung ist, die man irgendwo da draußen im Busch finden kann. Coober Pedy sieht aus wie ein bewohnter unbewohnbarer Ort. Verlassene und ausgebrannte Autos stehen am Straßenrand und in den Hinterhöfen herum wie verrostete Gartenmöbel. Dazwischen liegen zerbrochene Holzlatten und angerostete Blechplatten. Und der Staub ist bei meiner Ankunft so dicht, daß die Wagen, mehrere Stunden vor Sonnenuntergang, nur langsam und mit eingeschalteten Scheinwerfern fahren, so als würde dichter Nebel herrschen.

Um in Coober Pedy etwas zu finden, braucht man eine Art sechsten Sinn. Es gibt nur wenige Straßenschilder und eigentlich nur wenige Straßen, die den Namen überhaupt verdienen; die meisten sind nur ein staubiges Gewirr von Pfaden, das sich kreuz und quer durch die ausgebrannten Autos und den Holz- und Metallabfall schlängelt.

Einwohner zu finden ist ähnlich schwierig. Laut Touristenführer gibt es in Coober Pedy 5000 Einwohner, ‚plus/minus eintausend'. Viele von ihnen befinden sich unter der Erdoberfläche, entweder in den Minen oder in den unterirdischen Häusern, die ‚Dugouts', genannt werden. Alles, was man von diesen ‚Dugouts' von außen sehen kann, ist ein Eingang im Hügel, ähnlich dem Eingang in einen Minenschacht. Und das ist ihr Heim.

Dieses maulwurfähnliche Leben begann nach dem 1. Weltkrieg, als die Edelsteinsucher kamen, um hier nach Opalen zu graben. Die meisten von ihnen waren Kriegsveteranen, die gerade aus den Schützengräben Frankreichs kamen. Sie hatten die brilliante Idee, dem Staub und der sengenden Hitze an der Oberfläche dadurch zu entgehen, daß sie sich einfach Höhlen in den Boden gruben. Diese Behausungsform hat bis heute überdauert, weil es billiger ist, ein ‚Dugout' auszuheben, als ein überirdisches Haus in der ständigen Wüstenhitze mit einer Klimaanlage zu kühlen.

„Dieser Teil wurde zunächst mit Pickeln gegraben und anschließend mit Dynamit erweitert", erklärt mir Edward Radeka genauso nonchanlant, als würde er mir den Anbau an sein Einfamilienhaus in einem städtischen Vorort zeigen. Dann führt er mich durch einen finsteren Tunnel in ein Zimmer von ‚Radeka's Underground Motel'.

„Nett und ruhig, oder?" Das Zimmer ist im wahrsten Sinne des Wortes eine Höhle, mit Bett und Stuhl unter einem Baldachin aus zertrümmerten Steinen. Keine Fenster, kein Tageslicht, nur ein paar Zeichnungen, die an den Steinen hängen, und einem schmalen Luftschacht, der zur Erdoberfläche hinaufführt, um etwas Frischluft einzulassen. Das Ganze sieht wie die Art von Räumlichkeiten aus, wo man sich für immer schlafen legt.

Das Waschen ist nicht so einfach. Der Name ‚Coober Pedy' kommt aus der Sprache der Aboriginals und bedeutet ‚Erdhöhle des weißen Mannes' oder ‚Wasserloch eines Knaben', je nachdem, welchen Touristenführer man liest. Egal, ob es hier jemals ein

Wasserloch gegeben hat oder nicht, es ist jedenfalls schon lange ausgetrocknet. Das Wasser kommt jetzt entweder per Tankwagen oder Laster und kostet ungefähr zwanzig Dollar, nur um einen Rasen zu wässern. Das erklärt, warum die einzige Rasenfläche der Stadt zum Pub gehört, da wird das Bewässern nämlich größtenteils kostenlos mit übriggebliebenem Bier besorgt. Im Motel erklärt mir Edward Radeka, daß ich einen Eimer voll mit Seifenlauge zum Waschen haben kann, vorausgesetzt, ich schütte ihn anschließend auf zwei seiner verkümmerten Bäume.

Das Benzin läßt sich ganz gut auswaschen. Aber nachdem meine Sachen eine Stunde lang zum Trocknen oben auf dem Hügel über dem Motel – also auf der Erdoberfläche – gelegen haben, sind sie mit einer dicken Schicht aus rotbraunem Staub bedeckt. Jedenfalls sind sie jetzt farblich genau aufeinander und auf meine Hautfarbe abgestimmt.

Am Abend bummle ich durch die Stadt, durch unterirdische Häuser, unterirdische Restaurants, unterirdische Buchläden. Sogar beten kann man in Coober Pedy unterirdisch, in der Katakomben-Kirche. So ungefähr das einzige, was einem unterirdisch nicht gelingt, ist das Auffinden von Opalen – jedenfalls jetzt nicht mehr. Ganz offensichtlich ist die Zeit vorbei, in der man die Edelsteine ganz einfach abbauen konnte. Die ernsthaften Sucher sind inzwischen nach Mintabie oder in andere Schürforte abgewandert.

Der einzige zusätzliche Geldverdienst kam in den letzten paar Jahren durch den Film ‚*The Road Warrior*', für den ungefähr 120 Einheimische als Statisten angeheuert wurden. Sie mußten keinerlei schauspielerischen Leistungen bieten und auch die Stadt mußte in keiner Beziehung ‚hergerichtet' werden: Coober Pedy ist von Natur aus der richtige Drehort für einen Fantasy-Film, der nach einem Atomkrieg spielt. Nach einer Stunde Stadtrundfahrt – verlassene Wagen, baufällige Hütten, zerbrochenes Glas – frage ich einen Mann, wo sich das nächste Pub befindet.

„Willst kaufen Opal?" fragt er statt dessen mit starkem, osteuropäischen Akzent. Ich wiederhole meine Frage und er wiederholt seine: „Willst kaufen Opal?" Ich schüttle den Kopf und er zeigt mir ein Pub, das sich ein paar Schritte die Straße hinauf befindet. Ich habe gerade meinen ersten Schluck Bier getrunken, als sich der Mann auf dem Stuhl neben mir rüberbeugt und mir heiser ins Ohr flüstert: „Willst du Opale kaufen?“ Ist das eine Art von Paßwort oder ist jeder Einwohner von Coober Pedy ein wandelnder Edelstein-Laden?

„Es gibt nur noch wenig Digger, die was finden“, erklärt mir der Mann. „Aber klein Opalstück man kann nicht verkaufe so leicht. Also wir verdiene Taschegeld bei verkaufe auf diese Art.“

Stief (‚Keine Nachnamen bitte. Ich nicht bezahl Steuer für neunzehn Jahr.‘) ist gebürtiger Jugoslawe, wie so viele der Minenarbeiter in Coober Pedy. Die Stadt liegt derartig isoliert, daß die ethnischen Unterschiede in einer Art süd(ost)europäischem Aspik konserviert wurden. Die Kroaten stehen an einem Ende der Bar, die Serben am anderen Ende. Und auch die Italiener und Griechen gehen in verschiedene Clubs. „Gibt hier jede Nation, außer echten Australiern“, sagt mir Stief und läßt mich stehen, um sich an der Bar an einen anderen Touristen heranzumachen. Der Satz: „Wollen kaufen Opal?“ ist das Esperanto, das die verschiedenen Kulturen hier zusammenbringt.

Ich verlasse das Pub auf der Suche nach einem Souvlaki, um mich für die endlosen Reihen an Hackbraten und Eintopfgerichten zu stärken, die im weiteren Verlauf meiner Reise noch auf mich warten. Es ist neun Uhr und die Straßen sind fast verlassen. Es macht den Eindruck, als wäre zusammen mit den Opalen auch das gesamte Leben aus Coober Pedy verschwunden.

Ausgenommen natürlich die Edelsteinverkäufer. Zwischen dem Straßenverkauf am Schnellimbiß und dem Motel werde ich dreimal angesprochen, zweimal mit der ‚Wollen kaufen Opal?‘-Frage und einmal von einer großgewachsenen, geschminkten Dame, die mir aus dem Eingang zu einem Opalladen etwas zuflüstert.

„Du haben Geld, ich dir geben Geschlecht.“ Nein, danke. Ich habe bereits ein Geschlecht. Ich habe auch ein Souvlaki. Alles, was ich jetzt noch will, ist meine Höhle, in der ich schlafen kann. Aber aus der Stille der Nacht ertönt plötzlich noch eine Stimme.

Einer der Opal- und Edelsteinläden in Coober Pedy

„Hey, Mann, okay!“ Es sind Joe und seine Freunde, die mir vom Laster aus, der auf der Hauptstraße geparkt ist, zurufen. Ihre Augen sind ganz wässrig vor lauter Bier. „Rama-rama“, antworte ich und zeige mit den Armen auf die Stadt. Verrückt.

Joe grinst. „Sag’ noch einmal, Tony. Nur noch einmal.“ Ich schüttle völlig erschöpft den Kopf. Also tut er es an meiner Stelle, er läßt einen Kriegsschrei in die Wüstenluft über Coober Pedy los, der einem das Blut in den Adern gefrieren läßt.

„YiiiHAAAAAAAAAAAAAAAAA!“

Unwegsame Pfade

Am Morgen genieße ich das gemächliche Erwachen des Motel-Besitzers. Oder, in meinem Fall, des Cro-Magnon-Mannes, der aus seiner Höhle kriecht, einmal in die Sonne blinzelt und anschließend wieder in der kühlen Dunkelheit von Radeka’s Untergrund-Restaurant verschwindet, um eine Tasse Kaffee zu trinken und einen Blick in die Morgenzeitung zu werfen.

Dieses unterirdische Dasein verursacht bei mir Platzangst. Also gehe ich hinaus, um dem Tag gegenüberzutreten. Bei Dunkelheit hat Coober Pedy direkt noch gemütlich gewirkt. Aber im hellen Sonnenschein des Morgens sieht es wie eine abgewrackte und schreckliche alte Hexe aus. Ich stolpere zwischen ausgebrannten Wagen und Wellblechhütten herum, ein Stück Karton auf dem Kopf als Schild gegen die sengende Hitze und das blendende Licht, und habe das Gefühl, als würde ich nach einem Bombeneinschlag genau durch das Zielgebiet marschieren. Ich wollte noch nie so dringend aus einer Stadt verschwinden wie aus Coober Pedy.

Unglücklicherweise ist der Wunsch, einen Ort zu verlassen, gewöhnlich umgekehrt proportional zu der Chance, sofort eine Mitfahrgelegenheit zu finden. Es ist, als könnten die einheimischen Fahrer hinter deinem unsicheren Lächeln die Abscheu spüren und dir das umgehend heimzahlen, in dem sie dich einfach stehen und leiden lassen. Also warte ich den ganzen Morgen lang außerhalb von Coober Pedy; meine einzige Unterhaltung sind das blendende Sonnenlicht und Schwärme von Schmeißfliegen.

Seit ich in New South Wales die Benutzung von Insektenmitteln aufgab, haben die Fahrer mir Hunderte von Hausmitteln gegen die Große-Australische-Fliegen-Plage angeboten. Gummibaumblätter über den ganzen Körper verreiben. Knoblauch. Minze. Gebete. Nichts hat geholfen. Die einzige Verteidigung ist stumme Duldung. Das bedeutet mit geschlossenem Mund zu schweigen – sonst kriechen die Fliegen möglicherweise die Kehle hinunter.

Erst am Mittag werde ich endlich mitgenommen – von einem Laster, der aussieht, als käme er vom selben Schrottplatz wie der Wagen, mit dem ich gestern gefahren bin. Die Stoßdämpfer sind vorsorglich entfernt worden. Und natürlich gibt es in der Kabine, in der drei junge Weiße sitzen, kein freies Fleckchen mehr. Die einzige Möglichkeit besteht darin, meine zerstochenen Beine wie Speckstreifen über das heiße Metall der offenen Ladefläche auszustrecken.

Wenigstens gibt es dieses Mal keine lecken Benzinkanister. Stattdessen leistet mir ein riesiger Sarg aus Holz und Styropor Gesellschaft, in dem auf einer Lage Eis drei Eskies mit Bier stehen. Ungefähr alle zwanzig Minuten fährt der Fahrer an den Straßenrand, macht den Sarg auf und holt vier Bierdosen heraus (selbstverständlich ist davon eine für mich). Zwischen den Bier-Stops fährt der Fahrer an den Straßenrand, und drei Männer steigen aus, um auf den hartgebackenen Boden zu pinkeln.

„Paß' doch auf, wo du hinpißt, verdammt noch mal“, schreit ein Betrunkener namens Barry einen anderen Betrunkenen namens Darryl an, der rücksichtslos gegen einen der Wagenreifen macht.

„Ach, leck' mich doch“, nuschelt Darryl, macht sich das Bein naß und lacht dann. „Das kleine Schweinchen wird den ganzen Weg nach Hause Pipi machen.“

‚Zuhause‘, das ist das Weizenanbaugebiet in der Nähe von Kimba, an der Großen Australischen Bucht. Die drei Farmerburschen sind Ende zwanzig, sehen aber älter aus mit ihren zerfurchten, sonnenverbrannten Gesichtern, wie sie Männer haben, die sich ihren Lebensunterhalt im Freien verdienen. Barry, ein stämmiger, solide aussehender Typ, und Reg, der nur halb so betrunkene und sarkastische Fahrer, tragen Schirmmützen, die jedem sagen, welchen Traktor sie fahren. Darryl ist kindisch, viel zu groß für sein ärmelloses T-Shirt und hat Augen, die so blau sind, daß sie fast aus seinem sonnenverbrannten Gesicht springen. Er ist auch das Opfer der Scherze, von denen die meisten ziemlich vulgär sind.

„Verdammt noch mal, Darryl, noch ein Furz von dir und du gehst den Rest der Strecke zu Fuß."

„Was soll ich mach'n?"

„Mach'n Deckel drauf' und den Mund zu."

Ich höre Teile dieser Gespräche, während wir den Straßenrand südlich von Coober Pedy bewässern. Bei Pinkel-Pause Nr. 11 erfahre ich, daß die drei die letzten paar Wochen damit verbracht haben, in Mintabie nach Opalen zu schürfen. Und daß sie das jedes

Berry, Darryl und Reg, drei Farmer aus Südaustralien

Jahr während der Zwischensaison machen, um sich ein bißchen was nebenbei zu verdienen. Die Opalfelder scheinen Südaustraliens Antwort auf Las Vegas zu sein: ein Casino mitten in der Wüste, wo einfache Leute ihr Geld auf den Tisch legen und hoffen können, daß ihre Zahl gewinnt.

Wie alle anderen Opalsucher, die ich bisher getroffen habe, haben auch Reg und Berry und Darryl bisher kein Glück gehabt. Aber das investierte Geld hat sich ausgezahlt in Form des Vergnügens, dort zusammen herumzuhängen, zusammen zu trinken, zu furzen und zu fluchen, eine Tagesfahrt entfernt vom eintönigen Leben auf der Farm.

„Du sähst, erntest, reparierst ein oder zwei Zäune, dann sähst du wieder", erzählt Reg. „Manchmal tut es gut, sich einfach auf die Socken zu machen und für 'ne Weile auf die Opalfelder abzuhauen."

Wie es scheint, ist die Heimfahrt das letzte große Vergnügen, ehe sie wieder zu ihren Familien, zur Farm, zum Dünger zurückkehren. Als der Sarg mit den Bierdosen leer ist, halten wir bei einer Raststätte und trinken zur Abwechslung ein paar Bierchen. Dann füllen wir wieder nach und biegen von der Hauptstraße auf einen Trampelpfad ab, der bis Kimba führt.

„Heutzutage ist es schwer, gute Beifahrer zu finden", beklagt sich Reg, als Barry und Darryl kichernd aus dem Laster fallen. „Hier gibt's nur besoffene Wracks." Er gibt mir eine topographische Landkarte. „Wirf' ab und zu mal 'nen Blick drauf und gib' mir Bescheid, wenn's aussieht, als hätten wir uns verfranst."

Es ist meine erste richtige Fahrt über eine von Australiens unwegsamen Pisten. Jetzt gibt es keinen Kurs mehr von Stadt zu Stadt oder von Station zu Station, jetzt hüpfen wir vom ‚Haggard Hügel' zu ‚zahlreichen kleinen Lehmschichten' zu ‚Bohrung Nr. 19'. So anschaulich diese Markierungspunkte auch klingen mögen, sie sind nicht sofort am Horizont zu entdecken. Zum einen ist der Staub so dicht, daß ich mich, soweit ich darüber informiert bin, genauso gut in der afrikanischen Sahara aufhalten könnte. Und wenn es wirklich klarer wird und ein Sandhügel in Sicht kommt, ist es sehr schwierig festzustellen, ob das nun der ‚Hunger-Hügel' ist, oder der ‚Dingo-Hügel', oder irgendein ganz anderer.

Ich kann nicht einmal die Sonne als Richtungsweiser benutzen. In einem Moment scheint sie mir direkt ins Gesicht, im nächsten brennt sie von links auf mein Gesicht, und einem Moment später wirft sie den Schatten meines Hutes nach vorne auf den Laster. Dann vollführen wir oben auf einem Sandhügel eine 90°-Drehung, und eine schimmernde Ebene aus Salz erstreckt sich wie weiße Baumwolle über die ganze Gegend.

Ich sehe auf die Karte und nichts, was ich zwischen Kingoonya und Kimba entdecke, sieht auch nur im entferntesten salzig aus oder klingt danach. Ich schlage gegen die Rückseite der Fahrerkabine und Reg kommt schleudernd zum Halten.

„Ich glaub', wir haben uns verfahren."

„Wieso?"

„Sieh' dir das an", sage ich und deute auf die Salzebene. „Erzähl' mir bloß nicht, daß sowas nicht auf der Karte eingezeichnet ist."

Reg betrachtet einen Sandhügel, dann einen anderen und dann die Karte.

„Das ist der Lake Everard, du Hornochse", sagt er lachend und klettert in die Kabine zurück. „Jetzt sind wir auf'n Weg zur Hölle."

Und das kommt hin. Auf der Karte ist Lake Everard mit einem geisterhaften Pünktchen markiert. Das Bier scheint jetzt auch bei mir seine Wirkung entfaltet zu haben. Warum sonst konnte ich so dumm sein und erwarten, daß ein Gewässer auch wirklich Wasser führt? Schließlich ist der größte See Südaustraliens, der Lake Eyre, so ausgetrocknet und hartgebacken, daß ein Rennfahrer darauf einen Geschwindigkeitsrekord für *Land*fahrzeuge aufgestellt hat. Auf einem See. Wenn du im Busch von Südaustralien nach einer Wasserquelle, die ständig fließt, Ausschau halten wolltest – oder auch nur nach einem stehenden Gewässer – vergiß es. Das gibt es hier nicht.

Danach höre ich auf, mir wegen der Karte Sorgen zu machen und genieße statt dessen den Ausblick. Außer ein paar Windmühlen und einer verlassenen Außenstation aus Sandstein sehe ich auf den folgenden 300 km keinerlei Anzeichen für menschliches Leben. Was ich sehe, ist die Natur, die sich normalerweise beim Auftauchen der Menschen zurückzieht. Nicht nur ein einzelnes Känguruh, sondern ganze Herden von ihnen hoppeln über das Geröll. Auch Emus und wilde Ziegen, wilde Pferde und sogar zwei wilde, höckerlose Kamele. Reg meint, daß das Nachkommen der Kamele wären, die die Afghanen einst durch diese Wüste getrieben haben.

Die Landschaft wirkt so wild und unverdorben, daß sogar unser einsamer Laster ein massiver, störender Eingriff ist. Er plärrt Fiddle-Musik von den Bushwackers in die Gegend und zieht eine Staubwolke hinter sich her, die die Gegend noch minutenlang nach unserem Durchfahren verdunkelt.

Manchmal ist der Eingriff auch sehr viel gewalttätiger als unserer. Am späten Nachmittag kommt Reg mit dem Laster fast von der Straße ab, wegen einer, wie ich vermute, Notfall-Pinkel-Pause. Aber als ich mich umdrehe, sehe ich, daß er zwei Männern ausgewichen ist, die am Fängergrill ihres Trucks arbeiten, der mitten auf dem engen Weg stehengeblieben ist.

„Irgendwas kaputt?‘ fragt Reg aus dem Fenster.

„Ne, nur der Grill“, antwortet einer der Männer. Dann deutet er auf einen Fleischhaufen neben der Straße und setzt hinzu: „Brauchst Hundefutter?“. Das Känguruh ist natürlich tot.

Bei Sonnenuntergang sind meine drei Begleiter fast nicht mehr zurechnungsfähig. Eine Runde Bier nach der anderen scheint ein Jahr nach dem anderen weggespült zu haben. Die drei sind wieder in die Kindheit zurückgefallen und ihre Unterhaltung wird entsprechend pupertär.

„Jesses, Darryl, hör auf, an dir rumzumachen.“

„Ich mach’ nicht an mir ‘rum, Blödmann.“

„Nicht? Du würdest es doch mit deiner Großmutter mach’n, wenn sie dich läßt.“

„Und du mit ‘ner leer’n Flasche. Du würdest sogar ‘ne Schaufensterpuppe fick’n.“

Auch meine eigene Vernunft schwindet dahin, genauso wie mein Bezug zur Wirklichkeit und mein Platz darin. Hier bin ich, sitze betrunken hinten auf einem Laster mit drei besoffenen Farmern, die in Südaustralien von einem Niemandsland in nächste rasen. Wenn ich jetzt bei der nächsten Kurve vom Laster falle, was würden sie mit meinem Körper machen? Ein staubiger, schäbiger Anhalter, der nach Benzin riecht, kein Name, keine bekannte Adresse, offensichtlich auch keine Beschäftigung. Macht die Tatsache, daß ich einen Namen, eine Adresse und einem Job habe, mein anderes Leben wirklicher? Kann ich beide Menschen zur gleichen Zeit sein? Will ich das sein?

Ich bin nicht der einzige, der mit einer Persönlichkeitskrise kämpft. Bei Sonnenuntergang, nach einen Stop in einem Pub in einem Ort namens Bungleboo, quetsche ich mich in die Kabine, um es während der letzten Stunden nach Kimba warm zu haben. Und je näher das Zuhause rückt, desto mehr wandelt sich die Stimmung, wird immer säuerlicher, wie wochenalte Milch. Reg und Derryl unterhalten sich, wie man am besten Unkraut in den Griff bekommt: durch Besprühen oder mechanisches Ausreißen. Barry tut seine Befürchtung kund, daß seine Frau ihn beschimpfen wird, weil er drei Tage später als verabredet nach Hause kommt, noch dazu pleite, betrunken und ungewaschen. Und Reg fragt sich, wo er bloß das ganze Geld für die nächste Traktorrate herbekommen soll.

„Ein Farmer hat ein gutes Leben“, sagt Reg. Dann denkt er darüber nach. „Eigentlich doch nicht, wirklich. Besonders nicht jetzt. Man kann damit keinen verdammt'n Dollar verdienen.“

„Stimmt, aber was sollen Typen wie wir denn sonst tun?“ fragt sich Barry und stimmt in die Klage ein. „Sofort alles hinwerfen, oder sehen, ob er's nochmal schafft, die Rechnungen zu bezahlen, und dann doch alles hinwerfen?“

Es ist Darryl, der plötzlich völlig nüchtern ist, der das entscheidende Wort sagt: „Leute, das Problem ist doch, was zum Teufel wir denn sonst machen sollen?“ Die letzte halbe Stunde findet schweigend statt.

Im Kimba Pub lassen wir uns für eine Runde vor dem Abschied nieder. Es gibt noch ein paar flaue Scherze über die Opalfelder, doch als wir unser Bier leeren, sind wir alle in dumpfes Schweigen verfallen.

„Noch einen auf den Weg, Mann", sagt Darryl und prostet mir in dem rauchigen Saloon mit seinem Glas zu. „Wünschte, ich wäre du." Klirrend stoßen wir vier mit unseren Gläsern an, trinken auf einen Zug aus und gehen in die Nacht hinaus.

Mein Weg führt mich leicht schwankend aus dem Pub zu einem Camping-Platz gleich in der Nähe. Es ist ein Fünf-Sterne-Platz mit Bäumen und Wasser und richtigen Toiletten. Das Rattern von Zügen, Weizenzügen, begleitet mich, als ich meinen Schlafsack ausrolle. Es ist ein romatisches Wiegenlied, voller Sehnsucht nach fernen Orten; der Klang der Freiheit, eine Art lokomotivischer Gegensatz zu dem willkommenen Knirschen eines Wagens, der am Straßenrand stoppt, um mich mitzunehmen.

Aber ich glaube, daß diese Weizenzüge für die alkoholgeschädigten Farmerburschen eine andere Bedeutung haben. Doch heute Nacht hören sie nichts mehr. Aber morgen, wenn sie auf ihre Felder zurückkehren, mit einem ausgewachsenen Kater und dem Wissen, daß ihre Ferien für ein weiteres Jahr vorbei sind, mit welchem Gefühl werden sie da das Rattern der Weizenzüge hören?

Zu diesem Zeitpunkt werde ich schon wieder unterwegs sein, mit den Zügen in Richtung Westen.

Nach Westen

Am Sonntag wache ich unter einem Silo mit drei Türmen auf, der sich wie eine Kathedrale über Kimba erhebt. Doch von diesem Monolithen ertönen keine Kirchenglocken – von dort ist das tiefe, grummelnde Dröhnen zu hören, mit dem Weizen in die gewaltigen Eingeweide dieses Silos fließt. Ein weiterer Grund für ein kummervolles Erwachen der drei Farmer von gestern.

Die Wüste hat vergangene Nacht während der letzten Stunde Fahrt ein Ende gefunden. In Kimba kann man bei Südwind fast schon das Meer riechen. Ich wäre eigentlich gerne noch ein bißchen geblieben, aber es ist Sonntag und alles schläft noch tief und fest. Also kann ich genauso gut zur Straße gehen und zusehen, daß ich möglichst schnell weiterkomme.

Ich habe meinen Finger noch kaum in Richtung aufgehende Sonne ausgestreckt, als ein großer Sedan einen Wohnwagen aus dem Caravan-Park zieht. Aus Erfahrung weiß ich, daß ich dem Fahrer keinen Blick zu schenken brauche; Familien, die Ferien machen, sind entweder bis zum Rand vollgepackt oder haben keineswegs die Absicht, Fremde in ihr privates Heiligtum zu lassen.

Das Quietschen der Bremsen sagt mir, daß ich mich getäuscht habe. Ich zwänge mich auf den Rücksitz zwischen einen pickeligen Teenager und ein zweijähriges Kleinkind in einem Kinderstuhl, das einen Stofflöwen gegen die Brust drückt. Das ist mir noch nie passiert. Ich habe nicht einmal geduscht oder mich rasiert, um dieses Glück zu verdienen.

Und wieder bin ich unter Goldgräbern gelandet. Keine Opale, sondern Gold. Vorher hatten sie nach Zinn gesucht, erklärt mir die Mutter der Familie, die ich mal Edna nennen will. Das war in Tasmanien. Dann hat Norm – das ist ihr Ehemann, der am Steuer sitzt – weniger Geld verdient und hat sich deshalb einen Job bei einer Goldschürferfirma in Kalgoorlie gesucht. Und auf dem Weg dorthin sind sie jetzt, nach einer Woche Ferien in Tassie.

Der internationale Metallmarkt ist ein unberechenbares Glückspiel. Der Goldpreis ist hoch, der für Zinn nicht, also lädt eine von vielen Familien aus Tasmanien ihr Auto voll und wandert nach Westaustralien aus. Es macht aber keineswegs den Eindruck, daß diese Familie sonderlich traurig darüber ist, am wenigsten Edna, die das Gespräch voll an sich gerissen hat. Sie ist nur zu glücklich darüber, daß sie ein paar tausend Kilometer zwischen sich und diese ‚verdammten Grünen' bringen kann, die sich in der tasmanischen Wildnis ‚eingenistet' haben.

„Was ist so Schlimmes an ein paar kleinen Minen?" bellt Edna empört. Vom Rücksitz aus betrachtet hat sie das Genick eines Schwergewichtsboxers und die Stimme eines Zirkusansagers.

„Wollen Sie vielleicht die ganze tasmanische Küste hochfahren und nichts anderes als Regenwälder sehen?"

Ich werfe behutsam ein, daß ein Regenwald vielleicht doch ein netterer Anblick wäre als die Mondlandschaft der durch Minen zerstörten Hügel, die man im größten Teil von West-Tasmanien sehen kann.

Sie wirft mir einen schnellen, wissenden Blick zu, der besagt, daß ich ‚auch einer von denen' bin, und ‚die' sind eine schreckliche Mischung aus Grünen, Sträflingen, Homos und Junkies. Dann studiert sie weiter die Landkarte, als würde sie nach einer besonders entsetzlichen Stelle auf der Nullarbor Plain, dieser unendlich weiten Ebene aus Nichts, suchen, wo sie mich aus dem Wagen werfen kann. Ich beschließe, künftig den Mund in Zaum zu halten.

Nicht so Edna. Von den Grünen kommt sie auf die verdammten Sozialhilfe-Empfänger, auf die verdammten Gewerkschaften und auf den verdammten Bob Hawke, den Premierminister Australiens. Am liebsten würde sie den größten Teil dieser verdammten Arschlöcher erschießen. Sie haßt sogar Känguruhs: „Das einzige gute Känguruh ist das, das dir genau vor den Kühler hüpft."

Niemand anderer im Wagen traut sich ein Wort einzuwerfen, sie hören ihr einfach nicht zu. Ich versuche dasselbe und nach ungefähr einer Stunde klingt Ednas Stimme für mich auch nicht lästiger wie die Sonntagspredikt aus dem Radio, das im anderen Zimmer steht. Ihre Stimme wird allmählich monoton, geradezu einschläfernd, wie der weiche Rücksitz, der sich nach zwei Tagen auf der Ladefläche eines Lasters ebenso angenehm anfühlt wie eine schwedische Massage.

Die Landschaft ist hübsch anzusehen, aber langweilig. Sie rollt vorüber wie im unermeßlichen Mittelwesten von Amerika – weite Ebenen voller Weizen und Gras, die man durchqueren muß, um zu aufregenderen Orten zu kommen. Sogar unsere häufigen Pausen können diesen stetigen Strom von Lieblichkeit nicht dauerhaft unterbrechen.

In jeder Stadt dirigiert Edna ihren Norm an sämtlichen Pubs, Cafés und anderen Orten des Müßiggangs vorbei, die auch nur den

Anflug von Lokal-Colorit bieten könnten; sie lenkt ihn vielmehr direkt zu den völlig identischen Touristen-Fallen, die neben den Interstate Highways wuchern. Die Familie steigt aus dem Wagen, um in Penong Postkarten zu kaufen, in Ceduna Löffel, in Nullarbor Büchsenöffner mit Beuteltieren aus Opal. Und dazu vertilgt sie einen stetigen Strom von Hamburgern, Gebäck und kandierten Früchten. Dann wieder in den Wagen zurück, die Fenster hochgekurbelt, die Klimaanlage auf Höchsttouren gestellt und ab zur nächsten Raststätte, zur nächsten Runde von kandierten Früchten.

Zwei Stunden westlich von Kimba nehme ich die kühle Ruhe eines Fleischpakets an, das ganz hinten in einem Kühlschrank liegt. Ich wache erst wieder aus meiner tiefgefrorenen Ruhe auf, als ein Schild den Beginn der Nullarbor Plain angekündigt.

Das aufregendste an der Nullarbor ist, daß sie überhaupt nicht aufregend ist. Australiens Symbol für tiefste Hoffnungslosigkeit ist keineswegs so hoffnungslos – zumindest dann nicht, wenn man es mit der verwünschten Wüste vergleicht, die ich durchfahren habe, um hierher zu kommen. In Nullarbors unfruchtbarstem Abschnitt stehen die Bäume nur kümmerliche 20 km voneinander entfernt.

Aber selbst ein bißchen Grün bringt keine Abwechslung in diese lähmend monotone Reise. Nördlich von hier verläuft die Eisenbahnlinie fast 500 km lang immer völlig geradeaus – der längste derartige Streckenabschnitt, den es auf der Erde gibt. Und schon Agatha Christie stellte fest, als sie 1922 über das Geheimnis des australischen Buschs nachsann, daß weite Ebenen keineswegs ausgedörrt sein müssen, um langweilig zu wirken. ‚Ich hätte nie geglaubt, daß es eine grüne Graswüste geben könnte – ich hatte mir unter einer Wüste immer eine Ödnis aus Sand vorgestellt', schrieb sie, ‚aber in Sandwüsten scheint es wesentlich mehr Anhaltspunkte und ins Auge fallende Merkmale zu geben, anhand derer man seinen Weg in so einer Wüste finden kann, als in den flachen Grasebenen von Australien.'

Ein Merkmal gibt es, das – zumindest für meine amerikanischen Augen – völlig unmißverständlich ist: ein Schild, das auf den nächsten 100 km vor Kamelen, Beuteltieren und Känguruhs warnt.

Es erinnert mich unauffällig, aber sehr nachdrücklich daran, wie weit ich von meiner Heimat entfernt bin. Es ist, als würde es mich zwicken und sagen, ja, du bist in Australien, 20000 km von deiner gewohnten Umgebung entfernt. In Amerika wird die Monotie der Fahrten auf den Interstates nur von Schildern unterbrochen, auf denen vor Wildwechsel oder Viehtrieb gewarnt wird, oder auf denen vielleicht ‚Achtung Steinschlag' steht. Aber vor Beuteltieren wird natürlich niemals gewarnt.

Meine Tagträume werden abermals von Edna unterbrochen. Scheinbar gehören für sie Beuteltiere ebenso zum Ungeziefer wie Känguruhs. „Doch das Allerschlimmste sind die tasmanischen Teufel", sagt sie, als würde sie meine Gedanken lesen, um das australische Tier zu finden, das ich am liebsten mag. „Sie fressen praktisch alles. Knochen, Schrauben, Nägel. Wenn wir nur ein bißchen Stolz hätten, würden wir diese ganze verdammte Brut ausrotten." Ich blickte sie aufmerksam an, um zu sehen, ob sie einen Scherz gemacht hat. Hat sie nicht. Ihr Gesicht ist rot angelaufen vor lauter Wut über die Horden von Beuteltieren, die sie aus den riesigen leeren Weiten Australiens verdrängen wollen.

Gegen Mittag ist meine Geduld für die Landschaft ebenso erschöpft wie mein Repertoire an Grimassen für das Baby. Die Bequemlichkeit schlägt allmählich in Platzangst um. Der Gestank von Zigarettenrauch und der brechreizerregende süßliche Duft der kandierten Früchte hängt schwer und triefend im Wagen. Ich kann nur meine Augen schließen und mich mit der Erinnerung an die wirklich gräßlichen Fahrten in meiner Kindheit trösten. Da ich das jüngste von drei Kindern bin – immer und ewig das Baby – bin ich lebenslang auf den Mittelplatz hinten in unserer Familienkutsche verdammt worden. Es spielte keine Rolle, daß ich mit dreizehn bereits ein langaufgeschossener Zappelphilipp war, genauso groß wie meine Schwester und viel interessierter an dem, was hinter der Scheibe vorging, als mein Bruder, der schließlich die Fahrten durch die Great Smokey Mountains ebenso verschlafen hatte, wie durch die Rocky Mountains und die Painted Desert. Mein Platz in der Hackordnung verdonnerte mich dazu, für immer und ewig hinten in der Mitte zu sitzen, ohne Platz für meine Beine und ohne die Möglichkeit, nach draußen zu sehen.

Bei einer dieser Fahrten, ich war ungefähr sechs Jahre alt, kam ich auf die hervorragende Idee, meinen Schoß zu vermieten, und zwar für 25 Cents in der Stunde. Mein Bruder, von Natur aus immer etwas dösig, hatte keine andere Wahl als zu zahlen, und so rentierte sich die Zehn-Stunden-Fahrt von Washington nach Cape Cod für mich überaus. Meine Eltern nahmen es als Zeichen für meine sich entwickelnde Geschäftstüchtigkeit. Aber das war auch schon das erste und einzige Mal, daß sie davon etwas zu Gesicht bekamen.

Doch aus diesen Fahrten meiner Kindheit und Jugend blieb mir eine gewisse Geschicklichkeit erhalten. Ich bin ein Meister des gutplazierten Ellbogens, des genau dosierten Schubsens mit der Hüfte, des schnellen und heftigen Schiebens der Füße in den Freiraum unter dem Fahrersitz. Selbst Attila der Hunnenkönig könnte freien Raum im Auto nicht schneller erobern und die besetzten Gebiete nicht skrupelloser halten als ich.

Jedenfalls habe ich mir gerade einen bequemen ‚Lebensraum' auf dem Rücksitz des tasmanischen Autos gesichert, in dem ich den Teenager gegen das eine Fenster drücke und das Baby mit seinem Seehund gegen das andere, als die Familie beschließt, die erste längere Pause des Tages zu machen. Wir wälzen uns irgendwo bei einem Aussichtspunkt an der klippengesäumten Küste der Großen Australischen Bucht aus dem Wagen und Edna verkündet, daß uns zwanzig Minuten zur Verfügung stehen, und zwar genau zwanzig Minuten, um den Ausblick zu bewundern und die gute Seeluft einzuatmen.

Vater und Sohn lehnen sich an das Auto und rauchen lieber, als den halben Meter bis zum Rand der Klippen zu gehen. Das Baby stürmt aus dem Wagen wie ein Tier, das aus seinem Käfig befreit wird, und lacht und kreischt und wälzt sich im Gras. Doch ehe das Kleine so etwas ähnliches wie einen Purzelbaum zustande bringt, fängt Edna es mit einer gewaltigen, geflochtenen Leine ein, die sie ihm um die Hüfte knotet. „Er ist zu temperamentvoll", erklärt sie.

Die berühmte Steilküste Südaustraliens mit ihren Kliffs

Auf Ednas Befehl hin nimmt Norm lustlos die Videokamera und filmt seine Frau und das Baby in einer Haltung, die wie bei einem Rekrutenausbilder wirkt, der sein Chihuahua-Schoßhündchen spazierenführt. Der schweigsame Teeny überwindet sich dazu, über die Klippe zu pinkeln, hinterher zu spucken und dann zu beobachten, wie die Spucke ins Meer fällt. Und bis wir Westaustralien erreicht haben, hat sich meine Wenigkeit einen Fensterplatz erkämpft.

Nach dem Passieren der Grenze werden die Städte zu ländlichen Gemeinden, deren Existenz hauptsächlich durch Kaninchen und Raststätten dokumentiert wird. Die Qual der Wahl ist damit gestorben, und als der Vorrat an kandierten Früchten wieder aufgefüllt werden muß, ist Norm gezwungen, bei einem Hotel mit abgeschlossenem Kolonialwarenladen zu halten. Ich marschiere sofort in das Pub, nur um festzustellen, daß mich jeder an der Bar anstarrt, sobald ich ein Bier bestelle.

„Bitte?“ sagt der Bartender.
„Ein Foster, bitte.“
„Sag’ das nochmal, Mann.“
„Ein Foster. Oder ein Victorian Bitter. Was auch immer Sie haben.“
Der Mann grinst und zeigt vor dem halben Dutzend Stammgästen an der Bar auf mich. „Das is’n richtig echter Yankee, oder?“ Dann reicht er mir mit viel Getue ein zusammengerolltes Stück Papier, das er unter der Bar herauszieht wie ein Universitäts-Diplom mit Auszeichnung. Ich rolle das Dokument auf und sehe die Zeichnung einer Yacht mit einem seltsamen Kiel – er hat die Form eines gewaltigen, eregierten Penis. Darunter sagt ein Kapitän in einer Sprechblase: ‚Wie wir die Amerikaner fickten.‘
Die ganze Bar bricht in schallendes Gelächter aus. Sie haben offenbar schon geraume Zeit darauf gewartet, einen Amerikaner mit diesem Scherz hereinzulegen. Es scheint mir nur fair zu sein, den Köder anzunehmen.
„Wir werden sehen, wer dieses Mal gefickt wird. Wie steht’s jetzt mit einem Middie Bier?“
„Meine Runde, Kleiner“, sagt der Bartender und grinst breit, „aber in diesem Staat heißt das nur ‚ein Glas Bier‘. Und die Marke ist Bondie.“
Draußen ertönt eine Hupe und so kippe ich das Bier hinunter und renne hinaus, um meinen Sitz im Land der kandierten Früchte einzunehmen. „Ich treffe dich dann in Fremantle wieder, Kleiner“, ruft mir der Bartender hinterher, „und zwar 1990.“
Nach dem wortkargen Macho-Gehabe in so vielen Kneipen draußen im Busch wirkt dieses Pub geradezu weltoffen und erfrischend freundlich. Es hat fast den Anflug von texanischer Angeberei, die auf mich geradezu einen vertrauten Eindruck macht.
Und vertraut kommt mir auch der Verkehr auf dem Highway vor. Kurz nachdem wir die Grenze nach Westaustralien überschritten haben, stoßen wir auf Legionen von Wohnmobilen, Reisebussen und Leuten, die ihren gesamten Hausstand mit sich schleppen. Bei einem Auto, bei dem über dem Nummerschild aus Victoria

‚Frisch verheiratet‘ geschrieben steht, ragt ein Staubsauger aus dem Rückfenster heraus. Ich habe den Eindruck, mich in einem Verkehrsstau von Bewohnern des Staates Oklahoma zu befinden, die aus der staubigen Senke ihres Staates in den Glitzertraum namens Kalifornien fliehen.

Vielleicht etwas zu schnell fliehen. Am späten Nachmittag erreichen wir zwei Trucks, die sich mit der Breitseite berührt haben, ehe sie von der Straße rasten. Einer krachte mit der Fahrerkabine genau gegen einen Baum. Der Fahrer liegt daneben auf dem Boden, mit einem Handtuch über dem Kopf. Unter dem behelfsmäßigen Leichentuch sieht man einen blutverschmierten Körper.

„Macht einen nachdenklich, was?“ sagt Norm und verringert für einen Augenblick die Geschwindigkeit, ehe er wieder zu seinen 120 km/h zurückkehrt. In meinem Kopf fängt wieder das Tonband an zu laufen . . . Ich lange nach dem Sendersuchlauf des Radios, der Wagen kippt auf zwei Räder und fängt an, sich zu überschlagen. Und da ist das Geröll, der Sand, der darauf wartet, mich zu begraben . . .

Meine Hände werden feucht, ich habe Atembeschwerden. Ich möchte Norm bitten, etwas langsamer zu fahren, vielleicht auch einen Augenblick anzuhalten. Statt dessen schließe ich die Augen. Irgendwo in einem Vorort klingelt bei der Familie des Truckfahrers, als sie sich gerade zum Tee hinsetzt, das Telefon. Ein Telefonanruf und ein Punkt auf der Landkarte sind alles, was der Familie bleibt, um den Tod zu begreifen. Die Frauen von Lastwagenfahrern müssen ständig mit der Furcht leben, daß sie am Telefon eine unbekannte Stimme hören . . .

Nach Einbruch der Dunkelheit ist die Straße mit Känguruhs übersät und so beschließt Norm, in einer Raststätte namens Cocklebiddy zu übernachten. Ich bedanke mich bei der Familie, erzähle ihnen, daß ich versuchen werde, noch von jemanden mitgenommen zu werden und laufe durch den Sprühregen davon. „Sagen Sie dem Fahrer, daß er ein oder zwei Känguruhs für uns erwischen soll“, brüllt Edna mir nach.

Jemand nimmt mich bis Caiguna mit, 100 km weiter in Richtung Westen, und da es immer noch regnet, frage ich bei dem Raststättenbesitzer, ob er einen überdachten Unterschlupf für mich hat. „Sie können ein Zimmer für neunundvierzig Dollar haben, einen Bus für zehn und ein Auto für fünf Dollar", erklärt er mir. Ich nehme den Bus. Es ist ein ausgeräumter alter Schulbus, der an Stelle der Sitze jetzt Betten hat.

Als Schlafgelegenheit ist das recht bequem. Aber der Regen und die langen Nickerchen bei der Fahrt durch Nullarbor haben mich hellwach und unruhig gemacht. Ich knipse meine Taschenlampe an und studiere im Rückspiegel des Busses mein Spiegelbild. Ich kann mich zum ersten Mal seit drei oder vier Tagen wieder in Ruhe betrachten, und schon kommt mir mein sonnenverbranntes, unrasiertes Gesicht im Spiegel fremd vor – als hätte man es über einem Grillfeuer geröstet und anschließend die Wangen mit trockenem, ausgebleichtem Gras bepflanzt.

Es ist das gleiche schleichende Gefühl von Irrealität, wie ich es gestern im Lastwagen der Farmer hatte. Ein Teil von mir befindet sich hier, in diesem abgewrackten Bus mitten in der Nullarbor-Ebene, und ein anderer Teil ist mit Geraldine in Sydney. Und es gibt noch eine dritte Person, die sich an einem ganz anderen, sehr weit entfernten Ort befindet – in einem Kinderschlafzimmer auf dem Dachboden eines alten Hauses mit Schindeldach, auf der anderen Seite des Globus'. ‚Welches Ich bin ich?' fragt der Dichter Theodore Roethke. Ich bin mir immer weniger sicher.

Je weiter ich mich von zuhause entferne, um so mehr habe ich das Gefühl, als könnte ich einfach davonschweben, wie ein Boot, das sich aus seiner Vertauung löst und mit der Flut langsam davonschwimmt. Die eigene Identität scheint manchmal sehr zerbrechlich zu sein, besonders wenn man darüber nachdenkt, wie einfach man neben der Straße landen kann, mit einer Decke über dem Kopf.

Die Erinnerung an den havarierten Truck ruft bei mir denselben merkwürdigen Schwindel im Kopf hervor, den ich einen Monat lang nach meinem eigenen Autounfall fühlte. Wenn der gemietete

Ford sich in die andere Richtung überschlagen hätte, hätte ich das gleiche Schicksal wie der Truckfahrer erlitten. Aber er tat es nicht, ich bin immer noch da und lebe mit ‚geborgter Zeit' – die in Wirklichkeit mehr wie ein Almosen ist.

Wenn ich jetzt so darüber nachdenke, scheint der Unfall sowohl unvermeidlich als auch von Vorteil gewesen zu sein. Ich pflegte eine Lebensweise wie ein Kind, das bei jeder Mahlzeit die besten Stücke zur Seite legt, um sie für nachher – nach dem Spinat und den dicken Bohnen – aufzuheben. Für den Augenblick zu leben – ‚nur für das Vergnügen' – das war etwas, was die Leute in der Bierreklame machen, aber nicht im richtigen Leben.

Mein Unfall änderte das etwas, jedenfalls für eine gewisse Zeit. Alles, was ich jetzt wollte, war, aus vollen Zügen zu leben, zu arbeiten, aber auch die Arbeit einfach sein zu lassen, um einen Nachmittag am Strand zu verbringen, wenn ich es mir erlauben konnte. Besser für den Augenblick zu leben als zu warten, bis es keinen Augenblick mehr zum Leben gibt.

Dann kamen nach und nach die alten Hemmnisse und Fußangeln zurück. Wenn ich die Fähre versäume, was soll ich mit den dreißig Minuten Wartezeit auf die nächste anfangen? Wenn ich jetzt noch ein Glas Wein trinke, werde ich dann morgen einen Brummschädel haben? Und wenn ich diesen Artikel bis zum Abend nicht beende, wie soll ich dann die Serie bis zum Ende der Woche fertigschreiben? Irgendwie blieb bei diesem genauen Einteilen von Minuten und Sekunden keine Zeit mehr für mich übrig, gab es keinerlei Bewegungsfreiheit mehr.

Es war derselbe Zeitdruck, der Mitschuld trug, daß ich von der Straße abkam, als ich nach Alice zurückraste, obwohl es überhaupt keinen Grund für diese Eile gab. Die Narbe auf meinem Oberschenkel ist inzwischen kaum mehr zu sehen, aber da sind immer noch die häßlichen rosaweißen Male der Stiche, mit denen die Wunde zusammengenäht wurde. Ich muß diese Narben in meinem Gedächtnis *immer* parat haben; denn von Zeit zu Zeit *muß* ich in Gedanken mein Hosenbein aufrollen und daran erinnert werden. Sonst werde ich wieder zu schnell und komme von der Straße ab.

Sir Bulle und Lady Kuh

An jedem anderen Morgen hätte ich mich, sobald ich den Wagen gesehen hätte, in die Büsche verzogen. Und wenn der Fahrer gesehen hätte, wie ich mich verdrücke, wäre er zufrieden weitergefahren. Aber nicht hier, nicht an einem Regentag mitten im Nichts der Nullarbor Plain. Als die Tasmanier mich sehen und ich sie, habe ich keine andere Wahl, als wieder in ihren Wagen zu klettern.

Edna macht da weiter, wo sie am Abend vorher aufgehört hatte. Als wir an einem Krähenschwarm vorbeikommen, der neben dem Highway an einem toten Känguruh frühstückt, kurbelt sie das Fenster hinunter und ruft den Vögeln zu: „Nur weiter so, Freunde! Nur weiter so!" Und dann geht es wieder um die verdammten Gewerkschaften, die verdammten Grünen, die verdammten Arbeitslosen mit ihrer verdammten Unterstützung und um den verdammten Bob Hawke.

Zwei Pakete kandierte Früchte später erreichen wir Norseman, die erste richtige Stadt in Westaustralien. Ich beschließe auszusteigen und mich umzusehen, ehe ich mich entscheide entweder in Richtung Norden durch die Goldfelder weiterzureisen, oder die Küstenstraße nach Perth zu nehmen. „Wenn ich durch Kalgoorlie komme, werde ich Halt machen", lüge ich.

„Wir würden uns freuen, Sie wiederzusehen", lügt Edna zurück. Aber sie denkt nicht daran, mir ihre Adresse zu geben.

Es ist Montagmorgen 11 Uhr, als ich in Norseman aussteige. Die Arbeiter in den Goldminen haben bereits die erste Hälfte ihrer Schicht hinter sich, ihre Frauen kaufen in der Stadt ein, die Kinder sind alle in der Schule. Und ich schlendere mit meinem Rucksack die Hauptstraße hinunter: keine Verabredungen, keine Termine, keine Aufträge. In meinem Büro bei der Zeitung wäre das ein Grund zum Haareraufen.

Aber ich bin noch nicht so weit von allem weg, als daß ich es schaffe, am ersten Zeitungsladen, den ich seit Alice entdecke, vorbeizugehen. Um ehrlich zu sein, verursacht mir der Gedanke an eine Zeitung weiche Knie, es ist fast wie bei einem Junkie, der wieder mit der Nadel anfängt. Schließlich erstehe ich eine Art von Droge in gedruckter Form.

„Der *Norseman Today* ist eine Zeitung ohne eigene Meinung", erklärt der Leitartikel der drei Tage alten Lokalausgabe. „In ihr sind noch nie polemische Artikel erschienen . . . Alles, was die Zeitung macht, ist, über schulische Ereignisse, Ereignisse der Lions Clubs und Neuigkeiten aus diversen anderen Sport-Clubs zu berichten."

Amelia Jones hinter ihrer Verkaufstheke

Ich schlage die Zeitung auf und es stimmt: schulische Ereignisse, solche des Lions Clubs und Neuigkeiten aus diversen anderen Sport-Clubs. Ich wende mich wieder dem sonderbaren Leitartikel zu. „Haben Sie bemerkt, daß der *Norseman Today* niemals über Unfälle, Todesfälle oder andere unangenehme Dinge berichtet? Und das wird sich vermutlich auch nie ändern.“ Das scheint bei diesem Leitartikel auch der springende Punkt zu sein – nämlich den Lesern zu versichern, daß sie weiterhin mit einer konstanten Diät aus schulischen Ereignissen usw., usw. gefüttert werden.

Schließlich gibt es in Norseman genügend unangenehme Dinge, auch ohne daß die Zeitung darüber berichten muß. Die Stadt scheint sich seit dem Jahr 1894 in einem Zustand des langsamen, aber sicheren Verfalls zu befinden. 1894 nämlich stolperte ein Pferd namens Norseman über einen Goldbrocken und anschließend brach das Goldfieber aus (genau, wieder einmal die altvertraute Pferd-stolpert-über Nugget-Geschichte). Schlampig gebaute Häuser ducken sich am Fuß einer riesigen Abraumhalde, den Überresten der Minenausbeutung. Zusammen mit dem Gold scheint auch die Infrastruktur geschrumpft zu sein, denn bei vielen Läden mit viktorianischen Fassaden hängen ‚Zu verkaufen‘– oder ‚Zu vermieten‘-Schilder in den Fenstern, und die Wellblechdächer sacken schon beängstigend durch.

Eines der wenigen Geschäfte, die tatsächlich am Montagmittag geöffnet sind, ist Amelia Jones' ‚Stein- und Flaschen-Laden‘. Sie sieht, wie ich neugierig in das Schaufenster auf ihre Granitstücke und Glasflaschen blicke, und kommt auf ein Schwätzchen heraus.

„Das Geschäft geht etwas flau“, gibt sie zu, während sie ein paar Amethyst-Brocken im Schaufenster umstellt. „Und ich glaube, daß mein Laden nicht unbedingt das beste Geschäft für eine Stadt ist, in der ein ständiges Kommen und Gehen herrscht. Die Leute wollen sich nicht mit so sperrigen Sachen belasten.“

Ich beschließe, mich dem ständigen Kommen und Gehen anzuschließen und die Stadt möglichst schnell wieder zu verlassen. Aber wie schon in Cloncurry und Coober Pedy gilt auch hier die Regel:

Je langweiliger der Ort ist, desto schwerer ist es, dort wieder herauszukommen. Norseman hat dazu noch den großen Nachteil, das Tor zum Westen von Australien zu sein, und dadurch ein Sammelpunkt von Flüchtigen, Kriminellen und Aussteigern aus den Staaten im Osten. Wenn der *Norseman Today* nicht so damit beschäftigt wäre, über Ereignisse des Lions Clubs, usw., usw. zu berichten, dann hätte ich darin vielleicht das gelesen, was mir Amelia Jones berichtet, daß nämlich drei Tage vor meiner Ankunft zwei Anhalter den Fahrer niedergeschlagen und beraubt haben. Kein Wunder also, daß die einzige Person, die an diesem Nachmittag neben mir hält, ein Polizist ist, der meine Ausweispapiere sehen möchte.

Und bis auf Elsa.

Bei sämtlichen Anhaltern dieser Welt gibt es so eine Art von Märchen. Sie trägt die Überschrift ‚Die Frau im Sportwagen', und wie jede gute Geschichte variiert sie bei jedem neuerlichen Erzählen: Aus einem Holden wird ein Porsche; eine durchschnittlich aussehende Frau ähnelt schließlich Sophia Loren. Aber welche Version auch immer gerade dran ist, in dieser Geschichte kommen zwei wichtige Zutaten des Traums eines jeden Anhalters zusammen: die ungebundene, attraktive Frau und das bequeme Auto. Jackson Browne hat über diesen Anhaltertraum ein Lied geschrieben, in dem er an einer Ecke in Winslow, Arizona, steht: ‚Lieber Himmel, es ist ein Mädchen in einem tiefergelegten Ford, und sie verringert ihre Geschwindigkeit, um einen Blick auf mich zu werfen.' Das Lied endet mit dem Aufseufzen von Jackson Browne: ‚Mach' die Tür auf, ich steig' ein.'

Aber das passiert nur Rock-Stars. Mein Freund Rich – das ist der, der die Feuerwehrsfrau geheiratet hat, die ihn in Oregon als Anhalter mitgenommen hat – mein Freund Rich ist einer jener Fälle, für die die Chancen ungefähr $1 : 10^6$ stehen. Annie war nämlich die erste Frau, die ihn mitgenommen hat. Anfängerglück.

Alleinfahrende Frauen haben verständlicherweise Angst davor, einen völlig fremden Mann in ihr Auto einsteigen zu lassen. Ein paar von ihnen halten sogar an, um dir zu sagen, warum sie dich nicht mitnehmen. „Es tut mir leid, wenn ich nicht allein wäre, würde ich Sie mitnehmen", oder irgendeine ähnliche Entschuldigung.

Die Tatsache, daß die Fahrer von Luxusschlitten ebenso selten anhalten wie Frauen ohne Begleitung, hat komplexere Gründe. Vielleicht haben sie ganz einfach eine Scheu davor, daß so ein schmuddeliger Wandersmann mit seinem Rucksack ihre auf Hochglanz polierten Ledersitze zerkratzt. Doch da ich inzwischen auf drei verschiedenen Kontinenten per Anhalter gefahren bin, hege ich den Verdacht, daß da mehr dahintersteckt; vielleicht irgendein universelles Gesetz, das besagt, je höher jemand auf der Karriereleiter steht, desto geringer wird seine Bereitschaft, gegenüber Fremden großzügig zu sein. Das genaue Gegenteil ist nämlich ebenfalls der Fall. Wenn jemand ein Persönlichkeitsprofil der Menschen anfertigte, die am häufigsten Anhalter mitnehmen, dann würde das wie der Durchschnitt der Kunden der Fürsorge aussehen: in Amerika mexikanische Obstpflücker, in Europa türkische Arbeiter in Volkswagen aus zweiter Hand, im australischen Outback Aborigines und erfolglose Farmer. Und es sind auch die vom Glück Benachteiligten, die einem am ehesten einen Platz am Tisch oder ein Bett für die Nacht anbieten. Denn diejenigen, die es sich leisten könnten, ihr Benzin und Essen mit jemanden zu teilen, die tun das nur sehr selten.

Soweit meine sozialen Theorien. In Norseman denke ich allerdings nur an einen Mitnehmer, irgend jemand, der für mich anhält. Selbst wenn es ein alter Mann in einem Pferdewagen wäre, völlig egal. Hauptsache, ich komme aus diesem Nest heraus.

Meine Bescheidenheit wird mit einer jungen Ärztin namens Elsa belohnt, die mit ihrem schnittigen Roadster zuerst an mir vorbeiprescht, um dann umzukehren und mir eine Fahrt anzubieten. „Rein mit Ihnen", sagt sie mit einem breiten, herzlichen Lächeln, das ein perfekt reguliertes Gebiß entblößt. „Ich hab mich gerade dazu entschlossen, einen Abstecher an die Küste zu machen. Ich habe genügend Platz." Ich mache in Gedanken einen Schnappschuß von ihr, den ich beim nächsten Treffen der Anhalter aus meiner Brieftasche ziehen kann.

Elsa ist praktizierende Ärztin aus Perth, die für ein paar Monate in einer Klinik in Kalgoorlie arbeitet. Elsa ist auch die erste verwandte Seele, die ich während Tausender von Kilometern getroffen habe. Verwandt deswegen, weil sie zu den Außenseitern gehört, die auf eigene Veranlassung die Großstadt verlassen, um den Busch kennenzulernen. Verwandt auch in der Beziehung, daß sie die Nase voll hat und für eine ganze Weile nicht über großstädtische Dinge sprechen will. Nachdem ich ständig über Düngemittel, Furzen, Saufen und Känguruhgrills habe sprechen müssen, willige ich nur zu erleichtert in ihren Wusch ein.

Und so brausen wir von Norseman aus in Richtung Süden, durch Salmon Gums, Grass Patch und Gibson, und erheitern uns an Theaterstücken und Filmen. Wir knabbern an englischer Literatur. Wir schlagen uns den Magen mit Politik voll. Wir haben zum Nachtisch die Unterschiede zwischen dem großstädtischen Leben und dem Leben auf dem Lande. Und das Ganze ist genauso wohlschmeckend und befriedigend wie ein ausgedehntes Mittagsmahl mit Chardonney im Hafen von Sydney.

Doch meine reisende Schlemmertafel mit Elsa ruft eine seltsame Art von Magenverstimmung hervor. Als ich mit den Opalsuchern und Farmern durch die Wüste fuhr, oder mit der tasmanischen Horror-Familie durch Nullarbor, gab es nur wenig, was mich an zuhause erinnerte – und folglich auch nur wenig, was bei mir Heimweh hervorrief. Aber die Unterhaltung mit dieser liebenswerten und attraktiven Ärztin hat zur Folge, daß ich anfange, mich ganz schrecklich nach Geraldine zu sehnen. Ich sehe sie direkt in Sydney in ihrer Badewanne sitzen, die Finger voll mit Druckerschwärze von der Zeitung, die sie gerade liest. Ich kann sie vor mir sehen, wie sie lächelt, als ich zu ihr in die Badewanne hüpfe . . . Verglichen mit Geraldine ist Elsas Gesellschaft ähnlich befriedigend wie der *Norseman Today* für meine Gier auf Nachrichten. Eine Behandlung mit Schlaftabletten.

Zwangsläufig stellt sich damit ein gewisses Unbehagen ein, nicht so akut wie meine Sehnsucht nach Geraldine, aber dafür um so erstaunlicher. Elsa unterbricht den Zauber meines Abenteuers, genauso wie mich das tasmanische Auto mit seiner Klimaanlage aus der Rauhheit der Wüstenreise herausgeholt hat. Nach ein paar Tagen Ungewißheit ist meine Identität plötzlich wieder ganz klar. Und sobald ich wieder zum typischen Yuppie geworden bin – auch wenn ich mich gerade im Busch aufhalte – will ich diese vertraute Bürde abwerfen und wieder mitten drin sein im Durchqueren der kargsten Wüste per Anhalter.

Auch die Landschaft hat sich durch das Gespräch verändert, das Gefühl von ‚In-Der-Fremde-Sein' verschwinden zu lassen. Plötzlich bin ich nicht mehr in der steinigen Wüste, sondern fahre durch sanft geschwungene, fruchtbare Hügel in Richtung Meer. Gras. Bäume. Obstplantagen. Seit dem ersten Tag, an dem ich per Anhalter Sydney verlassen habe, habe ich nicht mehr soviel Grün gesehen. Wenn man sich vom sonnengedörrten Inneren Australiens kommend der Küste nähert, ist es einfach zu verstehen, warum die Australier so sehr die Küste bevölkern, und nicht die weiten, wilden Ebenen das Landesinneren.

Auch die Jahreszeit hat sich geändert. Im Busch gibt es nur jahreszeitlich bedingte Abstufungen zwischen heiß, sehr heiß und unerträglich heiß. Doch als ich in Esperance die Wärme von Elsas Wagen verlasse, komme ich in einen kühlen und feuchten Abend im Spätherbst. Ich habe immer noch ein ärmelloses T-Shirt und Shorts an und komme mir vor wie ein australischer Hinterwäldler, der im winterlichen London aus dem Flugzeug steigt. Ich beschließe, mich in das nächstgelegene Pub zu flüchten, mich mit einer warmen Mahlzeit zu trösten und früh in ein warmes Bett zu gehen.

Es wäre besser gewesen, wenn ich im Regen übernachtet hätte. Die Mahlzeit im Pub ist von der Quantität her ein Witz und von der Qualität her grotesk, selbst wenn man sie mit den Hühner-Sandwiches und den Eintöpfen vergleicht, von denen ich in den vergangenen Tagen gelebt habe. Als Vorspeise bekomme ich einen Korb mit altbackenem weißem Brot und einen dünnen Haferschleim vorgesetzt, auf dessen Oberfläche Fettaugen schwimmen und der sich hochtrabend ‚Soup du Jour' nennt. Der Hauptgang scheint eine komplette Lammkeule zu sein, die in einer dicken, braunen Soße schwimmt, garniert mit diversen Gemüsesorten, die alle in den Soßenbrei hängen: drei Salatblätter, zwei gekochte Kartoffeln, ein Berg Karotten aus der Büchse und Dosenerbsen. Als Beilage dient ein Salat aus Eiern, noch mehr Kartoffeln, roten Rüben und süßem Büchsenobst, das auf einem welken Salatblatt oben auf diesem ganzen Pampf thront.

Ich esse alles auf, aber diese Mahlzeit ist so armselig, daß ich nicht satt werde. Also bestelle ich mir einen Nachtisch und bekomme eine Zitronen-Meringe, in die sich selbst ein Minen-Ingenieur keine Weg bohren könnte. Das Ganze spüle ich mit einem Kaffee hinunter, der der ‚Soup du Jour' verdächtig ähnlich sieht.

Natürlich hätte es noch schlimmer kommen können. Ernst Giles erste Mahlzeit, nach dem er die Gibson-Wüste überlebt hatte, war ein kleines, krankes Wallaby, das er ‚lebend, roh, sterbend aß – mit Pelz, Haut, Gebeinen, Kopf und allem. Den delikaten Geschmack dieser Kreatur werden ich niemals vergessen.' Es braucht also nur ein paar Worte des bejammernswerten Entdeckers, und schon erscheint dir dein eigenes Unglück nicht mehr so schlimm.

Ich stolpere die Treppe hinauf in einen Aufenthaltsraum, in dem ein Dutzend Hotelgäste schweigend eine Komödie im Fernsehen verfolgt. Die Lautstärke reicht aus, um sogar im Bett hören zu können, wie im Film das Konservengelächter eingeblendet wird. Feuchtigkeit hängt an den Wänden und in der Bettdecke. Meine aufgesprungenen Lippen und meine ausgetrocknete Haut saugen diese Feuchtigkeit wie ein Schwamm auf, aber das tun auch meine Gelenke und mein Genick, die bald genauso laut knirschen wie das Bett im Raum über mir. Das Quietschen im nächsten Stockwerk wird immer lauter, immer heftiger, so daß fast die Wände zu wackeln anfangen. Ich denke wieder an die Badewanne in Sydney und komme mir so einsam und deprimiert vor, wie schon lange nicht mehr auf meiner Reise durch Australien.

Am Morgen frische ich meinen Optimismus auf – und meine Ähnlichkeit mit der menschlichen Spezies – und zwar mit einer ausgiebigen Dusche und einem Gang in den Waschsalon. Zwischen den einzelnen Waschgängen lerne ich drei Engländer namens Paul, Nick und Nick kennen, die auf der Suche nach dem Halleyschen Kometen durch Westaustralien fahren. Sie bieten mir die Mitnahme bis zu ihrem nächsten Beobachtungspunkt an, der sich von Esperance aus ein paar Stunden tiefer im Landesinneren befindet.

Die Gesellschaft dieser drei Engländer gibt mir das Gefühl, so erfahren und typisch australisch zu sein wie ein Buschmann des 19. Jahrhunderts. In England arbeiten Paul, Nick und Nick als Apotheker, Physiker und Programmierer. In Australien verwandelten sie sich in eine dreiköpfige Parodie des unbeholfenen Engländers. Paul, der Apotheker, fährt wie ein halbblinder Rentner, als Navigator auf den Beifahrersitz pfuscht ihm Nick, der Computer-Spezialist dazwischen, der jedes Mal voller Panik zu kreischen beginnt, sobald ein Aussichtspunkt oder Rasthaus nicht mit der Präzision eines Computerprogramms erscheint. Einmal läßt er Paul sogar wieder umkehren und 20 km nach Esperance zurückfahren. Der Grund: der Benzintank ist halb leer. Er meint im Ernst, es wäre besser zurückzufahren und ihn vollzutanken, als sich mit einem halbleeren Tank 50 km durch die Wildnis zu wagen.

Während dessen rutscht Nick, der Physiker, unruhig in seinen sauberen Lederschuhen und seiner Stretchhose herum und beklagt sich über die Hitzepickel, die seine bleiche, weiße Haut bedecken. Während ihn der offene Weltraum, den er durch sein Teleskop betrachtet hat, nicht sonderlich beeindruckte, macht ihn die endlose Weite des australischen Buschs außerhalb des Wagens schwindlig.

„Da draußen bekomme ich Agoraphobie", bekennt er und betrachtet eine Landschaft mit Schafen und Farmhäusern, die, gemessen am australischen Standard, geradezu dicht besiedelt ist. „In England wären auf dieser Strecke drei Dörfer zu sehen. Und hier – nichts."

Ich denke an die hartgesottenen Männer, mit denen ich durch das Zentrum gefahren bin und an Entdecker wie John Eyre, der 1841 den größten Teil des Wegs von Adelaide nach Esperance zu Fuß gegangen ist, und sinne darüber nach, wie schnell sich der

Homo australis aus dem englischen Unkraut entwickelt hat, das als erstes auf dem fünften Kontinent Fuß gefaßt hat.

Mit Touristen per Anhalter zu fahren hat einen Vorteil: sie tun nämlich genau das Gleiche wie du selbst – sich das Land ansehen. Wenn du mit einem Lastwagen oder einem Einheimischen fährst, die in ihrem täglichen Job unterwegs sind, kannst du nicht gut rufen: „Fahren Sie doch bitte an den Straßenrand, damit ich ein Foto machen kann", oder: „Der Reiseführer sagt, daß der beste Blick auf die Küste ungefähr zehn Kilometer weiter südlich liegt." Touristen gehen auf derartige Wünsche ein.

Und so fahren drei Tommis und ein Yank durch die Landschaft, halten an, um einen Blick auf den Pink Lake, den ‚Rosa See', zu werfen (ein algenverseuchter Teich, der genauso rosa ist und künstlich wirkt wie gefärbte Zuckerwatte) und fotografieren einander oben auf einem Hügel, von dem aus man die Große Australische Bucht überblicken kann. Wir machen uns sogar auf die Suche nach dem berühmten westaustralischen ‚Kaninchen-Zaun', der vor ein paar Jahren von Viehzüchtern und Farmern errichtet worden war, um die Karnickel davon abzuhalten, sich weiter nach Westen auszubreiten. Die Wirkung war gleich Null. Von dem Zaun ist inzwischen nichts mehr zu sehen; es gibt nur Kaninchen, die in Scharen über den Highway hoppeln.

Mit Touristen mitzufahren hat andererseits den Nachteil, daß sie nämlich, genauso wie du, in diesem Land fremd sind. Ihr Wissen beschränkt sich auf Oberflächlichkeiten. Seit Kimba war ich immer Tourist und nie Mitfahrer. Als die drei Engländer in einer Stadt namens Ravensthorpe anhalten, um hier ihr Nachtlager aufzuschlagen, beschließe ich, mich wieder selbst um eine Mitfahrgelegenheit zu kümmern, anstatt mitgenommen zu werden.

Neun Viehköpfe starren mich zwischen den Holzlatten eines Trucks an, der bei der Tankstelle parkt. Ich warte, bis der Fahrer seinen Tank voll gemacht hat und lasse ihn mein mitleiderregendstes ‚Ich-brauche-einen-Mitnehmer'-Lächeln sehen. Er grinst zurück und winkt mich auf den Beifahrersitz.

Es ist eine glückliche Wahl. Andrew Cabassi ist genauso etwas Besonderes wie die Bullen, die er zu einer Viehauktion nach Albany bringt: ein erfolgreicher Mann vom Lande, der mit sich genauso zufrieden ist, wie die Farmer in Kimba unzufrieden waren.

„Wenn du jammern willst, findest du immer einen Grund dafür, und die meisten Farmer sind perfekt darin,‘ verrät er mir. „Aber mir fällt im Augenblick nichts ein, worüber ich jammern könnte.“ Als ich ihn frage, was er so macht, gibt er mir eine schön gedruckte Visitenkarte, auf der unter seinem Namen ‚Geprüfter Berater für Viehzucht‘ steht. „Das ist nur zum Eindruck machen“, sagt er und nimmt die Karte mit einer seltsamen Mischung aus Stolz und Verlegenheit wieder an sich. „Aber wie auch immer, das ist nur die halbe Geschichte.“

Auf der Karte sollte eigentlich stehen: ‚Andrew Cabassi, Berater für Viehzucht, Viehzüchter, Sperma-Exporteur, Gemüsefarmer und glücklicher Sohn von armen italienischen Einwanderern‘. Noch vor einer Generation kratzten seine Verwandten auf einem Hektar steinigem Boden in der Toskana herum, so, wie sie es während der vergangenen Jahrhunderte getan hatten. Dann emigrierte sein Vater nach Westaustralien und fing an, auf ein paar Hektar nichtsteinigen Bodens in der Nähe von Perth herumzukratzen. Andrew verließ mit elf Jahren die Schule (‚Ich kann nur die Schecks unterschreiben, mehr hab` ich nicht gelernt‘), heiratete, mietete sich eine Farm, vergrößerte sie und kaufte sie schließlich. Seitdem lebt er hervorragend von dem, was das Land hergibt und wurde fett dabei.

„So fett wie eine Sau“, sagt er mit dem herzhaften Quieken eines Schweines, das sich im Schlamm wälzt. Zu seinem Vermögen gehören einige tausend Stück Vieh, die auf 1200 Hektar Land grasen. Und er hat für den letzten Bullen, den er auf dem Markt von Albany verkauft hat, den höchsten Preis erzielt, der je in Westaustralien bezahlt wurde – $ 22000. Damit stellte er seinen eigenen Rekord ein, den er erst ein paar Monate vorher aufgestellt hatte. „Und auf dem ganzen Weg zur Bank hab’ ich eine Menge Spaß gehabt“, erzählt er.

Andrew hat zwar geschäftlich großen Erfolg, aber der ist ihm erstaunlich wenig zu Kopf gestiegen. Er könnte es sich locker leisten, jemanden anzustellen, der die Bullen zum Markt fährt. Aber er macht das lieber selbst. Und wenn er nach Albany kommt, noch vor Sonnenaufgang, damit seine Bullen bei der Auktion die ersten sind, wird er in seinem Laster schlafen und nicht in ein Hotel gehen.

„Ich habe *Contadino*-Blut in den Adern – Bauernblut – und so bald ich vergesse, wo ich hergekommen bin, werde ich wieder ein Bauer sein", meint er. „Die Tatsache, daß ich Geld habe, macht mich nicht besser als den Kumpel von nebenan. Nur glücklicher." Er lacht wieder. „So glücklich wie einen Bullen in einem Stall voller Kühe."

Andrew spricht über sein Vieh mit der Begeisterung eines Weinhändlers, der über seinen besten Burgunder redet. „Siehst du den dort in der Ecke?" fragt er mich und deutet zwischen die Latten seines Lasters. Wir sind an den Straßenrand gefahren, damit er mir die Feinheiten der Viehzucht mit Beispielen belegen kann. „Gute Muskeln, ein breiter, guter Oberkörper. Aber nicht richtig maskulin. Eher etwas weichlich. Für rotes Fleisch braucht er im übrigen Teil des Körpers mehr Muskeln."

Er bringt mir etwas über Spermarecht bei, über Lockkühe, die den Bullen in den Pferch locken und über die weichen, wassergefüllten Gummisäcke, die die Vagina darstellen sollen, und die dazu benutzt werden, um das Sperma abzuzapfen. „Das dauert nicht lange, das kann ich dir sagen", sagt er grinsend.

Mitten in seinen wissenschaftlichen Ausführungen – „Langweile ich dich?" – „Nein, überhaupt nicht" – und er tut es wirklich nicht, unterbricht er sich, um über die Magie nachzudenken, die sich jedes Mal entfaltet, wenn ein X-Chromosom auf ein Y-Chromosom stößt. „Nimm' einen bestimmten Sir Bullen und eine bestimmte Lady Kuh und du wirst jedes Mal Glück haben", sagt er zum Abschluß seiner Ausführungen. „Es funktioniert wirklich fast jedes Mal. Ist das nicht toll?" Für ihn ist das immer noch so faszinierend wie das Managen seines eigenen Erfolgs.

Ein Teil der Faszination von Zeitungsartikeln ist die Tatsache, daß man täglich Einblick in das Leben von Menschen erhält, die man sonst nie kennenlernen würde. Per Anhalter zu fahren ruft einen ähnlichen Effekt hervor. Anstatt aber vorher anzurufen und einen Termin auszumachen, wirst du mitten in das tägliche Leben von Fremden geworfen. Sie haben keine Zeit, irgendwas zu schönen oder irgendwelche Ablaufmuster zu verändern. So lernst du das rauhe und ungeschminkte Leben kennen; genauso rauh wie ein Laster voller Bullen auf dem Weg zu einer Viehauktion in Albany.

Gemächlich fahren wir durch die Abenddämmerung und Andrew zeigt mir immer wieder die Farmen seiner Kunden; für ihn ist diese Straße genauso vertraut wie sein Hausflur. Und als die Dämmerung in Dunkelheit übergeht, teilen wir uns ein Sandwich, das seine Frau für ihn gemacht hat – „selbst gezogenes Gemüse, kein bißchen Chemie drauf" – und sprechen über die Zukunft.

Nachtfahrten scheinen die Zunge zu lösen. Man kann sich nicht in die Augen schauen und die Fahrkabine wird zum Beichtstuhl, in dem in der Dunkelheit außer murmelnden Stimmen nichts zu hören ist. Die unwichtigen Dinge des Arbeitstages werden einfach beiseite geschoben.

Andrew erzählt mir von seiner 30jährigen Ehe und ich frage ihn, wie man das so lange aushalten kann („Verlier' nicht die Geduld und halt' die Daumen", sagt er. „Laß' sie ruhig mal flirten, wenn sie unruhig wird, so lange sie dabei nicht weiter geht.") Er erzählt mir von seinen Söhnen auf der Universität – „einer studiert Medizin, einer Naturwissenschaften, einer Landwirtschaft' – und bittet mich um Rat, wie man sie von Drogen fernhalten kann (ich erzähle ihm, daß ich damit herumexperimentiert habe und wieder unbeschädigt daraus hervorgegangen bin – glaube ich jedenfalls). Ich frage ihn, wie man erfolgreich ist und er sagt mir: „Vertraue deinen Instinkten und hör' nicht auf das, was dir andere sagen."

Und schließlich sprechen wir auch über den Tod und unsere Angst davor. Obwohl er die Fünfzig schon überschritten hat, sieht Andrew genauso kräftig und wohlgenährt wie sein Vieh aus. Aber auch er macht sich so seine Gedanken darüber. „Ich kann nur hoffen, daß einer von den Jungens eines Tages die Farm übernehmen wird, dann kann ich zufrieden sterben.“ Ich erzähle ihm von dem Tonband, das sich jedes Mal in meinem Kopf dreht, wenn ich in einem Auto sitze, das zu schnell fährt, und von dem Truck, den ich in der Nullarbor Plain am Straßenrand gesehen habe. Er antwortet mir darauf, daß ich lediglich sehr schnell erwachsen werde.

„Wenn du jung bist, kommst du dir wie Supermann persönlich vor, nichts kann dir etwas anhaben“, sagt er. „Und dann gibt eines Tages ein Freund, den du gut kennst, ein Typ, so stark wie ein Ochse, den Löffel ab. Danach legst du ‘nen langsameren Gang ein, verbringst mehr Zeit mit deiner Frau und versuchst, die Sachen ein bißchen mehr zu genießen.“

Wir fahren die letzte halbe Stunde nach Albany schweigend dahin und sind beide etwas überrascht darüber, daß wir uns nach nur drei Stunden Kennenlernen einem völlig Fremden so rückhaltlos anvertraut haben.

Zum Abschied hat Andrew noch einen guten Ratschlag für mich. Als ich aus dem Laster klettere, um in die Stadt zu gehen, gibt er mir einen Börsentip. Er sagt mir die Namen von mehreren kleinen Unternehmen, von denen er „ein paar Anteile hat, die eines Tages ein Vermögen wert sein werden.“ Ich möchte ihn gerne fragen, wie ich statt dessen bei ihm investieren kann.

Auf alle Fälle kommt er in meine Privatsammlung all jener bemerkenswerten Menschen, die ich unterwegs getroffen habe und an die ich mich gerne erinnere. Andrew Cabassi, der Glückliche Farmer aus dem Glücklichen Land. Wir schütteln uns die Hand und gehen unsere getrennten Wege in die Nacht.

Auf Schienen

Gleich wird etwas Wunderbares und Ungewöhnliches passieren. Gleich wird ein Güterzug heranrattern und ich werde aufspringen und mit ihm irgendwohin fahren, das Ziel kenne ich selbst noch nicht. Wenigstens rede ich mir das schon den ganzen Nachmittag über ein, während ich neben einem Bahnübergang westlich von Albany in einem Graben liege.

„Der Zug kommt um 2 Uhr, das ist so sicher wie das Amen in der Kirche“, versicherte mir der Farmer, der mich vor ein paar Stunden hier, in Elleker, abgesetzt hat. „Sie halten hier zwar nicht mehr, wenigstens nicht, um etwas abzuladen. Aber sie fahren wegen irgendwas auf der Strecke langsamer.“

Zuerst hielt ich überhaupt nichts von dieser Idee und marschierte ein paar Meilen aus Elleker hinaus, um auf der Hauptstraße in Richtung Westen einen Wagen anzuhalten. Dann, auf halbem Weg dahin, ertappte ich mich dabei, wie ich umkehrte und zurückging. Das Reisen per Anhalter ist reine Glückssache. Aber auf einem Güterzug aufzuspringen, der irgendwohin ins Blaue fährt, das ist eine ganz andere Art von Glückssache.

Außerdem habe ich mit Güterzügen noch ein Hühnchen zu rupfen. Im Moment steht es 2 : 0 für die Züge. In Amerika sind einst Tausende von Trampern per Zug gefahren, entweder von Job zu Job, oder von Landstreicherparadies zu Landstreicherparadies. Zusammen mit den Güterzügen ist inzwischen auch der Großteil dieser Landstreicher verschwunden. Aber der Mythos dieser Tramper per Güterzug findet immer noch großen Anklang, vor allen Dingen bei romantischen Dummköpfen.

Mit siebzehn Jahren bewies ich, daß ich zu diesen Dummköpfen gehörte, indem ich versuchte, in Kalifornien auf einen Güterzug aufzuspringen. Neben den Gleisen hatte sich eine Runde von saufenden Landstreichern an einem Lagerfeuer niedergelassen. Und ich in meiner Einfalt dachte, es wäre eine gute Idee, mir von ihnen professionelle Ratschläge zu holen. Das einzige, was ich erhielt, war besoffenes Geschwätz von einem der Landstreicher, während ein anderer sich an mich heranschlich und meinen Rucksack durchsuchte. (Daß sie mein Gepäck durchsucht hatten, entdeckte ich erst später, nachdem ich festgestellt hatte, daß die Ratschläge nutzlos waren; die Güterzüge hielten an dieser Stelle schon lange nicht mehr.)

Ein paar Wochen später versuchte ich es noch einmal, und zwar auf Anraten eines Anhalters, den ich außerhalb von Boise, Idaho, getroffen hatte. ‚Gib' einfach einem der Zugbegleiter zehn Dollar und frag' ihn, wo ein offener Wagen ist', sagte er mir. Ich tat es. Der Zugbegleiter gab mir die zehn Dollar zurück und erklärte mir, wenn ich nicht innerhalb fünf Sekunden verschwunden wäre, würde er mich einsperren lassen. Danach hatte ich mit Güterzügen nichts mehr im Sinn.

Aber die Sache bei Elleker sieht recht einfach aus. Kein Gleisgewirr, über das man sich auf Zehenspitzen schleichen muß, keine Landstreicher, die mir falsche Ratschläge geben, nicht einmal ein Anwohner in Sichtweite, der mich hinhängen könnte. Nur ein paar Gleisarbeitert, die ungefähr eine Meile entfernt gleichgültig auf die Schienen hämmern. *Katschunk. Katschunk. Katschunk.* Ich muß nur in diesem Graben außer Sichtweite liegen bleiben und darauf warten, daß der Zwei-Uhr-Zug ratternd auftaucht. Die einfachste Sache der Welt.

Ich schließe die Augen. *KaTSCHUNKunk. KaTSCHUNKunk. KaTSCHUNKunk.* Das hört sich aber nach einem Herzschlag an, nicht nach einem Hammer. Ich springe auf. Was soll ich machen, wenn hinten ein Zugbegleiter sitzt? Wenn es keine offenen Waggons gibt? Was, wenn?

Wem willst du eigentlich Sand in die Augen streuen? Wir sprechen hier über mich, nicht über einen furchtlosen Stuntman. Mich, den Angsthasen, der schon beim Start eines Flugzeugs feuchte Hände bekommt, der beim Anblick von Blut in Ohnmacht fällt, der das letzte Mal mit elf Achterbahn gefahren ist, und auch nur deshalb, weil ihn sein Bruder dazu gezwungen hat. Wem willst du also was vormachen?

Die Wahrheit ist, daß ich völlig versage, sobald es um Dinge geht, die körperlichen Mut erfordern. Das heißt, wenn ich in dumme Situationen gerate, aus denen ich mich herausreden kann, bin ich Spitze. Sogar Straßenräuber machen mir nichts aus, solange sie mir keine Waffen ins Gesicht rammen. Worte können mich nicht verletzen.

Ich habe Angst vor körperlicher Gewalt, vor Gegenständen, die mich verletzen können. Ich gehöre zu den Menschen, die sich einen Kriegsfilm ansehen und fragen, warum sich die ganzen Soldaten nicht einfach in den Schlamm legen und ‚Toter Mann' spielen.

Das ist mein wirkliches Ich, in meiner Phantasie besteht mein Ich aus einer Mischung zwischen dem Indianerhäuptling Geronimo und dem australischen Robin-Hood-Verschnitt Ned Kelly. Und wie es auch bei anderen Menschen so häufig der Fall ist, steht mein Phantasie-Ich meinem wirklichen Ich des öfteren im Wege. Deshalb gerate ich immer wieder in Situationen wie diese, wo ich in Angstschweiß gebadet in einem Graben liege und darauf warte, daß ein Güterzug kommt, auf den ich aufspringen kann.

KaTSCHUNK – KaTSCHUNK – KaTSCHUNK – KaTSCHUUUUUUU! KaTSCHUUUUU! KaTSCHUUUUU! KaTSCHUUUUUUUUU! Ich strecke vorsichtig den Kopf aus dem Graben, und tatsächlich, da kommt er, in voller Größe, rattert direkt auf mich zu. Ich ducke mich wieder in den Graben und warte, bis die Waggonkolonne an mir vorbei ist und dann zischend zum Stillstand kommt. *KAtschuuuuu.* Wieder strecke ich meinen Kopf heraus. Die Gleisarbeiter sind auf der anderen Seite des Zugs und damit außer Sicht. Kein Zugbegleiter auf dem letzten Waggon. Auch sonst ist nichts zu sehen. Es gibt keine Ausreden mehr.

Ich springe aus dem Graben und renne am Zug entlang auf der Suche nach einem offenen Waggon. Sie sind alle versiegelt. Ich renne zum letzten Waggon zurück um zu sehen, ob es dort eine Plattform gibt, auf die ich mich setzen kann. Die gibt es nicht. Ich rase wieder in die andere Richtung, um irgendwo zwischen den Waggons einen Platz zum Draufsitzen zu finden. Ich finde einen, aber er ist sehr eng, unbequem und vielleicht sogar gefährlich. Auf der Seite führt eine Leiter nach oben, aber dort oben Huckepack zu fahren dürfte mehr als nur riskant sein. Vielleicht sollte ich wieder in den Graben und ‚Toter Mann' spielen. Zu spät.

„Hey, Junge, was zum Teufel machst du da?" Es ist der Zugführer, der ein Stück entfernt am Gleis steht. „Wenn du meinst, du kannst zwischen den Waggons mitfahren, vergiß es. Außer, du legst Wert darauf, das Fleisch in einem sehr zermatschten Sandwich zu sein."

Mein wahres Ich ist sehr erleichtert; was immer jetzt auch passieren mag, es kann nicht so gefährlich sein, wie das heimliche Mitfahren zwischen zwei Waggons. Aber Geronimo ist enttäuscht; schließlich hat er zehn Jahre gebraucht, um sich so weit aufzuraffen.

„Habt' ihr vielleicht vorne für mich einen Platz?", rufe ich ihm zu. Die Frage scheint den Mann zu überfordern.

„Ich bin nur der Assistent", sagt er, „frag' den Fahrer."

Eisenbahnstrecke in Westaustralien

Ich laufe am Zug entlang nach vorne und blicke hinauf, weit hinauf, zu den Zahlen 1591 und dem Namen ‚Shire Of Toodjay', und darüber zum Fenster des Zugführers, aus dem sich ein kahlköpfiger Mann mit einem karierten Wollhemd herauslehnt. Ich wiederhole meine Frage. Er blickt mich durch die dunklen Gläser seiner Sonnenbrille an, blickt rechts und links am Gleis entlang, und lädt mich dann mit einer Kopfbewegung zum Einsteigen ein.

„Vergiß nicht, daß du mich keine Einladung hast aussprechen hören", sagt er, als ich über die Leiter in die Kabine des Zugführers klettere. Der Assistent klettert ebenfalls herein und schon rattern wir aus Elleker hinaus.

„Wo willst du denn überhaupt hin?" fragte mich der Fahrer.

„Wo Sie hinfahren."

„Auf Abenteuerreise, was?" Er lacht. „Nun, hier oben gibt es bestimmt kein Abenteuer. Aber zumindest ist es sicher." Dann erklärt er mir, warum mich sein Assistent vor dem Zerquetschtwerden zwischen den Waggons gewarnt hat. Es ist erst ein paar Wochen her, daß der Zug in Nullarbor entgleiste, und als sie schließlich die Wagen auseinandergeschweißt hatten, fanden sie den Körper eines jungen Mannes. „Er war vollkommen zermanscht". Er war auch ein Yank gewesen. Vermutlich hatte er dieselben blödsinnigen Phantasievorstellungen über Güterzüge wie ich.

Meine eigene Phantasie läßt mich gerade nach Norden rattern, wo die zwanzig leeren Waggons mit Weizen gefüllt werden sollen. Es ist zwar nicht gerade die direkteste Route nach Perth, aber sie führt zumindest nicht wieder den Weg zurück, den ich gekommen bin. Meine gestrige Schulstunde behandelte künstliche Befruchtung; heute ist das Fahren auf Zügen dran.

„Damals in den 40er Jahren, als ich mit diesem Beruf anfing, gab's 'ne Menge solcher Typen wie dich", erzählt mir Gordon Link. Meistens waren es Tramps. Aber auch Apfelpflücker und Packer versuchten auf diese Weise kostenlos zur nächsten Obstplantage zu kommen. Offiziell war es den Zugführern von Güterzügen untersagt, menschliche ‚Fracht' mitzunehmen. „Aber meistens hab' ich in die andere Richtung geschaut, wenn ich gesehen hab', daß einer heimlich aufgesprungen ist. Ausgenommen, derjenige war betrunken." Oder sie war weiblichen Geschlechts. Dann hat er sie vielleicht sogar eingeladen, vorne mitzufahren. Aber für dieses Privileg mußten sie auch arbeiten. „Ich ließ' sie, wie alle anderen auch, die Kohlenschaufel schwingen."

Dann gab's immer weniger Arbeit für die Obstpflücker und auch für die Güterzüge. Die Züge pflegten Frachtgut zu laden, das sie in jeder der kleinen Ortschaften auslieferten. Aber dann kamen die Lastwagen und Autos, und das Geschäft ging immer schlechter. Jetzt fahren die meisten Güterzüge nur noch lange Strecken mit Kohle, Weizen oder Eisenerz als Fracht. Nur noch bei Orten wie Elleker, wo sie das Gleis wechseln müssen, dürfen sie weiterhin anhalten. Der letzte Anhalter, den Gordon sah, war ein betrunkener Seemann, der in Freemantle das Schiff verließ, um seine Freundin in Albany zu besuchen, und anschließend auf einen Zug aufsprang, um wieder zu seinem Hafen zu kommen.

„Er war der Meinung, daß das der schnellste Weg zurück nach Freeo wäre. Aber er merkte erst, als es zu spät war, daß wir in die falsche Richtung fuhren, und daß wir uns auch nur verdammt langsam vorwärts bewegten."

So langsam, daß Gordon eigentlich nichts anderes zu tun hat, als sich gemütlich zurückzulehnen und ganz lässig die Strecke vor uns im Auge zu behalten. Bei den elektrifizierten Zügen muß keine Kohle mehr geschaufelt werden und richtig ‚fahren' muß man auch nicht mehr.

„Ich bin nur noch ein Hebel-Bediener", sagt er, „auf Nebenstrecken muß ich die Geschwindigkeit verringern und auf den Hauptstrecken wieder erhöhen. Manchmal erreichen wir eine Tonne – das sind ungefähr 100 Stundenkilometer – aber meistens zuckeln wir mit ungefähr 80 dahin."

Er sitzt bequem in seinem Sitz und sieht zu, wie die Wälder und das Farmland draußen vorbeiziehen. Es sieht genauso einfach aus, wie eine Spielzeugeisenbahn um den Weihnachtsbaum fahren zu lassen. Sogar die Zugpfeife ist keine richtige Pfeife mehr, seit es keinen Dampf mehr gibt; es ist eine Art Hupe, die mit Luftdruck betrieben wird. Gordon betätigt sie einmal, um ein Auto zu warnen, das direkt vor dem Zug die Gleise überqueren will. „Hier muß es 'ne Menge Japsen geben", meint er, „ständig will jemand partout noch ganz eilig über die Gleise."

Ich bezweifle, daß es hier viele Japaner gibt, aber vielleicht ein oder zwei Stämme mit depressiven Aborigines. Jede zweite Stadt und fast jeder Fluß scheinen einen Namen zu haben, der mit einem Schluckauf endet: Narrikup, Porogurup, Bolganup, die ganze Strecke von der Bucht bis zum Indischen Ozean. Gordon meint, das kommt daher, weil ‚up' Wasser bedeutet, und das wiederum würde die ganzen Schluckaufe erklären.

Gordon ist auf den Weg ins trockene Landesinnere, wo alle Namen auf ‚in' enden: Wagin, Wickepin, Corrigin, Kellerberrin. Und er hat ein bißchen Angst davor, daß irgendein Aufseher den blinden Passagier in der Fahrerkabine bemerken könnte. Deshalb hält er 50 km nördlich von Elleker an einer ruhigen Kreuzung und läßt mich aussteigen.

„Darauf kannst du dir was einbilden", meint er und drückt nur so zum Spaß ein paar Mal auf sein Horn. „Das ist der erste Weizenzug seit mindestens tausend Jahren, der in Mount Barker anhält." Barker macht keinen sonderlich erhebenden Eindruck. Und um der Wahrheit Ehre zu geben, ich auch nicht. Mein Ausflug ins Güterzug-Trampen war fast genauso wie das Vorhaben, auf dem Jahrmarkt in der Todesspirale mitzufahren, um dann im Kinderkarussell zu landen.

Ich breite meine Karte auf dem Schotter neben den Gleisen aus und überlege, welchen ‚Schluckauf' ich nehme. Ich kann entweder auf der Hauptstraße in Richtung Norden nach Kojonup fahren, oder nach Nordwesten nach Boyup, oder der dünnen roten Linie einer Straße nach Westen, nach Manjimup, folgen. Nach dem Busch erscheint mir diese Gegend so zivilisiert und ungefährlich, daß ich ganz vergesse, wieviel leerer Raum sich hier zwischen den einzelnen Zivilisationspunkten befinden kann.

Ich werde daran erinnert, als ich nach Rocky Gully mitgenommen werde. Der Ort ist so winzig, daß er nicht einmal auf der Karte existiert. Da gibt es lediglich einen Laden, eine Benzinpumpe, ein paar Häuser und einen großen Haufen Bauholz, durch den sich eine kreischende Kettensäge ihren Weg bahnt. Ich halte dieses Geräusch ständig für einen herannahenden Wagen. Aber jedes Mal, wenn ich aufblicke, sehe ich nichts als eine Wolke vor meinem Gesicht, oder besser gesagt, eine Wolke, die aus meinem Gesicht kommt. Denn es ist ziemlich kalt. Die Besitzerin eines Ladens gibt mir ein paar Ratschläge. Die gute Nachricht ist, daß es ein Stück die Straße hinunter ein Hotel gibt; die schlechte Nachricht ist, daß es eine fatale Ähnlichkeit mit einem Pub ohne Bier hat.

„Der Wirt hat zwar Zimmer, aber die vermietet er nicht", erklärt sie mir. „Aber Sie können es versuchen. Trinken Sie ein paar Bierchen und bereiten Sie ihn damit schonend auf ihren Wunsch vor. Und was immer Sie auch dort machen, bestellen Sie um Himmels Willen bloß keinen Tee. Er haßt es, Tee zu machen." Sie gibt mir diese Informationen mit einer Selbstverständlichkeit, die ahnen läßt, daß Geschäfte in Rocky Gully auf sehr eigenwillige Art und Weise abgewickelt werden. Warum auch sollte man von einem Wirt erwarten, daß er Zimmer vermietet oder Mahlzeiten serviert? Aber es ist dunkel und kalt; mir bleibt nichts anderes übrig, als mich den örtlichen Geschäftsgebaren anzupassen.

Das ‚Rural Hotel' besteht außen aus kahlen Ziegelwänden und ist innen noch kahler. Neben der Bar gibt es einen Billardtisch und eine Menge leeren Platz, der in jedem anderen Pub mit Tischen, Stühlen und einer Musicbox genutzt wäre. Aber hier steht alles leer. Es sind auch keine Gäste da. Nur mich und den weißhaarigen Wirt mit dem sauertöpfischen Gesicht, der an der Bar steht und ein Blatt über Pferderennen studiert. Über sein Gesicht scheinen schon mehrere tausend Verliererpferde galoppiert zu sein und haben es roh und zerknittert und unglücklich zurückgelassen.

Ich setze mich auf einen Stuhl, lege eine Zwei-Dollar-Note auf die Bar und bestellte ein Emu-Bier. Der Wirt bewegt sich nicht. Ich wiederhole meine Bestellung. Immer noch nichts. Ich stehe auf und schlendere zur Tür, um mir ein paar Annoncen anzuschauen, die dort aufgehängt sind. ‚Ziegen. Lebend. Zu kaufen gesucht.‘ – ‚Wachteln zu verkaufen.‘ - ‚Geschorene Schafe.‘ Das übliche Zeug. Als ich zu meinem Platz an der Bar zurückkomme, steht dort das Bier und daneben liegen 80 Cent Wechselgeld. Der Wirt steht noch genauso da wie vorher, das Gesicht in der Pferdezeitung vergraben.

Vier Arbeiter aus der Sägemühle kommen herein und bestellen eine Runde Bier. Sie sind noch behutsamer als ich und warten geduldig, bis der Wirt ein Telefonat erledigt hat – vermutlich mit seinem Buchmacher – dann abermals die Wettzeitung durchblättert, ehe er ihnen schließlich das Bier serviert. Die Arbeiter aus der Sägemühle unterhalten sich eine halbe Stunde, ganz leise, wie in der Kirche, dann bestellen sie eine Runde Hackbraten. Ich ergreife die Gelegenheit und bestelle auch einen für mich. Der Wirt blickt uns über seine Zeitung an, als hätten wir ihn darum gebeten, uns eine Portion Ente à l'Orange herzuzaubern.

Zwanzig Minuten später liegen die Hackfleischportionen immer noch in dem nicht eingeschalteten Mikrowellenherd, offensichtlich vergessen. Als der Wirt abermals zum Telefon geht, frage ich einen der Arbeiter, ob wir ihn nicht an unsere Bestellung erinnern sollten. „Hetz' ihn bloß nicht, sonst bekommst du nie was", flüstert er mir zu. Zehn Minuten später schubst der Wirt die Teller mit den lauwarmen Braten auf die Bar. Die Arbeiter bedanken sich dafür beim Wirt derart überschwenglich, daß man annehmen könnte, ihre Schwiegermutter hätte ihnen gerade ein Dinner serviert.

„Mmmmmh! Fantastisch, ganz fantastisch."

Zuerst halte ich diesen Blödsinn für Sarkasmus, aber dann merke ich, daß das Ganze mit Diplomatie zu tun hat. Da sich im Umkreis von 50 Meilen kein anderes Pub befindet, können es sich die Leute einfach nicht erlauben, ihre einzige Alkoholquelle zu verärgern. Zwei Biere später, nachdem die Arbeiter gegangen sind, stelle ich dem Wirt die große Frage.

„Entschuldigen Sie bitte, Sir. Ich frage, ob Sie vielleicht für mich für heute Nacht ein Zimmer haben?" Ich erwarte keine Antwort und bekomme auch keine. Ich kenne inzwischen die Regel, daß ich mindestens fünf Minuten warten muß, ehe die Frage beantwortet wird. Er wendet nicht für einen einzigen Moment die Augen vom Fernseher ab und wartet noch ein paar Minuten länger, bis er mir antwortet.

„Bin ausgebucht“, sagt er. Natürlich, wie dumm von mir. Schließlich hatte ich in den letzten beiden Stunden nur drei Biere und einen lauwarmen Hackbraten. Wir wollen doch nicht maßlos werden. Ich betrachte die leere Bar, lese zum 15. Mal die Notizen an der Wand, blicke aus dem Fenster in die kalte, dunkle Nacht. Dann schlendere ich wieder zur Bar zurück und starre blicklos weitere zwanzig Minuten in den Fernseher.

„Ich glaube, daß wir dich irgendwie doch noch dazwischenquetschen können“, sagt er plötzlich völlig überraschend während einer Reklameunterbrechung des Programms. Ich nicke.

Zehn Minuten später, als die TV-Komödie vorbei ist, führt er mich in einen dunklen Korridor. Dort gibt es vierzehn leere Zimmer, mit gemachten Betten und Handtüchern über den Rücklehnen der Stühle. Das Badezimmer ist ziemlich altertümlich. ‚Für Seife hier drücken‘ steht auf einem altmodischen Seifenspender, der garantiert seit 1924 nicht mehr gedrückt worden ist. Der Wirt zeigt mir ein Zimmer am Ende des Ganges, streckt die Hand aus – „Kostet zwanzig Dollar“ – und verschwindet. Es ist der höchste Preis, den ich seit Sydney für ein Zimmer bezahle.

Das Zimmer ist genauso unfreundlich wie mein Gastgeber. Kaum bin ich ausgezogen und liege im Bett, schon pfeift ein kalter Wind durch Spalten und Ritzen. Es gibt nur eine Decke – einen dünnen Lumpen aus Wolle, der fast durchsichtig ist. Das Bett fühlt sich an, als wären die Sprungfedern ausgebaut worden und als wäre dort, wo eigentlich die Matratze sein sollte, Beton hineingegossen worden. Ich durchstöbere die anderen Zimmer nach zusätzlichen Decken und schaffe es, mein Nachtlager so bequem wie ein mittelalterliches Burgverließ auszustatten.

Ich liege einige Zeit wach und frage mich, welches Schicksal diesen Wirt wohl nach Rocky Gully verschlagen hat, in eine Rolle, für die er offensichtlich eine völlige Fehlbesetzung ist. Und dann sinne ich über all die Schicksalsfügungen nach – eine Liebesgeschichte, eine Idee für eine Reise, eine zufällige Aneinanderreihung von Mitfahrgelegenheiten – die mich in Rocky Gully als Gefangener für eine Nacht haben stranden lassen.

Alles dreht sich um den Cup

Geräusche und Gerüche spielen in meinem Reich der Sinne nur eine zweitklassige Rolle. Auch wenn die Welt verschwommen wird, sobald ich meine Brille abnehme. Was ich nicht sehen kann, dem traue ich auch meistens nicht.

Doch in Rocky Gully ist der schimmernde Nebel zu dick, um irgendetwas sehen zu können. Deshalb bleibt mir nichts anderes übrig, als mich in der Morgendämmerung an der Straße per Gehör und Nase zu orientieren, während die Stadt langsam wie eine Katze aus dem Schlaf erwacht. Aus den Wäldern bringt der Wind den Geruch von Pinien mit und fängt an, den nächtlichen Nebel langsam aufzulösen. Vögel zwitschern und piepsen wie geräuschvolle Kinder beim Frühstück. Dann geht die Sonne auf und ein Hahn weckt mit seinem Krähen das Kaff endgültig auf. Hunde bellen. Aus irgendeinem Herd kommt der Geruch nach brennendem Holz. Und schließlich gibt es auch, eine Stunde nach Sonnenaufgang, ein von Menschen erzeugtes Geräusch: das schrille, nerventötende Kreischen einer Kreissäge, gefolgt vom schweren Plumpsen, mit dem ein Baum zu Boden fällt.

Aus einer holperigen Seitenstraße rumpelt ein Lastwagen heran und hält, um mich mitzunehmen. In der Fahrerkabine sitzt ein grauhaariger alter Mann in einem karierten Wollhemd. Hinten auf seinem Laster liegen eine Kreissäge und eine Axt. Ein netter Tagesanfang: Ein Holzfäller auf dem Weg zu seinem ersten Baum des Tages. Sobald wir uns in Bewegung gesetzt haben, frage ich ihn, wie das so ist, durch die Wälder zu wandern und dabei einen dieser jahrhundertealten Karri-Bäume zu finden, diese besonderen Eukalyptus-Bäume, die es in dieser Gegend noch gibt?

„Schätze, wenn er für 200 Dollar Holz hergibt, werd' ich den Kerl abholzen", antwortet er. Damit ist das Interview zu Ende.

Als ich aus dem Fenster blicke, habe ich das Gefühl, als wäre ich wieder zuhause – oder zumindest in der Gegend, in der ich einst zuhause war: endlose Wälder und Flüsse, wie in Virginia, wo ich aufgewachsen bin. Außer diesem Gebiet in Australien wirkte nur noch Tasmanien derartig vertraut – zumindest auf den ersten Blick.

Ein paar Monate, nachdem ich nach Sydney gekommen war, fuhr ich mit Geraldine nach Tasmanien. Die Hügel und Wälder und Dörfer im Kolonialstil machten mich richtig heimwehkrank. Im wilden Norden des Staates wollten wir einen Berg besteigen, und zwar auf einem selten begangenen Bergpfad, den ein Freund uns als ‚etwas steil' beschrieben hatte. Wir zogen sehr früh los und

Sonnenaufgang im australischen Busch

hatten als Gepäck lediglich einen Apfel dabei, da wir davon ausgingen, daß wir zu Mittag wieder unten wären. Schließlich war der Weg ja angeblich nur ein bißchen steil. Ein schlecht gekennzeichneter Pfad führte uns zuerst durch dichte Wälder, dann über einen steinigen, baumlosen Bergrücken zu einer steinigen, baumlosen Klippe und weiter zu einem anderen Bergrücken. Wir mühten uns ab, die nächste Klippe zu finden, den nächsten Bergrücken, und munterten uns gegenseitig mit dem ‚Ist-Es-Nicht-Toll'-Lächeln auf, das man in den Bergen so häufig aufsetzt.

Als wir schließlich den Gipfel erreichten, waren die Mücken unerträglich. Also machten wir uns auf den Rückweg und suchten uns auf dem steilen, steinigen Abhang des Berges unseren Weg wie die Gemsen. Unser Pfad war nirgends zu sehen. Wir versuchten es in die eine Richtung und dann in die andere; jeder Versuch endete an einem steilen Abgrund, der mehrere hundert Meter in die Tiefe abfiel. Ich besah mir das Panorama, mein Blick reichte ungestört mindestens 80 km in jede Richtung. Und ich konnte nicht das kleinste Anzeichen von Menschen ausmachen; keine Straße, keine Hochspannungsleitungen, nicht einmal ein Rauchwölkchen. Ich war davon überzeugt, daß Tage vergehen würden, ehe jemand herausfand, daß wir hierher gekommen waren; und viele Wochen, ehe sie unsere Körper entdecken würden. Bei Sonnenuntergang fanden wir unseren Pfad wieder und schafften, zerkratzt und blutend, den Abstieg. Überhaupt nicht so wie in Virginia.

Geraldine amüsiert sich über diesen Ausflug immer noch köstlich und wirft mir vor – wie so vielen Amerikanern – völlig menschenbezogen zu sein: Wenn sich in einem Gebiet kein menschliches Wesen aufhält, gerate ich in Panik. Hartgesottene Australier fühlen sich auch an einem völlig einsamen Strand oder in einem unberührten Regenwald heimisch. Wenn ich erst einmal eine Weile hier gelebt habe, werde ich das auch können. Erspart mir nur irgendwelche Kletterpartien.

Die südwestliche Ecke von Westaustralien ist wie Tasmanien ohne dessen Wildnis. Die Wälder sind licht und leicht zu durchwandern, und immer ist ein verwittertes Häuschen in der Nähe oder ein alter Steinkamin steht dort, wo sich früher ein Farmhaus befunden hat. All das sind Anzeichen, daß dieses Land vor langer Zeit sehr behutsam besiedelt wurde, und daß es nie so viel hervorgebracht hat, als daß es sich rentiert hätte, die Besiedlung nachdrücklicher voranzutreiben. Doch es gibt die sanften, aber unmißverständlichen Anzeichen einer ländlichen Gegenkultur: Das ‚Old Bakery Restaurant' in der einen Stadt, das ‚Zentrum für Käsehandwerk' in der anderen und in leuchtenden Farben gestrichene Häuschen, die sich in die Täler kuscheln. Einmal blinzeln – und schon könnte das hier der Shenandoah sein.

Auch mein Fahren per Anhalter ähnelt meinen Fahrten durch das ländliche Amerika. Im Busch habe ich mich an lange Mitfahrten gewöhnt; da gibt es so wenig Städte und sie liegen so weit auseinander, daß die erste Mitfahrgelegenheit des Tages auch meistens die einzige bleibt. Aber hier, an einem Werktagvormittag in einem dicht besiedelten Gebiet, hüpfe ich von Stadt zu Stadt und klettere bereits wieder aus den Wagen, ehe ich noch irgendwelche erzählenswerten Details aus dem Leben meiner Fahrer erfahren habe. Das Ganze ähnelt ein bißchen dem Gleiten durch die ersten 50 Seiten eines russischen Romans, wo man ein Dutzend verschiedene Personen kennenlernt, deren Namen und Gesichter aber schnell ineinanderfließen. Geordnet nach ihrem Auftreten, liest sich die Darstellerliste nach Rocky Gully wie folgt:

DER FARMER: (verlangsamt die Fahrt seines Trucks, deutet auf die ungepflegten Felder eines benachbarten Hobby-Farmers): Jetzt ist er ein guter Farmer, er hat seine Wiesen gemäht. Aber wissen Sie was? Bei dem kann man zu jeder Tageszeit an die Tür klopfen und es ist immer jemand zuhause. Diese Leute sind nicht gerade arbeitswütig. Jemand, der hier aufgewachsen ist, hat nichts anderes als Arbeiten im Kopf. Aber diese Typen, die gehen lieber stempeln.

DIE WEBERIN: (eine überdimensionale Sonnenbrille im Stil der 60er Jahre verdeckt den größten Teil ihres Gesichts): Perth ist einfach schrecklich. Verstehen Sie, was ich meine? Wie eine große öde

Vorstadt. Aber hier unten ist es nicht schrecklich. Hier gibt's nur Farmer. Verstehen Sie, was ich meine? Aber irgendwie ist es komisch, ich war davon überzeugt, daß es auf der Farm sehr viel privater sein würde. Verstehen Sie, was ich meine? Es ist schlimmer als in der Großstadt. Jeder weiß, wer welches Auto fährt, wer zuhause ist, wer bei jemand anderem ist, wessen Frau gerade im Pub ist. Verstehen Sie, was ich meine?

DER RUGBY-SPIELER: (Arme so dick wie mein Oberschenkel, mit einem Wagen, dessen Inneres einem Ankleideraum nach einem wichtigen Spiel gleicht: Shorts, T-Shirts, Suspensorien, zerdrückte Bierdosen): Bis jetzt hab' ich Glück gehabt, hab' mir immer nur was gebroch'n. (Kiefer. Nase. Handgelenk. Wieder den Kiefer). Aber Brüche sind in Ordnung. Das ist was Sauberes. Werden eingerichtet und das war's. Aber wenn's dir an die Knie und an die Ellbogen geht, dann mußt' das Spielen aufhör'n. (Macht eine Pause, wirft mir ein zahnloses Grinsen zu, hebt den Arm, um mir den Schorf auf den Wunden zu zeigen, die aus seinem letzten Spiel stammen.) Siehste das? Mir geht die ganze Zeit die Haut ab.

DER APFEL-PFLÜCKER: Im Moment sind ja die Gelben dran und noch ein paar von den Roten. Du bist Kanadier, richtig? Oder ein Yank? Dachte ich. Aber es ist sicherer zu fragen, ob jemand Kanadier ist. Canucks können es nicht ausstehen, Yank genannt zu werden. Macht es Yanks etwas aus, Canucks genannt zu werden? Nein? Das ist gut. Hier, versuch' einen von diesen Roten, und dann einen Gelben. Am besten iß die verdammten Dinger ganz auf. Wenn ich auch nur noch einen Apfel sehen muß, fang ich an zu kotzen.

DER HANDLUNGSREISENDE: (einen Duftspender auf dem Armaturenbrett. Firmenwagen, Firmen-Tonbandgerät): Als ich ein Kind war, war Perth ein Friedhof – genauso tot war es. Sie denken, ich mache einen Scherz? Es war tot, wirklich tot. Und jetzt? Jetzt ist es hektisch, laut, aggressiv. Die Leute fressen dir die Augen aus dem Kopf, wenn du ihnen auch nur die Andeutung einer Gelegenheit dazu gibst. Bunbury ist jetzt so, wie Perth früher war. Tot. Aber es ist eine nette Art von Totsein.

Meine Mitfahrten gehen in Richtung Norden, von Manjimup nach Nanup, nach Blaingup, nach Boyanup. In Bunbury hören die ‚ups' auf und auch die Weiden, die Äpfel und die alten Gebäude aus Stein. Perth ist noch mehr als 100 km entfernt, aber schon liegt der Geruch der nahenden Großstadt in der Luft. Einspurige Straßen verbreitern sich auf zwei Spuren, dann auf vier. Der Verkehr ist hektisch und aggressiv und spült mich unaufhaltsam auf die schreckliche Großstadt zu, vor der jeder in Richtung Süden geflüchtet ist.

Große Städte sind für den Anhalter ein Alptraum. Wenn möglich, solltest du eine Ring- oder Umgehungsstraße finden, die dich am pulsierenden Zentrum des städtischen Lebens vorbeiführt. Aber wesentlich häufiger passiert es, daß du durch sämtliche kleinen und großen Straßen gepreßt wirst, ehe du am anderen Ende wieder ausgespuckt wirst. Und während dieser Zeit befindest du dich immer in Gefahr, umgestoßen, umgefahren, beraubt oder wegen Landstreicherei verhaftet zu werden. Oder du findest dich in einem städtischen Bus mitten in einer lynchwütigen Menge wieder, die dich aufhängen will, weil du eine alte Dame unvorsichtigerweise mit dem Rucksack angerempelt hast.

Verglichen mit den meisten nordamerikanischen Städten ist Perth nicht sonderlich groß, aber immer noch groß genug, um für die Durchquerung einen halben Tag zu benötigen. Deshalb entschließe ich mich, südlich der Stadt in Fremantle zu übernachten, um mich dann für einen ganzen Tag in die Höhle des Löwen zu begeben. Schließlich könnte ich mich daheim in den Staaten kaum mehr sehen lassen, ohne den einzigen Teil von Australien in Augenschein genommen zu haben, den meine Landsleute kennen. (Perth, das ist die Hauptstadt, richtig? . . . Nein, Canberra . . . Canberra? Ist das in der Nähe von Brisbane? Nein, das ist nirgendwo in der Nähe . . .).

Fremantle kuriert mich schnell von dem Heimweh, das ich weiter südlich auf dem Land gespürt habe. Amerika – oder zumindest der America's Cup – hat dem ehemaligen Fischerdorf sein unauslöschliches Brandzeichen aufgedrückt. Ich gehe direkt zum Wasser, nur um festzustellen, daß der Indische Ozean hinter einem Gewirr von Hochsicherheitszäunen ausgesperrt worden ist. ‚Hauptquartier der amerikanischen Cup-Verteidigung‘ steht auf einem eindrucksvollen Schild über dem verschlossenen Tor, darunter eine riesige Flagge mit dem üblichen boxenden Känguruh. Das Ganze sieht mehr nach einer Kaserne als nach einem Yachthafen aus. Das offene Meer ist zwischen den Ankerplätzen der Yachten kaum mehr zu erkennen, die Fischerboote müssen sich dazwischen hindurchschlängeln wie Elritzen zwischen schlafenden Walen.

150 Jahre lang hat sich in Freemantle Strandgut aller Art aus der nördlichen Hemisphäre angesammelt. Mitte des letzten Jahrhunderts, um 1850 herum, gab es hier so viele Sträflinge, daß die Soldaten bei ihren Streifengängen in der Nacht immer fragten: ‚Gefangener oder frei?‘ Dann wurde Fremantle aufgrund seiner Stellung als erster Anlegehafen für die Schiffe aus dem Westen zu Australiens ‚Eingangstor für Europa‘. Doch viele dieser Einwanderer, die hier an Land gingen, kamen nie über die Eingangshalle hinaus; in der Stadt werden immer noch mindestens 75 verschiedene Sprachen gesprochen.

Doch während der Vorbereitungen auf den Cup ähnelt Fremantle einer italienischen Stadt, die sich auf die Ankunft der Alliierten Streitkräfte einstellt. Oder wie ein Patient, der auf das Messer des plastischen Chirurgen wartet. Man renoviere das Commercial Hotel, nehme den uringelben Teppich heraus, befestige anstelle der nackten Glühbirnen romantische Kutscherlaternen und verwandle es auf diese Weise umgehend in die ‚New Orleans Bourbon and Beefsteak Bar‘. Man räume Clarrie Miniciullo's Ersatzteile-Laden aus und pflanze dafür das ‚Harbour Mill Garden Restaurant‘ hinein. Man vergrößere Papa Luigi's altes Cafe und verwandle es damit in Papa Luigi's neues Cafe, so aufgebläht und künstlich wie ein Silikon-Busen. Und wenn die Fäden gezogen sind, wird sich die alte, ethnische Stadt auf magische Art und Weise in einen aufgedonnerten Clone verwandelt haben, wie die sogenannten ‚internationalen‘ Dörfer, die sie über Nacht für die Olympischen Spiele aus dem Boden gestampft haben.

Glücklicherweise sind die Bemühungen bis heute, sechs Monate vor dem Rennen, nicht so ganz vom Erfolg gekrönt. Man kann zwar innerhalb eines Monats eine viktorianische Fassade aufbauen, aber es dauert etwas länger, die Menschen zu ändern, die hinter dieser Fassade leben. Deshalb zeigt Fremantle der Welt immer noch ein durchaus mediterranes Gesicht: alte Italiener schlürfen in Straßencafés ihren Cappuccino, griechische Matrosen schlendern mit Seesäcken über der Schulter durch die engen Straßen, portugiesische Fischer schütten ihren Fang auf die Docks. Derselbe Westwind, der die Morgenhitze lindert und das 12-Meter-Spinnaker bläht – Fremantles berühmten ‚Doctor' – holt den Fischgeruch von den Docks und bläst ihn durch die herausgeputzten Straßen.

Natürlich kurbelt eine kleine Dosis von Fremantles ethnischer Vielfalt das Touristen-Geschäft an. Und das wiederum ist der Grund dafür, daß das traditionelle Bild dieser Stadt noch nicht völlig ausgemerzt worden ist, sondern nur etwas auffrisiert wirkt. Und Fremantle ist dafür berühmt, Neuankömmlinge problemlos zu integrieren; mit seiner Persönlichkeit kann es überleben, während die Persönlichkeit einer jüngeren, weniger welterfahrenen Stadt wie Alice Springs vom Touristenansturm in Grund und Boden getrampelt wird. Ich ertappe mich bei der Hoffnung, daß die Yankee-Angreifer ihren Cup gewinnen und mit nach Hause nehmen und damit Fremantle wieder zu einem verschlafenen kleinen Seehafen werden lassen.

Perth, das 20 km weiter die Küste hinauf liegt, ist wieder etwas ganz anderes: protzige Wolkenkratzer, saubere Straßen und Vororte, die sich so weit ausbreiten, daß es schwierig ist, unter den ganzen ziegelgedeckten Häusern die Stadtmitte zu finden. Während der Großteil der Bevölkerung von Fremantle aus Arbeitern und Künstlern besteht, erscheint in Perth alles recht mittelklassig und provinziell. Mein erster und bleibender Eindruck von Perth ist der eines Denver am Meer: ein Kuhdorf, das groß und spießbürgerlich geworden ist, voller Verachtung für die übermäßig anspruchsvollen Horden ‚aus dem Osten'.

Perth

„New South Wales ist Quatsch", erklärt mir ein humorvoller junger Angestellter während einer zwanzigminütigen Zugfahrt von Fremantle nach Perth. „Victoria ist sogar noch weniger."

Ich frage ihn, ob er jemals in den Ost-Staaten gewesen ist. „Warum sollte ich?" antwortet er. „Wir haben hier doch alles. Und außerdem rümpfen die großen Snobs dort doch nur die Nasen über uns."

Der Hang zum Abgrenzen liegt in erster Linie in den geographischen Gegebenheiten begründet. Bali und Singapur liegen näher und sind billiger zu erreichen als die Städte im Osten. (In Richtung Westen gibt es keine andere Landmasse bis zur Insel Mauritius, die vor der afrikanischen Küste liegt und damit ungefähr 6400 km entfernt ist). Kein Wunder also, daß Perth etwas Ich-bezogen und chauvinistisch geworden ist: „Es heißt WEST-Australien", korrigiert ein hochnäsiger Beamter in einem Pub meine Aussprache. Und dann fügt er mit einem Lächeln hinzu: „Und vergessen Sie das nicht wieder." Als ich ihn frage, wie lange seine Familie bereits in Perth lebt, antwortet er ganz ernsthaft: „Schon seit Urzeiten – mindestens seit 60 Jahren."

Perth bringt mir die gleiche geschmacklose Liebenswürdigkeit entgegen, die ich schon in der Nullabor-Raststätte kennenzulernen das Vergnügen hatte. Wie Texas, nur größer, dreimal so groß, wie man mich bei fünf verschiedenen Anlässen wissen ließ. Westaustralien hat sogar seine eigene Miniaturausgabe des Lone Star-Staates. Ein reicher Viehzüchter, der sich selbst ‚Prince Leonhard' nennt, hat sich vom Commonwealth losgesagt und sein Land nördlich von Geraldton zum Staat erklärt.

Spitznamen, die sich auf einen Ort und seine Bewohner beziehen, sind gewöhnlich kaum mehr als ein Werbegag. In der Betonwüste von New York gibt es nichts, was an einen ‚Big Apple', erinnert, und es ergibt sogar noch weniger Sinn, daß New Yorks verrußter Nachbar New Jersey als ‚The Garden State' bezeichnet wird. Künstliche Pflanzen unter den Begriff Gartenbaukunst einzureihen, erscheint mir reichlich gewagt.

Aber ‚Sandgropers', ‚Sandkriecher', ist ein ziemlich passender Spitzname für die Westaustralier. Er beschwört das Bild einer Gesellschaft herauf, die, benommen von der Sonne, sich in einer Art von selbstzufriedenem Kriechen über den Strand bewegt. „Uns geht's hier ohne euch sehr gut", scheint die Gegend den ‚Zugereisten' aus dem Osten zu sagen. „Wenn ihr euch für 'ne Weile hinlegen wollt, am Pool steht eine leere Sonnenliege. Wenn ihr keine Lust dazu habt, ist das auch in Ordnung."

Und die Gegend ist schön genug, um dort eine Weile herumzulungern. Ich habe dort ungefähr ein Dutzend Leute kennengelernt – in Zügen, beim Warten auf Züge, beim Biertrinken – und sie waren alle genauso freundlich und lässig wie überall in Australien. Ein liebenswürdiger Knabe ließ mich sogar wissen, daß er für mich eventuell einen Job hätte, einen Job, der vermutlich die typischste aller australischen Beschäftigungen ist – Swimmingpools zu installieren.

„Perth ist dafür prädestiniert, weil es so kleinstädtisch und voller Cliquen ist", erklärt er mir. „Du baust einen Pool ein und schon breitet sich die Neuigkeit davon wie ein Buschfeuer in der ganzen Straße aus – jetzt will jeder einen haben."

Ich fahre nach Fremantle zurück und wundere mich über all die Ausgewanderten, die ich weiter südlich getroffen habe, und die behaupteten, das Leben in Perth nicht länger ertragen zu können. Die müssen eine ziemlich niedrige Toleranzschwelle haben. Das einzig Schreckliche, was ich dort erlebte, waren zwei Ratten, die just in dem Augenblick über den Hotelkorridor spazierten, als ich meine Zähne putzen wollte.

Ich habe allerdings nur wenig Zeit gehabt, um den Puls dieser Stadt kennenzulernen. Ein Jünger des ‚Sandgroping', der wesentlich erfahrener und kompetenter ist, ist Swami Anand Haridas, auch bekannt als Harry Aveling, Professor an der örtlichen Universität. „Perth ist ein toller Ort", erklärte er bei einer Gelegenheit, „für die, die den Kopf in den Sand stecken."

Anruf bei Earl

Die ersten Weißen, die an der Küste nördlich von Perth landeten, waren keineswegs beeindruckt. Einer der ersten war François Pelsaert, dessen Schiff *Batavia* unter der Flagge der holländischen Ostindischen Kompanie 1629 in der Nähe von Geraldton bei einer Insel auf Grund lief. Als er zum Festland segelte, um Wasser zu fassen, entdeckte er ‚ein nacktes und zerfurchtes Land, bar jeglicher Grünpflanzen oder ohne Gras.' Die Fliegen, Ameisenhügel und ‚schwarzen Wilden' wurden auch mit ein paar unfreundlichen Worten erwähnt.

In den folgenden Jahrzehnten gab es zwar noch mehr Schiffswracks, aber niemand erforschte ernsthaft diese Küste, bis der Engländer William Dampier kam. Dampier war ein Seemann aus gutem Hause, der seine Jugend als Seeräuber im Gebiet der

Westindischen Inseln verbracht hatte. Nachdem er 1688 Australien zum ersten Mal gesehen hatte, kehrte er 1699 in offiziellem Auftrag zurück, die Reise wurde von der Regierung bezahlt. Er fand nichts, was eine Plünderung wert gewesen wäre. Neu-Holland, wie Australien damals hieß, erschien ihm als der ‚kahlste Fleck der ganzen Erde'. Er fügte hinzu: ‚Die Einwohner dieses Landes sind die erbärmlichsten Menschen der Welt. Ihre Augenlider sind immer halb geschlossen, um die Fliegen aus den Augen herauszuhalten. Da sie mit diesen Insekten von Jugend an konfrontiert werden, öffnen sie nie wie andere Menschen ihre Augen. Und deshalb können sie auch nicht besonders gut sehen, außer sie heben den Kopf hoch.'

Anschließend wurde Dampier wieder Pirat. Er schrieb außerdem den Bestseller ‚A New Voyage Around The World' (Eine neue Reise um die Welt), die einiges dazu beitrug, den schlechten Ruf von Neu-Holland zu verbreiten. Erst als Captain Cook dort im Jahr 1770 landete, wurde der Kontinent zum zweiten Mal ernsthaft erforscht.

Für fliegengeplagte, halb geschlossene amerikanische Augen sieht die Landschaft ebenfalls nicht sehr vielversprechend aus. Nördlich von Perth führt der Highway in ein Gebiet, in dem es nichts als Schafe und Weizen, Weizen und Schafe gibt. Also wende ich mich 80 km außerhalb der Stadt nach Westen, bis die Straße in Geraldton auf den Indischen Ozean trifft. Man merkt sofort, warum es da so viele Schiffsunglücke gegeben hat. Der Wind schleudert die Autos quer über den Highway, und die Bäume am Straßenrand werden von diesen Windböen so gepeitscht, daß sie sich sicher derartig tief beugen, als wollten sie mit ihren Wipfeln ihre Wurzeln berühren.

Geraldton liegt eine Tagesfahrt nördlich von Perth und ist eine Stadt, die vom Hummerfang lebt. Hier beginnt der Tag noch vor der Morgendämmerung, nämlich dann, wenn die Hummerboote anfangen, ihre Kisten aus den reichen Fanggründen zu holen, die ungefähr eine Stunde vor der Küste liegen. Mittags landen die

Hummer auf dem Pier und dann fängt der Tag für die an, die den Fang weiterverarbeiten: Die ‚Killer' drehen die Köpfe ab, die ‚Stringer' holen die Gedärme heraus und die ‚Horner' kratzen die Schalen aus. Bei Einbruch der Abenddämmerung, ungefähr zwölf Stunden nachdem sie aus dem Meer geholt worden sind, liegen die Hummer auf Eis an Bord von Schiffen, die sie nach Amerika und Japan bringen. Dann fängt das Ganze wieder von vorne an.

„Ein dreckiges, scheußliches, stinkendes Geschäft", erklärt mir ein Neunzehnjähriger namens Rob, der gerade, nach zehn Stunden, damit aufgehört hat, Hummern den Bauch aufzuschlitzen. Jetzt sitzt er in der Tarcoola Taverne und versucht, den Tag mit Bier hinunterzuspülen. Zwischen den einzelnen Schlucken blickt er immer wieder auf seine Hände, als würde er sie ständig überprüfen, ob nicht doch noch ein Stück Hummergedärm dranhängt. „Ich muß mich praktisch in Parfüm ersäufen, um diesen ekelhaften Geruch wegzukriegen. Das ist verdammt scheußlich."

Ich frage ihn, ob der Geruch die Mädchen vertreibt.

Rob, Adrian und Steve arbeiten in der Hummerbranche

„Manchmal. Aber der Typ neben dir stinkt genauso, also fickst du drauf los und machst dir keine Gedanken darüber." Rob und seine zwei Freunde Adrian und Steve befinden sich auf einen kurzen Zug durch die Kneipen von Geraldton. In anderen Kleinstädten herrscht am Freitagabend gewöhnlich Hochbetrieb – es ist die Nacht der Männer, Kerle trinken mit Kerlen und führen sich wie kleine Jungs auf. Ungefähr um acht Uhr holen sie dann Fish & Chips für ihre Frauen und stolpern nach Hause.

Aber in Geraldton sind die Pubs der Arbeiter kurz nach Einbruch der Dunkelheit bereits leer. Die Hummersaison dauert nur noch ein halbes Jahr, und während dieser sechs Monate ist die Stadt wie eine Universität während der Examen. „Wenn du um vier Uhr morgens mit dem Arbeiten anfängst, dann ist für dich neun Uhr schon mitten in der Nacht", erklärt Adrian, der zeitweilig als Matrose arbeitet.

Die drei Teenager leeren ihr Bier und machen sich auf den Heimweg, um noch eine Mütze voll Schlaf zu nehmen, ehe eine neue Hummer-Schicht auf See oder an Land anfängt. Ich beschließe das Gleiche zu machen. Auf diese Art kann ich nämlich noch vor Morgendämmerung zum Hafen kommen und eine Fahrt auf einem Hummerboot zu ergattern versuchen. Bis jetzt habe ich diesen Kontinent per Flugzeug, per Wagen, per Laster, per Truck, per Güterzug und per Pedes bereist. Warum nicht also einen Blick vom Wasser darauf werfen?

Drei Uhr morgens ist nicht gerade die beste Zeit zum Aufstehen. Ich dachte, daß die Schiffer von meinem frühen Erscheinen so beeindruckt sein würden, daß sie mich mit Begeisterung an Bord willkommen heißen würden. Aber sie wollen davon nichts wissen.

„Heute geht's heiß her, Mann", antwortet der erste Skipper, als ich ihn frage, ob ich mitfahren könne. „Kann mir keine extra Fracht leisten."

„Wäre besser, du würdest dir die Hummer im Restaurant anschauen", meint der nächste, „auf dem Teller winden sie sich nicht so."

Und der dritte Skipper hält das Ganze für einen Scherz. „Das ist kein Yacht-Rennen, Junge, das ist harte Arbeit. Geh' heim und leg' dich wieder ins Bett."

Das war der springende Punkt. Das sind Arbeiter, die eine Arbeit zu erledigen haben; sie haben keine Zeit für Dilettanten. Und als ich einen Skipper mit sandfarbenem Haar sehe, der mit seiner Vertäuung kämpft, gehe ich hin und biete ihm meine Hilfe an.

„Brauchen Sie einen Matrosen?", frage ich ihn. Er wirft mir einen kurzen Blick zu und sieht nicht gerade überwältigt von mir aus.

„Machste das schon lange?"

„Nicht direkt, ich meine, ich war schon auf Booten . . ."

„Aber noch nie auf einem Hummerboot, stimmt's?"

„Nun, um ehrlich zu sein, nein. Es ist das erste Mal."

Er lacht." Und vermutlich das letzte Mal."

„Ich bin ganz billig – eigentlich koste ich gar nichts. Wenn ich im Weg bin, werfen Sie mich einfach über Bord."

Er lacht wieder. „Mir fehlt ein Mann. Spring 'rüber." Dann stößt er mir einen Sack mit Fischköpfen in die Arme und ich folge ihm an Bord. An diesem Schiff ist nichts Verspieltes, es ist einfach ein breites, 9 m langes Arbeitsgerät. Wir laden den Rest der Köder – Rinderhäute und Rinderhufe – und gleiten dann in das dunkle Wasser davon.

Der Skipper heißt Kim und macht den Hummer-Job in der zweiten Generation. Er hat zwei Matrosen: den 25jährigen Gary und den 15jährigen Justin, der seine erste Saison auf See hat. „An meinem ersten Tag hab' ich nur gekotzt", erzählt mir Justin beim Händeschütteln. „Seither ist es okay."

Als wir aus dem Hafen fahren, ist es eigentlich immer noch dunkel genug, um anhand der Sterne zu navigieren. Aber Kim wendet sich einem Armaturenbrett zu, das genauso glüht wie ein Videospiel in der dunklen Ecke eines Pubs. Da gibt's ganze Massen von grünen und roten Punkten, die die Küstenlinie anzeigen, und einem Blip, der uns zeigt, wie wir uns von der Küste entfernen. Neben dem Radar gibt es einen Schirm mit einer Menge grauer Linien, die Kim anzeigen, wieviele Faden tief das Wasser ist. Und noch ein Bildschirm, mit Anzeigen wie eine Herz-Lungen-Maschine, der darstellt, ob der Boden des Meeres hart oder weich ist, und wieviel Vegetation es dort unten gibt, in der sich die Hummer verstecken können.

„Lange Zeit war der Hummerfang eine Sache von Versuch und Irrtum", erzählt Kim. „Jetzt ist es eine elektronische Auseinandersetzung. Selbst in einem U-Boot könnte ich nicht besser erkennen, wie es dort unten aussieht."

Fünfzehn Minuten vom Hafen entfernt fängt das Boot zu rollen an wie eine Plastikente in einem Wildbach. Weitere zehn Minuten Fahrt im Indischen Ozean, und es wird zur Waschmaschine im Waschgang, anschließend im Schleudergang. Wasser spült über das offene Hinterdeck des Bootes und treibt mich aus der frischen Luft in die erstickende Enge der Kabine.

„Hoffentlich wirst du nich' leicht seekrank", sagt Kim gähnend zu mir, „gestern war's so schlimm, daß wir umkehren mußten." Mit diesen Worten ziehen sich er und Justin zu einem Schläfchen zurück, während Gary das Schiff auf Kurs zu den Hummergründen lenkt.

Ich kann genauso wenig schlafen – oder auch nur die Augen schließen – wie über Bord springen. Ich habe keine Abneigung gegen Seereisen, aber ehrlich gesagt, bin ich auch noch nie auf einem kleinen Fischerboot im offenen Meer gefahren. Als eine Welle nach der anderen in unser Boot kracht, fange ich an, mich wie ein Krake am Kabineneingang festzukrallen. Und das liefert mich der Gnade von Gary aus, der zu jenen Rednern gehört, bei denen sich praktisch die ganze Unterhaltung um Sex dreht.

„Kennst du den über den Typen, der in Las Vegas zu 'ner Nutte geht? Nein? Also, er steckt ihn ihr 'rein und da is' dieses batzige Zeug, das aus ihr 'rauskommt. Und deshalb fragt er die Tussi: ‚Was'n los? Biste krank oder was?' Und sie antwortet: ‚Ich nich', aber der letzte Typ, der 'n, mir 'reingesteckt hat, der war's.' Er stößt ein lautes, wieherndes Lachen aus, und fängt wieder an. „Kennste den von dem Typen, der sich sein'n Schwanz von 'ner Nonne lutschen läßt? Nein? . . ."

Alles, woran ich denken kann, ist, wie ich meinen Magen unter Verschluß halte. Wellen spülen über die Seitenwand und platschen in die Kabine. Und es ist so dunkel, daß ich am Horizont keinen Anhaltspunkt für meine Augen finde. Es gibt nur das Glühen des Radars, das in der Finsternis wie ein betrunkenes Glühwürmchen umhertanzt. Mein Sinn für Gleichgewicht löst sich völlig auf.

Gary ist keine Hilfe. Als er merkt, daß ich ganz still geworden bin, zusammengekrümmt auf dem Kabinenboden liege und mich an ein Tischbein klammere, schwenkt er von der genitalen Geographie auf die anale um.

„Wenn du dich zum Kotzen fühlst, is' das Beste, was du tun kannst, ein'n Finger in die Kehle 'runtersteck'n und den andern in 'n Arsch", sagt er, „und wenn das nich' hilft, dann mußte mit den Fingern schnips'n."

Die Morgendämmerung macht die Dinge nur noch schlimmer und nicht besser. Denn jetzt kann ich sehen, was auf mich zukommt – gigantische Wasserwände, die das Boot herumrollen, dann auf der anderen Seite in einen Abgrund fallen lassen, nur damit anschließend eine andere Wasserwand das Boot wieder hochheben kann.

„Weißt du, es is' int'ressant, wieviele Wörter wir für's Übergeb'n hab'n", fährt Gary fort, „Spuck'n, speib'n, kotz'n, sich die Seele aus'm Leib würg'n, das Kindsmus wieder hergeb'n, Bröckchen sprech'n, mit dem Fußboden red'n. Gibt's bei euch in Amerika auch so viele? Oder kotzt ihr nich' so viel?"

Ich denke über die Sache nach. „Jedesmal, wenn sich ein Typ in der Highschool übergab, sagten wir ‚er ruft Earl an'." (Warum, um Gottes Willen, erzähle ich ihm das?) „Verstehst du, ERRRRRL! Wenn Earl nicht zuhause war, dann hat man Ralf angerufen. RAAAAALF!"

Gary kann sich gar nicht mehr beruhigen. Als Kim und Justin gähnend und sich streckend nach oben kommen, fängt er sofort an, ihnen von Earl und Ralf zu erzählen. „Wißt ihr, wie die Yanks zum Kotzen sagen? Earl anrufen! Versteht ihr? ERRRRRL!!" Bei mir zuhause wäre Gary der große Hit gewesen.

Kim stellt die Maschine ab und einen Augenblick lang hören mein Kopf und mein Magen auf, sich zu drehen. „Schauen wir mal, was uns die Welt heute zu bieten hat“, sagt er und steuert auf eine Boje zu, die die erste Langustenkiste des heutigen Tages markiert. Hummer zu fangen ist wie Goldschürfen unter Wasser. Jeden Morgen kann der Meeresboden entweder eine Goldader oder einen Berg von Sand und Seesternen ausspucken. Und da Matrosen so bezahlt werden, daß sie von jedem 100-Pfund-Sack mit Hummer, den sie an Land bringen, einen bestimmten Anteil bekommen, sind Gary und Justin genauso gespannt wie Kim zu sehen, was sie heute an Bord ziehen werden.

Die Lattenkiste kommt an die Wasseroberfläche und ein einsamer, rosafarbener Hummer plumpst auf das Schiffsdeck. „Ein verdammter Cacker“, murrt Gary, wiegt den Hummer ab und wirft ihn wieder ins Meer zurück. (Ein Cacker ist ein Hummer, dessen Gewicht unterhalb der offiziellen Grenze liegt.) Langsam fahren wir von einer Kiste zur anderen, und bei jeder bietet sich das gleiche Bild – vielleicht ein oder zwei annehmbare Hummer, aber ansonsten nur Cacker und Seesterne oder gar nichts. Den größten Teil der schweren Arbeit verrichten Maschinenwinden, sie ziehen die Hummerkisten nach oben und rollen automatisch das Seil auf. Während Gary die Hummer in Wassertanks wirft, bestücken Justin und ich die Kisten wieder mit Kuhhäuten, Kuhflachsen und Fischköpfen.

Eine Stunde nach Einbruch der Morgendämmerung beschließt Kim, weiter hinauszufahren, und das grauenvolle Auf und Ab fängt wieder an. Die Wellen kommen von der Seite und rollen uns von Oben nach Unten, von Oben nach Unten. Zum ersten Mal in meinem Leben wird mir klar, wie schrecklich es sein muß, seekrank zu werden. Es gibt kein Überraschungsmoment, nur das endlose Rollen des Meeres, eine Welle nach der anderen und kein Ende in Sicht.

Zum ersten Mal in meinem Leben wird mir auch untrügerisch klar, daß ich jetzt gleich seekrank sein werde. Tief unten in meiner Kehle beginnt ein seltsames, unfreiwilliges Stöhnen. „Unhhh.“

Wieder trifft uns eine Welle. „Unhhhhhhhh.“ Ich habe das Gefühl, als hätte mich jemand auf ein Kettenkarussell gesetzt, das sich ständig und unentwegt im Kreise dreht, und niemand ist da, um den Motor abzustellen. „Unhhhhhhh.“ Ich rieche die Rinderknochen und Fischköpfe, von denen mein T-Shirt verschmiert ist. Ich kann das Bier schmecken, das ich letzte Nacht getrunken habe, und das jetzt in meinem Bauch herumschwappt. Ich kann hören, wie Gary zu mir kommt, um mir ein paar Ratschläge zu geben.

„Du siehst schrecklich aus, Kumpel“, sagt er und tritt ganz nahe an mich heran, um auch ja zu sehen, wie schrecklich ich aussehe. „Iß ein bißchen Brot. Dann haste wenigstens was Festes im Bauch, was du auskotz'n kannst.“ Er grinst. „Willste, daß ich Earl für dich anrufe?“

Eine gewaltige Welle drückt uns gegen die Steuerbordreling. Ich hänge meinen Kopf über sie hinaus und eine Stimme in meinem Bauch gibt den Befehl: Los geht's. Die nächste Welle schleudert uns nach Backbord. Auf geht's. Ich lasse alles über die Reling nach draußen gehen, vor die Reling nach drinnen, direkt auf die Reling. Das Boot schlingert und ich lasse wieder alles raus, dieses Mal direkt über mich. Vor lauter Schwäche gehe ich in die Knie und frage mich, wieviel von mir wohl am Ende des Tages übrig sein wird.

Die Maschine stoppt, und die Fischer gehen ohne mich ihrer Arbeit nach. Ich krieche zum Mittelpunkt des Bootes, wo die Dünung nicht so stark ist, lege mich dort auf die Seite und versuche meinen Magen unten zu behalten. Alles, was ich hier auf Meereshöhe sehen kann, sind hin- und hergehende nackte Füße und ab und zu mal einen herabplumpsenden Hummer. Dann springt der Motor wieder an, wir fahren zur nächsten Boje, und ich rolle mich herum und rufe abermals Earl an.

Nach der ersten Vormittagshälfte haben Kim und seine Leute lediglich einen Sack voll Hummer. Die gespannte Aufregung, mit der sie in die erste Kiste geblickt haben, ist nun offener Frustration gewichen. Ich höre das Krachen des Radios, als Kim versucht, Verbindung mit seinem Bruder aufzunehmen, der sich ein Stück weiter oben am Riff aufhält.

„Hier ist Kim, Junge. Hier is' überhaupt nichts. Wie schaut's bei dir aus?"

„Auch nichts. Aber Jimbo hat gestern bei 21,22 vier Säcke reingeholt. Muß 'ne gute Stelle sein, da oben." Kim stellt auf einer Seekarte die Koordinaten fest. Offensichtlich sind die Hummerfundorte für alle offen; die Boote spionieren einander nach und wenn jemand Glück hat, hängen sich die anderen an ihn.

Kim steuert das Boot herum und ich stolpere vom Fußboden zur Reling. Bitte, lieber Gott, nicht noch einmal! Ich atme tief die Seeluft ein und denke an solide, feste, neutrale Dinge. Ziegel. Linoleum. Kies. Holz. Pflaster . . . das Pflaster von Paris. Zement. Schlamm. Schlammkuchen . . . Fischkuchen. Fischköpfe. Rinderhäute. Rinderknochen. Anruf bei Earl. Anruf bei ERRRRRRRL! ERRRRRRRRRRRRL!

Meine Ausflüge an die Reling gerinnen zu Bojen, die unsere Fahrt entlang des Riffs markieren. ‚Bill's Lump' – ‚Cleo Reef' – ‚Ground 240'. Ich markiere sie alle. Dann habe ich nichts mehr,

Die Mannschaft bei der ‚Hummer-Ernte'

mit dem ich Earl anrufen könnte. Nur einen offenen Mund, aus dem nichts mehr kommt. Gary ist beeindruckt.

„Ein Glück, daß wir heute nicht auf 'ner heißen Spur sind", sagt er. „Heute könnte uns nämlich jeder find'n, er bräuchte nur der gelb'n Spur zu folg'n. Saubere Arbeit, Mann. Wirklich."

Bei Punkt 21,22 dümpelt schon eine ganze Traube von Booten. Meine Gefährten schaffen es, 180 Hummer im Wert von ungefähr 1000 Dollar in Säcke zu stecken, ehe wir uns wieder auf den Weg zur Küste machen. Kim und Justin gehen für ein weiteres Nickerchen nach unten. Ich mache noch ein paar Ausflüge zur Reling, laß mich dann zu Boden sinken und ertrage weitere zwei Stunden Garys Witze. „Und so sagt der eine Typ zum anderen: ‚steck's mir in den Schlund'. Und der andere Typ sagt: ‚Wie kann ich dir das in den Schlund stecken, wenn du sprichst?' Und dann sagt der erste Typ' . . ."

„Gary", jammere ich, „bitte hör auf damit. Bitte."

Er grinst. „Hab' ich dir nich' schon gesagt, was du tun mußt, wenn dir zum Kotz'n is'? Steck' dir einen Finger in die Kehle und den andern in 'n Arsch." Auf den nächsten Kalauer bin ich ungefähr genauso scharf wie auf die nächste Welle.

Sobald wir anlegen, stürze ich aus dem Boot und lasse mich wie einen Klumpen Seetang auf die hölzerne Pier fallen. Runter mit den von Meerwasser und Kotze durchweichten Hosen. Runter mit dem T-Shirt, das in einem noch schlimmeren Zustand ist. Nichts nimmt einem Menschen schneller die Schamhaftigkeit und das Selbstbewußtsein als eine Krankheit. Ich kann nur noch halbnackt auf dem Dock liegen und den festen Erdboden küssen, während Kim und Gary und Justin ihren Fang entladen.

„Da hast du aber einen netten Snapper gefangen, Kim." Ich öffne ein Auge und blicke direkt auf den Gummistiefel eines Fischers. Dann stößt mich der Stiefel sanft in die Rippen. „Sollen wir ihm zum Tee den Kopf abdrehen und das Gedärm rausholen?"

Ich würde dem Mann gerne erzählen, daß weder ein Kopf noch Gedärm übrig sind. Aber offensichtlich habe ich auch meine Stimmbänder ausgekotzt. Macht nichts. Ich habe einen privaten

Pressesprecher. „Wir behalt'n ihn als Köder", sagt Gary, „die verdammt'n Hummer fress'n doch eh alles. Da brauchst' bloß deinen Schwanz in 'ne Hummerkiste zu stecken und schon fress'n sie den auch."

Jetzt geht es mir schon besser. Das liegt nicht an der Unterhaltung, sondern an dem festen Untergrund. Tatsächlich verflüchtigt sich die Übelkeit genauso schnell, wie sie gekommen ist. Ich kann sogar aufstehen, mich anziehen und einen oder zwei Säcke abladen – so ungefähr die erste nützliche Handlung, die ich an diesem Tag tun kann. Kim regt sich darüber nicht auf, ist davon sogar ganz angetan. Schließlich gibt es nichts besseres als eine Landratte, die seekrank wird, um zur allgemeinen Heiterkeit beizutragen und dafür zu sorgen, daß man sich wie ein alter Meeresveteran vorkommt.

Wir schütteln uns die Hände. „War ein toller Tag, Justin . . ." „Wann immer ich dir helfen kann, Kim, jederzeit . . ." „Gary, ich würde dir gerne meine Schwester vorstellen." Dann taumle ich in die Stadt, schwach zwar, aber doch in mehr oder weniger gutem Zustand. Die Sonne geht hinter dem Ozean unter. Das war der längste Tag meines Lebens gewesen, ganz abgesehen davon, daß es auch der ekelhafteste gewesen war. Ich gehe in das erste Pub, an dem ich vorbeikomme, wasche mich und marschiere dann an einem halben Dutzend Fisch-Restaurants vorbei, bis ich ein Lokal mit Eßstäbchen und schwungvollen chinesischen Buchstaben am Fenster finde.

Die Bedienung versteht überhaupt nicht, warum ich keine Meeresfrüchte bestelle. „Snapper, Kammuscheln, eine Spezialität der Stadt" erklärt sie mir und deutet auf sie in der Karte. Nein, danke. Nur Reis, einfachen, gekochten Reis, bitte. So viel, daß es für ein kantonesisches Dörfchen reichen würde. Als ich meine Augen schließe, schwankt die Welt immer noch hin und her. Aber die alte Bilgen-Pumpe hält.

Nor'west-Zeit

Kein Mensch ist sich sicher, wo eigentlich der Nor'west von Australien anfängt. Wenn man sich die Landkarte betrachtet, scheint der Wendekreis des Steinbocks die logische Grenze zu sein, der den schwülen Kopf des Westteils vom gemäßigten Teil des restlichen Körpers trennt (wobei Perth natürlich der Nabel ist). Aber es ist vermutlich besser, den ‚Nor'west' als unpräzise Bezeichung zu definieren, so wie z.B. den ‚Busch' oder ‚Outback' oder die ‚Wildnis' – die beide eher einen gefühlsmäßigen Zustand als eine bestimmte Gegend darstellen. Und wenn man das tut, dann gibt es keinen Grund mehr zu versuchen, die genaue Lage des Nor'west einzukreisen. Das zu machen würde den grundlegenden Charakter des Nor'west verletzen, der aus träger Unbestimmtheit und apathischer Schlaffheit besteht.

Zumindest im landwirtschaftlichen Sinn fängt der tropische Nor'-west in Carnarvon an, das eine halbe Tagesfahrt nördlich von Geraldton liegt. Die Stadt ist eine Bananen-Republik in Miniaturausgabe, die von Fisch, Garnelen, Ananas,- Mango- und Bananenplantagen lebt. Carnarvon muß mit einigen Rassenproblemen fertig werden. Hier ist die Heimat des Parlamentariers Wilson ‚Eisenklotz' Tuckey. Der Mann hat sich seinen Beinamen dadurch verdient, daß er einen Aborigin mit der Keule aus dem Pub jagte, das er führte, ehe er nach Canberra ging. Eigentlich benutzte er dazu keinesweg einen Eisenklotz, sondern einen Gummiknüppel. Aber ob nun diese verzerrte Darstellung mit Absicht geschah – um Truckeys Ruf als harten Kerl zu untermauern – oder ob es einfach nur das Ergebnis von schlampiger Berichterstattung war, bleibt, wie so vieles im Nor'west, etwas unklar. Doch dies ist das Zeitgefühl – oder besser gesagt dessen Mangel – das das bezeichnendste Merkmal für diese Region ist.

„Es gibt die Standardzeit Ost, Zentral und West, und es gibt die Nor'west-Zeit", erklärt mir ein Handelsreisender, mit dem ich durch die Bananenplantagen fahre, die Carnarvon vom unfruchtbaren Landesinneren trennen. Am besten stellst du deine Uhr gleich ein paar Stunden zurück."

„Ich hab' keine Uhr."

„Das ist noch besser. Damit paßt du ausgezeichnet hier her." Er blickt auf sein Handgelenk. „In Perth bedeutet vier Uhr vier Uhr. Hier machst du für vier einen Termin aus und kein Mensch regt sich darüber auf, wenn du erst um halb sechs auftauchst."

Die großzügige Haltung paßt gut zu den Trinkgewohnheiten des Nor'west. Vor ein paar Jahren hat die westaustralische Regierung einen seltsamen Kompromiß gefunden, um sowohl die fanatischen Puritaner als auch die fanatischen Säufer zu befriedigen. Die Pubs dürfen am Sonntag zwar aufmachen, aber nur jeweils fünf Stunden lang. Der Grundgedanke dabei war offensichtlich, die Leute zwar auch am Sonntag zu ihren Drinks kommen zu lassen, aber auch noch Zeit offen zu lassen für die Kirche, den Sonntagsbraten und andere familienfreundliche und gottesfürchtige Betätigungen, die während der Woche durch den Bierkonsum unterbunden werden.

Der praktische Effekt dieser Verordnung, zumindest im Nor'west, hat sich jedoch sogar ins Gegenteil verkehrt. Die drei Pubs von Carnarvon haben einfach ein Abkommen getroffen und ihre Öffnungszeiten genau aufeinander abgestimmt. Das ‚Port Hotel' öffnet vom Mittag bis zum späten Nachmittag; das ‚Gascoyne', oder ‚Gassy' öffnet für die Nachmittagsgäste und bleibt bis zum Abend offen; und das ‚Carnavon Hotel' teilt seine Öffnungszeiten auf und hat ein paar Stunden am Morgen und ein paar Stunden in der Nacht offen, wenn das ‚Gassy' geschlossen hat. Natürlich hält sich keiner ganz genau an diese Öffnungszeiten, aber das sind zumindest die Basis-Termine. Und das Ergebnis ist, daß die saufende Menge dazu gezwungen wird, vom Carnarvon ins Port, dann ins Gassy, und wieder zurück ins Carnarvon zu ziehen. Wobei natürlich jedes Mal, wenn das jeweilige Pub gerade schließt, noch schnell ein paar zusätzliche ‚Bierchen auf die Schnelle' gezischt werden müssen. Und das tun die Leute in Carnarvon jeden Sonntag mit derartiger Hingabe, daß dieser Tag der größte Säufertag der Woche ist.

Carnarvon hat 3000 Einwohner, plus/minus ein paar Tausend. Als ich dort am späten Sonntagnachmittag ankomme, befindet sich mindestens die Hälfte davon zum Nachmittagstermin im ‚Gassy'. Das baufällige Pub ist derartig überfüllt, daß die Straße davor zu einem ausgedehnten Biergarten geworden ist, wo die Trinker links und rechts der Fahrbahn im Gras und auf dem Fußweg liegen. Drinnen bemüht sich eine erhitzte, schwitzende Menschenmenge einen Blick auf drei Männer zu werfen, die in ihren schweißgetränkten, perlenbestickten Hemden amerikanische Country- und Western-Songs von sich geben. „Der folgende Song machte meinen guten Freund Johnny Cash reich und berühmt", sagt der Leadsänger in einer dilettantischen Imitation des Tennessee-Slangs. Er rückt seinen Zehn-Gallonen-Hut zurecht und fängt an, Johnny Cash's berühmten ‚Folsom Prison Blues' zu jammern:

I Hear The Train A-Coming, It's Rolling Round The Bend,
And I Ain't The Sunshine Since I Don't Know When,
I'm Stuck In Folsom Prison, And Time Keeps Dragging On . . .

Das Bild eines dunklen Gefängnisses in den amerikanischen Südstaaten hat mit dem australischen Nor'west ungefähr genauso viel zu tun wie eine Digital-Uhr, aber kein Mensch scheint nüchtern genug zu sein, um das überhaupt zu bemerken. Ausgenommen vielleicht die Kinder, die ihren Eltern gleich neben dem Pub beim Steakgrillen helfen. Die Bar wird von stiernackigen Fischern bevölkert und im Biergarten gibt es eine dritte Gruppe, die ein bißchen außerhalb der Norm liegt: jung, mit verfilztem Haar und farbenfroher Kleidung – die Frauen im Sarong, die Männer in Hawaii-Hemden mit Ohrringen und bunten Halstüchern.

Ich bin verschwitzt und von der Sonne verbrannt und habe einen Rucksack, also ist mein Platz natürlich bei den Unberührbaren im Biergarten. Noch ehe ich mich an einen der Picknick-

Tische habe quetschen können, sind mir bereits ein Bier, eine selbstgedrehte Zigarette und fünf verschiedene Fragen entgegengehalten worden.

„Bist du ein Yank? Ich hab' dich für einen Deutschen gehalten. Hier kommen 'ne Menge deutscher Anhalter durch."

„Gebt dem Mann ein Bier – am besten zwei. Er ist schließlich den ganzen Weg aus Amerika gekommen, um uns zu sehen."

„Willst du auch eins, Snow, oder trinkst du immer noch Wasser?"

„Was'n los?"

„Ach komm', Snow, 'ne einfache Frage, 'ne einfache Anwort."

„In Or'nung. Bei zuviel Wasser rost't man."

Dann, wieder zu mir: „Willst du hier lange durchfahr'n?"

Überall sonst wäre der Satz: ‚Willst du hier lange durchfahren' ein Widerspruch in sich selbst gewesen. Aber hier entspricht er einfach der Wahrheit. Die Menschen kommen aus Perth oder Adelaide oder sogar Melbourne hierher, haben vor, ein paar Wochen faul am Strand zu liegen und dann fängt es an. Über kurz oder lang haben sie einen Halbtags-Job in einer Garnelenfabrik, legen Reusen für Snapper aus, schneiden Bananenstauden auf einer Plantage. Oder hängen einfach nur im Gassy herum.

„Ich wollte eigentlich nur sechs Monate hierbleiben", sagt eine Frau aus Melbourne mit Namen Jessie. „Das war vor sechs Jahren." Ihr Lächeln entblößt zwischen ihren Vorderzähnen eine Füllung in Form eines winzigen Sterns. „Nor'west-Zeit."

Es ist Zeit, für den Abend hinüber ins Carnarvon Hotel zu ziehen. Ich klettere auf die Ladefläche von Jessies Laster und bekomme unterwegs von einem halben Dutzend Wirtshauswanderer Gesellschaft, die die paar Kilometer vom Gassy zum Carny dahintorkeln. Die Fahrt hat das Flair eines napoleonischen Rückzugs, bei dem die Hälfte der Armee am Wegesrand zu Boden sinkt, während sich die andere Hälfte zum nächsten Pub durchkämpft.

Im Carny ist die Gesellschaft sehr viel klarer getrennt als im Gassy. Männer mittleren Alters halten sich schwankend in der verräucherten öffentlichen Bar auf, während die unter Dreißigjährigen in die Disco im hinteren Teil des Hotels ziehen, wo sie auf der Stelle von flackernden, bunten Scheinwerfern geblendet werden, die in der Tanzfläche eingelassen sind. Da es nur noch zwei Stunden bis zur endgültigen Schließung sind, und die Menge von den Aufenthalten im Port und im Gassy bereits gut ‚geölt' ist, fangen ein paar Dutzend Leute ziemlich schlaff zu tanzen an.

Meine ‚Biercorso'-Kollegen nehmen wieder ihre Plätze am Rande des Geschehens ein, rollen sich Zigaretten und beobachten gelangweilt die Szenerie. Keiner der Sarongs möchte tanzen, und so frage ich eine Farbige am nächsten Tisch. Ihre Augen weiten sich vor Erstaunen und ich frage mich, ob ich wohl ein ungeschriebenes Gesetz bezüglich Rassenvermischung auf der Tanzfläche gebrochen habe. Nicht, daß mir das etwas ausmachen würde, jedenfalls nicht, solange wir keinen Rassenkrawall heraufbeschwören.

Sobald wir die Tanzfläche erreichen, fühle ich ein paar Hundert Augenpaare auf mir ruhen. Aber die Aufmerksamkeit, die wir erregen, bezieht sich nur in zweiter Linie auf die Hautfarbe meiner Partnerin.

„Du stammst bestimmt nicht hier aus der Gegend", ruft mir meine Partnerin durch die Musik hindurch zu, „die Weißen hier tanzen nicht." Sie hat recht. Unter den ungefähr dreißig Frauen auf der Tanzfläche gibt es nur noch einen weiteren Mann – einen Schwarzen.

„Warum nicht?"

Sie lacht und tanzt hinüber zu zwei weißen Freundinnen, die sich betrunken im Kreis drehen. „Hey, dieser Knabe hier möchte gerne wissen, warum die Typen hier nicht tanzen."

„Tanzen ist nicht macho", antwortet eine von ihnen und hebt den Arm, um ihre Freundin darunter durchdrehen zu lassen.

„Sie haben Angst, daß sie kotzen", fügt ihre Freundin hinzu. „Wenn du die letzten acht Stunden ständig gesoffen hättest, dann hättest du auch Angst davor." Dann lassen sie sich kichernd auf den Boden niedersinken. Nach ein paar Songs hole ich mir ein

Bier und lasse meine Partnerin auf der Tanzfläche zurück, wo sie sich mit ihren Freundinnen zum ohrenbetäubenden Beat einer Band namens ‚Cold Chisel' bewegt.

An der Bar lehnen zwei sympathisch wirkende Männer. Ich möchte auch die andere Seite zu diesem Thema hören, erzähle ihnen, was die Mädchen gesagt haben und frage nach ihrer Meinung. „Das Problem liegt nicht im Kotzen, sondern im Stolpern", antwortet der eine Mann ohne zu zögern. „Wenn die meisten dieser Typen hier aufstehen würden, dann würde einer von ihnen garantiert gegen das Mädchen von irgendeinem anderen stolpern und schon wäre die schönste Schlägerei im Gange."

Sein Begleiter sieht das Ganze mehr unter ästhetischen Gesichtspunkten. „Ich sehe lieber den Mädchen zu. Warum sollte ich die Show ruinieren, indem ich auch auf die Bühne gehe?"

Sobald sich die Tanzfläche leert, lösen sich die beiden Männer von der Bar, um sich eine Partnerin einzufangen. Es ist Zeit für die letzte Bestellung des Tages und wenn Verabredungen getroffen werden sollen, dann ist jetzt die letzte Gelegenheit dafür. Ich hole mein Gepäck aus Jessies Laster und marschiere die breite Hauptstraße von Carnarvon hinunter.

Bei Tagesanbruch beginne ich eine Fahrt in den Norden, die die Wertigkeit Acht auf der Skala für Langweiligkeit zu erreichen verspricht. (Ayers Rock belegt Platz 1 und Nullarbor belegt den Spitzenplatz für Langeweile, den Rang 10). Auf der Landkarte ist außer Raststätten, trockenen Flußbetten und einem Ungezieferzaun nichts eingezeichnet. Der Handlungsreisende, mit dem ich gestern unterwegs war, kündigte die Strecke an als ‚genauso aufregend wie eine Fliege beim Überqueren der Windschutzscheibe'.

Nicht, daß in Carnarvon irgend jemand auch nur im geringsten darauf erpicht ist, mich mitzunehmen. Verkehr gibt es, sogar genügend. Freundliches Lächeln gibt es auch, ebenfalls genügend – sogar ein Sandwich, das mir durch das Beifahrerfenster gereicht wird. „Meine Mam' hat Sie da schwitzend stehen gesehen", erklärt mir der Fahrer. „Es ist eines von ihren speziellen Hühner-Sandwiches." Er gibt mir auch die Sonntagsausgabe einer Zeitung. Die Titelgeschichte ist ein Bericht über einen Fahrer, der erst kürzlich von Anhaltern niedergeschlagen wurde. Im Innenteil warnt eine Kolumne davor, diesen Pflastertretern gegenüber schwach zu werden.

Drei Stunden des Wartens bestärken mich in der Annahme, daß diese Geschichte in der ganzen Gegend gelesen worden ist. Es hat fast den Anschein, als würde ich Jessie und den anderen bei ihrer Art des ‚Durchfahrens' bald Gesellschaft leisten – und für immer dableiben. Ich ritze meinen Namen in einen Straßenpfosten ein (M. L. aus Edmonton hält mit fünf Stunden Warten am 26. 3. 1986 den Rekord), dann lasse ich mich in einer Plantage nieder und sehe den Baby-Bananen dabei zu, wie sie zu Müsli-Frühstücksgröße heranwachsen.

Die Zeit für Frühstücksmüslis ist schon lange vorbei, als ich mich entschließe, meinen Standort zu wechseln, und anfange, langsam und ohne Begeisterung in Richtung des Truck Stops auf der anderen Seite der Stadt zu marschieren. Laster und Trucks anzuhalten war immer meine letzte Zuflucht. Im Gegensatz zur landläufigen Meinung halten Lastwagenfahrer nicht oft an, um Anhalter mitzunehmen. Die meisten Firmen verbieten das Mitnehmen von Anhaltern, und im übrigen ist es gefährlich und benzinschluckend, einen Truck mitten auf der Straße anzuhalten. Deshalb hebe ich meistens gar nicht meinen Daumen, wenn ein Laster oder Truck kommt, es ist ohnehin oft überlebensnotwendig, schnell von der Straße zu hüpfen und dem Kieshagel, den die siebzig Räder aufwühlen und herumschleudern, den Rücken zuzuwenden. Der sicherere Weg, von einem Truck mitgenommen zu werden, ist, jenen Ort aufzusuchen, den ich am wenigsten mag: den Highway Truck Stop, voll von müden Männer, die überteuerten Kaffee schlürfen und Serviererinnen anmachen, die schon tausendmal angemacht wurden.

Truckfahrer kamen mir immer wie harte Männer vor – genauso hart und einsam wie der Asphalt, auf dem sie ihr Leben lang fahren. Trucks, Reifen und Frachtgut sind der Stoff, aus dem ihre Träume sind. Dabei sind sie im eigentlichen Sinne des Wortes keine Reisenden. ‚Die Lastwagenfahrer überqueren die Oberfläche der Nation ohne Teil von ihr zu sein', schreibt John Steinbeck in *Travels With Charley*. ‚Nur an den Truck Stops haben sie Kontakt mit ihr.'

Vorurteile sind dazu da, um aufgehoben zu werden; und genau dafür sorgt das Fahren per Anhalter. Der erste Mann, der mich vom Gegenteil überzeugt, ist Jim Duff, den ich entdecke, als er vor dem Truck Stop von Carnarvon einen Reifen wechselt. Ich halte ihm meinen Karton vors Gesicht (‚Pilbara bit . .') und zeige ihm das bejammernswerte Lächeln eines Mannes, der gerade fünf Kilometer durch die Mittagshitze gestolpert ist, um einen Mitnehmer zu finden. Er wirft mir das bejammernswerte Lächeln eines Mannes zu, der zuviele Stunden seines Arbeitslebens in Raststätten wie dieser verbracht hat, nimmt die Reifen ab und macht sie wieder fest.

„Ich kann dich dorthin mitnehmen", sagt er und richtet sich mit einem schmerzvollen Ächzen auf. Dann kauert er sich wieder hin und fummelt weiter an den Reifen herum. „Aber wie du siehst, werde ich keineswegs irgendwelche Geschwindigkeitsrekorde brechen."

Und ich auch nicht. Abwechselnd ziehen wir die Muttern fest und klettern dann verschwitzt und außer Atem an Bord für die lange und langsame Fahrt nach Pilbara. Jims Fracht besteht aus seismographischem Gerät für eine Ölbohr-Gesellschaft am Nordwestschelf. Doch sein Transportgefährt ist keineswegs hochtechnisiert; ein zehn Jahre alter Kasten, der mit 65 km/h auf vierzehn abgefahrenen Reifen die Straße entlangrollt. Es wird immer behauptet, daß langjährige Hundebesitzer irgendwann ihren Hunden ähnlich sehen. Das Gleiche kann man von Truckfahrern und ihren Trucks behaupten. Jim ist ein 47jähriges Arbeitstier mit einem Reservereifen um die Taille und ein paar Kilometer zuviel unter der Kühlerhaube. Er hat auch den tiefgebräunten rechten Arm (oder linken Arm, je nach Rechts- oder Linksverkehr) der

Truckfahrer, die den größten Teil ihres Arbeitslebens mit einer Hand auf dem Steuerrad verbringen, während sie die andere aus dem Fenster hängen lassen.

„Ein großer Truck bedeutet große Verpflichtungen", schreit mir Jim durch das Dröhnen des Motors zu. Um den Schalthebel zu bewegen, der wie ein Preßlufthammer zwischen uns vibriert, braucht er beide Hände. „Dieser Truck arbeitet für mich, und nicht ich für ihn."

Jim zählt sich zu den Truckfahrern der alten Schule – zu denjenigen, die kleine Maschinen fahren und die Entfernungen in überschaubaren Größen und Häufigkeiten halten. Die riesigen Trucks, die ‚Road Trains', überläßt er der jüngeren Generation, die sich gewaltige Maschinen anschafft – die manchmal über 200 000 Dollar kosten – und die ‚heiße Touren' machen, oder Notfallfahrten, um sich ein paar Extra-Dollars zu verdienen. Eine Menge von ihnen gehen pleite oder brechen unter dem ständigen Erfolgszwang zusammen. Sie werfen auch Pillen ein und schütten sich einen aufgemotzten Drink namens ‚Rocket Fuel', Raketentreibstoff, zum Wachbleiben in die Kehle.

Jim hat das früher auch gemacht. „Aber diese verdammten Pillen machen dir dein Gehirn kaputt", sagt er. „Langsam und beständig sein gewinnt das Rennen." Mir schwant, daß vielleicht ‚heiße Touren' und ‚Raketentreibstoff' etwas mit dem Lastwagenunfall zu tun hatten, an dem ich in Nullarbor vorbeigekommen bin. Bei Jim fühle ich mich sicher, denn alles, was er als Aufputschmittel nimmt, sind Cola und selbstgedrehte Zigaretten.

Jim vermeidet auch die legendäre Zuflucht einsamer Truckfahrer: die Serviererinnen in Raststätten, die nach Dienstschluß als Callgirls arbeiten. „Gestern hat mir so'n Typ über CB-Funk erzählt, daß er bei so 'ner Biene im Fortescue-Rasthaus die Nummer Fünf und Neun sein wird", erzählt er mir grinsend, „ich hab' ihm gesagt, er solle sich doch besser verdammt gut überlegen, wer die Nummer Eins, Zwei, Drei, Vier, Sechs, Sieben und Acht sein wird. Vermutlich wird Aids aus den Typen noch treue Ehemänner machen, ehe sie das Virus mit nach Hause bringen."

Alles, was Jim in den vergangenen siebenundzwanzig Jahren mit nach Hause gebracht hat, war ‚Tucker-Geld' – genügend, um drei Kinder aufzuziehen, die er kaum sieht. „Die meiste Zeit hab' ich sie immer angebrüllt, sie sollen still sein, damit ich vor meiner nächsten Fahrt genügend Schlaf bekomme", erzählt er. „Jetzt wünsche ich mir, daß ich mir ein bißchen mehr Zeit für sie genommen hätte, um sie kennenzulernen."

Statt dessen hat Jim den stets gleichen, dämlichen Asphalt sehr gut kennengelernt, der sich von Perth nach Carnarvon nach Port Hedland und wieder zurück erstreckt. Außer ein Auge auf die Straße und eines auf das Geröll am Straßenrand zu halten, gibt es dabei nicht viel zu tun. Aber ein Augenblick der Unaufmerksamkeit und schon kann es passieren, daß eine Kuh auf die Straße läuft, um den Grill des Trucks einzudrücken oder sogar ein Auto zum Überschlagen zu bringen.

Zu dieser Monotonie kommt noch hinzu, daß das Autoradio ein paar Stunden nördlich von Perth nichts mehr auffängt außer dem von der Küste kommenden Geschnatter indonesischer Fischer. Jim fummelt ungeduldig am Suchknopf herum und ergeht sich dann mit hoher Stimme in einer Parodie auf asiatische Unterhaltungen. „Hoy Hien Hoy Hi Hee Ho Hoy. Ist doch 'ne richtig tolle Sache. Hi Hee Hoy Hien Hi Hee Ho. Die könnten glatt über mich reden und ich würd' es gar nicht merken." Er schaltet das Radio aus und dreht sich die nächste Zigarette.

Der Grundgedanke jeder Reise in den Norden ist das Bestreben, von hier nach da zu kommen. Aber Jim baut diesen Gedanken noch sehr viel weiter aus, indem er ihn mit einer hausgemachten Philosophie anreichert, die er in über siebenundzwanzig Jahren einsamer Fahrten entwickelt hat. Über die Arbeit: „Einsam, das ist alles. Ich muß hat das ‚Tucker-Geld' nach Hause bringen." Über den Lauf der Welt: „Wir sind alle in unserem Schicksal gefangen. Wenn uns nicht die Yanks oder die Russen in die Luft blasen, dann werden es die verdammten Indonesier tun." Über das Schicksal: „Es ist doch alles vorbestimmt, oder? Ich hoffe es, weil ich nämlich sonst daraus was besseres hätte machen können."

Es gibt wenig, was man dieser zynischen Weltschau auf dem einsamen Highway-Abschnitt nördlich von Carnarvon hätte entgegenhalten können – es gibt keine Städte, über die man später hätte erzählen können, nur flache, leere Savanne und eine Kette von Raststätten, die den Howard-Johnson-Way-Stations ähneln, die die Interstates von Amerika säumen. Die Kette nennt sich ‚Swagman', die australische Bezeichnung für Tramper. Doch die Raststätten wirken mit ihrem klimatisierten Komfort so steril, daß kein Tramper, der etwas auf sich hält, dort begraben sein möchte. Als Jim in der Abenddämmerung beschließt, für heute aufzuhören – „Warum soll ich mich beeilen? Wenn ich in Hedland ankomme, drehe ich ja doch nur wieder um und fahre die Strecke zurück." – schließe ich mich ihm deshalb nicht an, sondern versuche mein Glück bei einem Truckfahrer, der gerade in seinen Truck mit drei Anhängern Diesel tankt. Er läßt mich einsteigen.

Wenn Jim Duff ein Westentaschen-Philosoph war, dann ist dieser Truckfahrer ein totaler Traumtänzer. Sobald ich an Bord bin ,fängt er an, mir seine Phantasievorstellungen zu erzählen, als läge er auf der Couch eines Psychiaters.

„Weißt du, was ich gerne machen möchte? Weißt du, was ich wirklich gerne machen möchte?" Er macht eine Pause, als könnte angestrengtes Nachdenken darüber den Traum wahr werden lassen. „Diesen Truck in Karratha in den Graben fahren, direkt in das verdammte Meer, und dann nach Haus nach Perth gehen und meinen eigenen Stehimbiß aufmachen."

Dieser Mann hat das gleiche Problem wie Jim. Er hat gut für seine Frau und seine vier Kinder gesorgt, aber jetzt, wie er die Vierzig erreicht, hat er das Gefühl, als würde er seine Familie eigentlich gar nicht kennen. Von dreißig Tagen ist er achtundzwanzig auf Achse, in Richtung Karratha oder Hedland oder Broome. Die übrigen zwei Tage verbringt er zuhause, um Rechnungen zu bezahlen und mit dem Versuch, mit seinen Kindern Schritt zu halten.

„Mein ältester Junge interessiert sich für alles, was mit Computern zu tun hat, Science Fiction und diese Sachen, zumindest war das so, als ich das letzte Mal zuhause war. Und weißt du, bei den andern drei, also, da hab' ich überhaupt keine Ahnung, für was die sich interessieren."

Er kann nur für den Unterhalt sorgen. Jetzt, wo seine Kinder auf der Highschool sind, da möchte er sich seiner eigentlichen Vaterrolle bewußt werden – um sie vor der Welt zu bewahren, möchte er ein Geschäft aufmachen, wo sie alle zusammenbleiben können, als intimer, beschützter Kreis. Und da kommt der Stehimbiß ins Spiel.

„Ich hab' keine Ahnung vom Kochen und auch meine Frau ist in der Beziehung nicht sehr bewandert", sagt er, „aber so 'ne Frittenbude? Also ich glaub', daß jeder eine Portion Pommes machen kann."

Er hat sich sein Wunschbild schon bis zur letzten Kartoffel ausgemalt. Die Stelle in Perth, wo er die Bude aufmachen will. Zwei der Kinder stehen mit ihm an der Theke. Die anderen zwei sind mit seiner Frau in der Küche. Und sie alle, die große, glückliche Familie, servieren für den Rest ihrer Tage Frühlingsrollen und Fischstäbchen. Ein netter Traum, ehrlich. Ich frage ihn, warum er ihn nicht verwirklicht.

„Jedes Geschäft ist ein Glücksspiel", erklärt er mir. „Wenn ich so wie du frei wie ein Vogel wäre, dann würde ich es schon morgen machen. Aber mit einer Familie am Hals kann man keine Glücksspiele wagen."

Das große Problem dabei ist, daß er schon jeden Tag mit dem Glück spielt, um den Traum wahr zu machen. Momentan transportieren wir tiefgefrorene Früchte und Gemüse. Aber in Karratha wird er seine übliche Fracht aufnehmen – brennbare Chemikalien. Das Transportrisiko bringt ihm pro Stunde $ 1.60 Gefahrenzulage. „Bei meiner letzten Fahrt kamen Typen in Raumanzügen, um die Fracht abzuladen", erzählt er mir, „da hab' ich mich schon gefragt, was ich da wohl gefahren hatte." Aber die Kosten für den Truck, für Reparaturen und Versicherungen, werden immer höher, und so fährt er weiter Chemikalien – und hegt weiter seine Träume.

„Auf diesen Fahrten über die leeren Straßen kann man sich ganz schön in seine Luftschlösser verrennen. Auf der Rückfahrt denkt man dann noch einmal darüber nach. Dann belädt man wieder seinen Truck und denkt weiter darüber nach."

Um Mitternacht kommen wir zur Abzweigung nach Karratha. Ich bedanke mich bei ihm und marschiere los auf der Suche nach einem Campingplatz. Und während ich so auf dem vom Mondlicht erhellten Highway dahinwandere, kann ich ihn hören, wie er mit dem Hammer jeden Reifen auf einen Plattfuß überprüft – alle zweiundsiebzig. Irgendwie ist das dumpfe Klatschen von Metall auf Gummi, zweiundsiebzig Mal, wie eine Hymne auf die Einsamkeit und die Monotonie eines Truckfahrerlebens.

Der Geist von Cossack

Es gibt Reisende, die kein Pub auslassen können. Andere wiederum können an keinem Aussichtspunkt vorbeigehen. Ich gehöre zu denjenigen, die sofort losstürmen, wann immer eine Ansammlung von verwitterten Grabsteinen in Sicht kommt. Das hat nichts mit Nekrophilie zu tun, sondern einfach mit der Faszination für Menschen, die schon lange tot sind.

Als Kind hatte ich nur ein Hobby: überwachsene Grabinschriften freizulegen. Zu meinen Lieblingsinschriften gehören die kurzen und bündigen Zeilen auf dem Grabstein eines einjährigen Kindes, das im Jahr 1800 in Charleston/South Carolina vom Fieber dahingerafft wurde:

Früh geboren
Früh gestorben
Früh zerfallen
Aber nicht vergessen

Vielleicht bin ich doch ein bißchen morbid.

Jedenfalls, als ich in der Nähe von Karratha erwache und auf der Karte einen Punkt sehe, der mit ‚Geisterstadt' bezeichnet ist, steht mein Tagesprogramm schon fest. Unangenehm ist lediglich, daß dieser Punkt mit Namen Cossack am Ende einer kleinen Straße liegt, die vom Highway wegführt. Per Anhalter zu einer Geisterstadt zu fahren, wird vermutlich wesentlich komplizierter sein, als meine sonstigen Trips.

Aber ich habe der Tyrannei der Highways schon viel zu oft erlaubt, Einfluß auf meine Sightseeing-Ambitionen zu nehmen: Abgesehen von Ayers Rock, Pink Lake und ein paar unbedeutenderen Attraktionen war ich bis jetzt als Tourist ein kompletter Reinfall. Um ehrlich zu sein, waren die meisten meiner Ausflüge bis jetzt wie Ernest Giles jammervolle Tour durch Zentralaustralien: Sie zeichneten sich durch die Entdeckung von ausgedehnten Gebietsabschnitten aus, die man besser vermieden hätte.

Also lasse ich mich bis zur Abzweigung nach Cossack mitzunehmen, verstecke mein Gepäck in einem Gestrüpp neben der Straße und beginne, die fünf Kilometer staubiger Straße ins Gebiet der Geister zu Fuß zu marschieren. Natürlich habe ich meinen Fotoapparat und mein Notizbuch dabei, nur für den Fall, daß zwischen dem ganzen Igelgras ein paar sehenswerte Grabsteine herausschauen.

Der Marsch ist heiß und staubig, aber auf eine trostlose Art sehr vielversprechend. Ein kleiner Schwarm rosafarbener Galahs, australischer Kakadus, flattert über meinen Kopf hinweg. Eisvögel hüpfen an einem morastigen Schlammloch entlang. Fledermäuse flattern quietschend über eine Insel mit Mangrovenbäumen. Das einzige Anzeichen von menschlichem Leben ist ein eiserner Wegweiser ohne Schild, der wie ein Galgen neben der Straße steht.

Dann, auf der anderen Seite eines kleinen Hügels, steht ein Triebwagen auf hölzernen Schienen, die im hohen Gras verschwinden. Etwas weiter vorne sind undeutlich die Umrisse von alten Steingebäuden erkennbar, die vor einer offenen Wasserfläche aufragen, die so türkisfarben ist, daß sie geradezu unecht wirkt – wie der Golf von Neapel auf billigen Gemälden an den Wänden italienischer Pizzerien. Eines der Gebäude, offensichtlich das ehemalige Postamt, hat mitten in seiner zerbröckelnden Fassade einen guterhaltenen Briefschlitz. Beim Hineinspähen sehe ich, daß es lediglich eine hohle Schale ohne Dach und Fenster ist.

„Keiner zuhause, hier."

Die Stimme ertönt hinter meinem Rücken. Ich drehe mich um – oder besser gesagt, mache eine halbe Pirouette – und entdecke 50 Meter von mir zwei Aborigines in grüner Arbeitskleidung, die vor einem Gebäude einen Zaun anstreichen.

„Wohnt ihr hier?" frage ich.

„Ganz bestimmt nicht, Kumpel. Wir sind Sträflinge."

„Ihr macht 'n Scherz."

„Wünscht', es wär' einer. Wir kommen aus dem Hochsicherheitstrakt, Kumpel, ein bißchen weiter die Straße 'rauf ist 'n großes Gefängnis."

Ich erwarte schon fast, Rod Serling aus dem Geröll kommen zu sehen, um mir zu sagen, daß ich in die Twilight-Zone, das Zwischenreich, eingetreten bin. Statt dessen nähert sich ein Laster mit noch mehr schwarzen Sträflingen und einem weißen Aufseher mit Bierbauch und reflektierender Sonnenbrille. Jetzt sieht die Twilight-Zone ein bißchen wie Georgia um 1935 herum aus. Bis der Aufseher seinen Mund öffnet.

„Jesses, was zum Teufel machst du denn hier?"

Ich deute auf meine Kamera. „Ich seh' mich nur mal um."

„Scheiß' auf alle, die hier Fotos mach'n. Die glaub'n, daß an dies'n scheißalt'n Steinhäusern was Besond'res ist."

Also eigentlich glaube ich das ja auch. Aber im Grunde genommen bin ich hinter alten Grabsteinen her. „Gibt es hier irgendwo in der Nähe einen Friedhof?" Ich versuche meine Frage ganz nebensächlich klingen zu lassen, so, als hätte ich mich gerade nach der nächsten Tankstelle erkundigt. Aber der Wärter hat mich bereits durchschaut. Ein Verrückter.

„Jesses. Hier gibt's keinen verdammt'n Furz zu seh'n, der das Aufschreib'n lohnt. Aber wenn du mitfahr'n willst, spring auf."

Per Anhalter mit Kettensträflingen zu fahren gehörte zwar nicht zu meinem Tagesprogramm. Aber trotzdem fahre ich mit und steige einen Kilometer später neben einem Dutzend Grabsteinen wieder aus, die hinter Büscheln von Igelgras auf das Meer blicken. Ich hüpfe über einen verrosteten Eisenzaun und spaziere zwischen den Grabsteinen herum wie ein Kind in einem Spielwarengeschäft. Hier steht einer zur Erinnerung an William Shakespeare Hall, aus Shakespeare Manor, England, und daneben einer ‚Im Liebenden Angedenken an ZB Erikson, seine Frau Minnie und ihr Kind Pearl' – ertrunken in der Foam Passage am 10. Januar 1894. Und neben ihnen liegt ‚Little Alex' und ‚Unser Baby Eric, Gottes Wille geschehe.'

Abgesehen von der ertrunkenen Familie Erikson steht auf keinem der Grabsteine, wie Gottes Wille geschehen ist. Aber welche Plage auch immer über sie hereingebrochen war, sie raffte in erster Linie die Jüngsten dieser Stadt dahin: der größte Teil der Geister von Cossack sind vier Monate alte Babies und dreißigjährige Mütter.

Ein angrenzender Friedhof ist sogar noch mysteriöser. Statt der abgerundeten Grabsteine enthält er eckige Obelisken mit vertikalen asiatischen Schriftzügen. Nur einer dieser Obelisken hat auch eine horizontale Inschrift, die lautet: ‚Zur Erinnerung an S. Murmats.' Das ist alles.

Die zwei Friedhöfe bieten nicht viel Anhaltspunkte für Erkundigungen. Ein Baby namens Pearl und eine Familie, die im Meer ertrunken ist – das erlaubt ein paar handfeste Spekulationen. Aber Shakespeare? Und S. Murmats? Vielleicht ein Kamikaze-Angriff? Und wie paßt Cossack in dieses Bild? Und warum gibt es hier Sträflinge, die Zäune anstreichen?

Diese Frage kann der Aufseher beantworten. Er hält nämlich noch einmal an, als ich wieder zu den Steingebäuden zurücktrotte. „Ein paar verdammte Idioten sind der Meinung, daß dieser Ort 'ne Touristen-Attraktion werden könnte. Deshalb haben sie uns als billige Arbeitskräfte für dies'n verdammt'n Scheiß angeheuert. Das is' alles, was ich weiß."

Dieses Mal steige ich hinten bei den Sträflingen auf, aber als ich aussteige, weiß ich nicht so recht, wie ich mich von ihnen verabschieden soll. ‚Noch ‘nen netten Tag?‘ Oder: ‚Schaut ruhig mal bei mir vorbei, wenn ihr durch Sydney kommt?‘

„Vielen Dank für's Mitnehmen, ich . . .“

„Hast' irgendwo in der Nähe dein Auto steh'n?“ Der Sträfling spricht schnell, seine Lippen scheinen sich dabei nicht zu bewegen. Ich bin mir nicht sicher, ob er das im Spaß meint oder nicht, aber ich halte mich nicht länger auf, um es herauszufinden.

Ein – unverschlossenes – Auto neben einem guterhaltenen Haus, an dem ‚Kunst-Studio‘ steht. Dort klopfe ich an die offene Tür. Eine Frau mittleren Alters kommt auf eine Art an die Fliegentür, als hätte sie mich schon den ganzen Morgen über erwartet. „Ich bin die verrückte Künstlerin, von der Sie gehört haben“, sagt sie. Eigentlich habe ich das nicht. „Sie kommen gerade rechtzeitig für eine frische Tasse Tee“, strahlt sie mich an und öffnet die Fliegentür. Inzwischen kann mich nichts mehr überraschen und so folge ich ihr nach drinnen.

Kathy Van Raak und ihr Ehemann Geoff kümmern sich um Cossack und sind die ersten Einwohner, die dieses verlassene Kaff seit einem halben Jahrhundert hat. Sie ist Bildhauerin, die sich auf „gefühlsbetonte menschliche Studien“ (in einer Geisterstadt) spezialisiert hat und sich in ihrer Freizeit um die Restaurierung von Cossack kümmert. Er arbeitet in Karratha als Architekt.

„Vor zehn Jahren kamen wir aus Perth hierher, um etwas Geld beiseite zu legen und anschließend abhauen zu können. Aber die Sache funktionierte nicht so richtig und, tja . . .“

„Ich weiß, Nor'west-Zeit.“

Kathy lacht. „Genau. Aber abgesehen davon ist Cossack anders. Hier existiert überhaupt keine Zeit!“ Sie hat den gleichen verträumten Gesichtsausdruck, den ich vermutlich auch habe, wenn ich Grabsteine anstarre. In ihr habe ich die richtige Fremdenführerin durch Cossack gefunden, und sie ist ganz begeistert davon, dieses Amt zu übernehmen.

Wir beginnen beim Ankerplatz, weil dort die Existenz von

Cossack in den 60er Jahren des 19. Jahrhunderts anfing. Damals hieß es noch Tien Tsin und war als Haupthafen des Nordwestens gegründet worden, von dem aus Städte im Landesinneren wie Marble Bar und Roeburne versorgt wurden. Der Hafen war voll mit Schonern aus Malaysia und Timor, während die Überschwemmungsflächen außerhalb der Stadt als Übernachtungsplätze für die afghanischen Kameltreiber hergenommen wurden, die die Waren vom Hafen aus ins Landesinnere schafften.

„Welch buntscheckige Menge erwartete uns, als wir an Land gingen“, sagt Kathy theatralisch, als sie die Eindrücke eines Besuchers namens Charles Edward Flinders rezitiert, der 1887 hier gelandet war. Da gab es „farbige Menschen“ in Sarongs, „listige Japaner“ und Malayen, deren „schwarzes Haar mit Kokosnuß-Öl eingefettet war.“

Aber der Anblick, der Flinders am meisten beeindruckte, war das Dock selbst – ein Ankerplatz an Land, bei dem die Schiffe direkt an den Gebäuden am Ufer anlegen konnten. Eines der Gebäude war zufällig eine Taverne. Und dort erlebte Flinders das, was der Traum eines jeden Reisenden durch den heißen australischen Nordwesten sein muß: „Die völlig ungewohnte Erfahrung, sich auf einem Dampfer zu befinden, der fast vor der Pub-Türe ankert.“

Das Pub gibt es inzwischen nicht mehr, obwohl dort noch ein anderes entstehen sollte. Das ganze Gebäude aus Holz war in England vorgefertigt worden und befand sich auf einem Schiff, das gegen Ende der 80er Jahre vom Kurs abkam und weit im Osten landete. An einem Ort namens Whim Creek steht diese Kneipe immer noch. Alles, was heute von Cossacks Kai übriggeblieben ist, sind ein paar Steinstufen, die an den Indischen Ozean hinunterführen.

Zu dem Zeitpunkt, an dem Flinders dort ankam, war aus Tien Tsin bereits Cossack geworden (nach dem Schiff, das 1871 einen westaustralischen Gouverneur hergebracht hatte). Die Einwohner von Cossack waren oft genug am Strand entlang gegangen, um herauszufinden, daß es in diesen Gewässern Mengen von

Muscheln mit Perlen gab. Ende der 90er Jahre war die Bevölkerung der Stadt auf mehrere tausend Einwohner angewachsen, ein Großteil von ihnen waren japanische Perlentaucher wie der mysteriöse S. Murmats, auf den ich im Friedhof getroffen bin. Aus Schottland wurden Steinmetze geholt, die den in dieser Gegend vorhandenen dunklen Fels so bearbeiten sollten, daß er zum wachsenden Reichtum und Einfluß der Stadt paßte: aus ihm baute man ein Gefängnis, ein Lagerhaus, ein Zollgebäude, ein Gerichtsgebäude, die Residenz des Hafenmeisters – sogar ein türkisches Bad.

Die Gebäude waren orkansicher, aber Cossacks Reichtum war es nicht. In den 90er Jahren verschlammten mehrere schwere Unwetter den Hafen und füllten auch die Gräber außerhalb der Stadt. Port Sampson baute einen größeren Ankerplatz mit besseren Verbindungen ins Landesinnere; weiter östlich übernahm Broome den Perlenhandel. Als der 2. Weltkrieg ausbrach, war Cossack bereits dem Untergang geweiht. Nachdem die Perlenhändler gegangen waren, gab es nur noch Sandfliegen, die Überschwemmungsflächen außerhalb der Stadt und die Fledermäuse. So einen Ort überließ man besser den Geistern und das geschah dann auch.

Bis Kathy Van Raak und ihr Ehemann kamen. Als die beiden die Polizeistation renovierten, um künftig darin zu wohnen, hatten die Stadtväter von Roebourne die Idee, Cossack als Museumsstadt für Touristen wiederaufzubauen. Und so begann eine von Sträflingen ausgeführte Restaurierung.

Doch im letzten Jahr, als bereits mehrere Gebäude wieder im alten Glanz erstrahlten, traf ein neuer Besucher an Cossacks Ufern ein: *Mastotermes darwiniensis*, die Darwin-Termite. Diese Insekten vollendeten, was diverse schwere Zyklone nicht fertiggebracht hatten – sie zerstörten die Stadt von innen her. Jetzt ist die ganze Restaurierung in Frage gestellt. Aber Katy bleibt zuversichtlich.

„Kommen Sie in zehn Jahren zurück“, meint sie, als sie mich am Highway absetzt, „vielleicht haben wir dann schon ein Museum, eine Ton- und Video-Show – alles, was dazugehört. Und anschließend werden vielleicht wieder die Termiten und die Geister gewinnen." Sie lächelt mir ein wenig schief zu und fährt zurück zu der verlassenen Stadt, die sie ihr Zuhause nennt.

Mein Wiedereintritt ins Australien des 20. Jahrhunderts findet abrupt und wenig erfreulich statt. Max – für seine Motorradfahrer-Kumpel ‚Mad Max' – ist genau die Art von Typ, der durch die Alpträume sämtlicher Anhalter-Mütter geistert. Sein schwarzes Auto sieht wie ein Leichenwagen aus, abgesehen davon, daß die Hinterräder hochgestellt sind, so daß sich die Nase des Autos fast in den Asphalt bohrt. Max selbst scheint auch für ein Begräbnis gekleidet zu sein. Über einem schwarzen Stirnband, das zu seiner schwarzen Sonnenbrille paßt, wächst langes schwarzes Haar und dazu trägt er einen stacheligen schwarzen Bart. Er hört sogar Black Sabbath zu, aus einem riesigen Kofferradio, einem echte Ghetto-Blaster, der auf dem Armaturenbrett steht, direkt unter einem Aufkleber, der besagt: ‚Scheiß auf die Helmvorschriften'. Das einzige Unverständliche an Max ist, warum er ein Auto statt ein Motorrad fährt.

„Hab' die Harley bei meiner Frau in Perth gelassen", erklärt er und dreht die Kassette um. „Port Hedland ist 'ne Scheißstadt für Motorräder."

„Was bringt dich nach Hedland?"

„Arbeit."

„Welche?"

„Weiß nicht. Was ich dort kriegen kann."

„Und warum gerade Hedland?"

„Wollt' mal wieder 'raus, auf Achse." Er dreht die Musik voll auf. Unsere Unterhaltung spielt sich in den kurzen Pausen zwischen den Songs. ab.

„Stammst du aus Perth?" frage ich.

„Melbourne."

„Hast du noch Familie dort im Osten?"

„Ja."

„Warum bis du dort weg?“
„Um von ihr wegzukommen.“
Weitere zehn Minuten Black Sabbath. Dann ist die Cassette zu Ende. Aus irgendwelchen abartigen Beweggründen setze ich unsere seltsame Unterhaltung fort.
„Was macht deine Frau?“
„Kümmert sich um das Kind.“
„Ach ja? Wie alt ist das Kind?“
„Sechs Wochen.“
„Wirklich! Wie fühlt man sich denn so als Vater?“
„Ist nicht von mir. Als das Baby auf die Welt gekommen ist, hat sich der Vater umgebracht. Die Frau und ich, wir sind seitdem nur miteinander ausgegangen.“
Ich drehe das Band um. Max dreht die Lautstärke auf. Und Black Sabbath begleitet uns durch die verbrannten, orangefarbenen Ebenen der Pilbara-Savanne.

In Port Hedland reicht die Farbenpalette von Orange bis Rost. Die Eisenerz-Stadt ist das Cleveland von Australien: eine aufgeblähte Bienenkönigin der Industrie, gesäumt von rostfarbenen Güterwaggons auf der einen Seite und rostfarbenen Erzfrachtern auf der andern. Der Staub der Eisenerzhügel fliegt durch die Straßen und überzieht die Gebäude mit einer purpurfarbenen Schmutzschicht. Sogar der Himmel sieht verrostet aus.
Aber das Geschäft blüht- es ähnelt mehr Alaska als dem amerikanischen Mittelwesten. Oder Mintabie in den Opalfeldern Südaustraliens – ein Ort, der um die schnelle Mark und den schnellen Gewinn herum geplant wurde. Hohe Löhne, hohe Mieten und Horden von einsamen Männern, die vergeblich nach einsamen Frauen suchen. Und zwar nach *weißen* einsamen Frauen.
„Gibt's in der Küche ein paar blonde Tussies?“ fragt ein stämmiger Mann eine orientalische Serviererin in einem China-Restaurant. Sie schafft ein Lächeln und ein schnelles Kopfschütteln, ehe sie sich in die Küche rettet. Der Mann und seine sechs Begleiter kehren zu ihrem Bier und dem Chop Suey zurück.

„Haste Kev's Tussie gesehen?"
„Welche denn?"
„Die Kuh mit der Hasenscharte."
„Oh, du heilige Scheiße. Diese beschissene Tussie würd' ich nich' mal auf's Scheißhaus mitnehmen."
„Du fickst doch nich' ins Gesicht, Kumpel. Zieh' ihr 'ne Tüte über'n Kopf und los geht's."
„Zwei Tüten."
„Was meinste denn damit?"
„Eine für sie und eine für dich, falls sie zum Heulen anfängt und die Tüte durchweicht."

Gelächter. Noch 'ne Runde Bier. Noch 'ne Ladung Chop Suey. Die Männer der Pilbara zeigen, wie die Minen, für die sie arbeiten, die ganze Einfühlsamkeit einer Bande von Vergewaltigern in einem Mädcheninternat. Ihre Raubgier wird genauso kurzlebig sein. Aber im Gegensatz zu Cossack ist Port Hedland sehr viel tiefer im Land verankert. Wenn die Erzvorkommen einmal erschöpft sein werden und die Menschen wegziehen, werden ihre Geister in der zernarbten Erde und in dem verrosteten Gewirr von Industrieanlagen und Schornsteinen noch lange weiter leben.

Verrückt vor Hitze

Bereits den zwanzigsten Morgen ohne Unterbrechung erwache ich in einer unbekannten Stadt. Lediglich die Betten in den Pubs werden allmählich depremierend vertraut. Meine klumpige Matraze befindet sich in Reichweite des gleichen Elektroboilers, so wie es auch schon in den Pubs in Geraldton und Fremantle und Esperance und Coober Pedy der Fall war. Die Gratis-Kekse sind altbacken. Ich esse sie trotzdem; instinktiv stürze ich mich auf alles, was nichts kostet. Ich rühre eine Tüte löslichen Kaffee in heißes Wasser, und dann noch eine und noch eine und noch eine.

Aber mein Nervenkostüm weigert sich, zu erwachen. Meine Zehen finden die Riemen an den Sandalen nicht. Sogar meine Finger wollen blau machen.

Der Karton mit der Aufschrift ‚Broome, bitte' lehnt an meinem Gepäck, als wolle er mich verspotten. Ich habe nämlich angefangen, diese Kartons bereits in der Nacht zu beschriften, wie ein Kind, das sein Abendgebet spricht. Nur einmal habe ich mein anvisiertes Ziel nicht erreicht. Mein Gepäck ist gepackt. Ich kenne sogar schon den Weg, der über drei Kilometer staubiger Straße zum großen Highway im Osten führt. Ich muß nur noch von diesem unbequemen Bett aufstehen.

Statt dessen lange ich nach einer Zeitung, die auf dem Boden liegt, und mich überkommt der gleiche melancholische Schmerz wie schon gestern, als mir das Datum auf der Titelseite auffiel. Das jüdische Passah-Fest rückt heran, mit dem der Flucht aus der ägyptischen Sklaverei gedacht wird. Dieses Ereignis wird traditionell in der Familie gefeiert, mit einem großen Fest namens ‚Seder'. Ich bin zwar Atheist, oder, wie mein nichtatheistischer Vater zu sagen pflegt, ‚ein geistiger Pygmäe'; oder, wie meine Mutter es auszudrücken beliebt, ein ‚Ungläubiger'. Aber ich glaube aus ganzem Herzen an Familienfeiern. Und das Passah-Fest ist für mich sehr viel mehr eine geschichtliche als eine religiöse Feier; das Wichtigste dabei sind nicht die Gebete, sondern das Singen und Essen und Trinken des süßen Kosher-Weins, zumindest in meiner Familie. Außerdem geht es dabei um eine Befreiung, und sowas muß man feiern, egal ob religiös oder nicht. Der Gedanke daran, die Seder-Nacht in den Pilbaras bei einer Mahlzeit in einem Pub zu verbringen, läßt bei mir Verzweiflung aufkommen.

Also suche ich mir ein Telefonbuch von Port Hedland. Wem will ich damit Sand in die Augen streuen? Ich habe ungefähr genauso viel Chancen in der Pilbara einen Juden ausfindig zu machen, wie in der Wüste Manna zu finden. Ich blättere das örtliche Branchen-Telefonbuch durch. Wie erwartet, keine Synagoge und auch keine Kirche, die ein jüdischer Tempel ‚in Verkleidung' sein könnte. Katholiken, Methodisten, Heilige der Letzten

Tage. Ich schlage das normale Verzeichnis auf und fange an, nach semitischen Namen zu suchen . . . Bernstein . . . Cohen . . . Goldberg . . . Goldstein . . . nichts. Und wenn ich einen finden würde, was sollte ich dann machen? Ihn am Abend anrufen und sagen: ‚Entschuldigen Sie bitte, aber sind Sie Jude?' Levy . . . Rosenberg . . . Steinberg . . . nichts davon. Nicht einmal ein deutsch klingender Nachname, der vielleicht jüdisch sein könnte. Nur eine angelsächsische Litanei von Browns und Harris' und Smiths.

Ich blicke aus dem Fenster auf die rotbraunen Gebäude und die rotbraunen Straßen. Es wird vermutlich nicht mehr lange dauern. Zwölf Stunden in Port Hedland und ich fühle schon, wie ich zu rosten anfange. Wenn ich noch eine Nacht hier bleibe, werde ich genauso fahrtüchtig wie ein durchgerosteter Wagen sein.

Eine halbe Stunde später holpert draußen auf der Straße ein Auto an mir vorbei und kommt 30 Meter weiter stockend zum Halten. Nichts für mich, beschließe ich; an lokalem Verkehr bin ich nicht interessiert und habe also nicht vor, den Daumen zu heben. Und die Art und Weise, wie dieser Knabe aus dem Wagen klettert – so langsam wie sich Leben aus dem Urschlamm entwickelt hat –, läßt vermuten, daß er entweder mechanische Probleme hat oder einen ausgewachsenen Kater.

„Wo willst du denn hin?" ruft er mir zu. Sogar seine Worte scheinen seine Stimmbänder nur zögernd verlassen zu wollen.

„Nach Broome. Und du?"

„Auch nach Broome. Wenn du's nicht eilig hast, kann ich dich mitnehmen."

Normalerweise bin ich bei freiwillig angebotenen Fahrten vorsichtig. Das ist ein bißchen so wie mit Bonbons von einem Fremden, oder, was typischer ist, das Vorspiel zu einem homosexuellen Angebot. Aber es gibt keine anderen Autos auf der Straße und ich sprühe nicht direkt vor lauter Energie, also steige ich ein.

Dave ist langsam, selbst nach nor'westlichem Standard. Er braucht zwanzig Minuten für die Cola, die er in Hedland gekauft hat. Jedes Mal, wenn er davon trinkt, verringert sich die Geschwindigkeit des Wagens auf 25 Meilen pro Stunde; wenn er mit dem Schlucken fertig ist, erhöht sich die Geschwindigkeit wieder auf rasende 40 Meilen. Das gibt mir Gelegenheit, das volle Ausmaß von Hedlands Häßlichkeit in vollen Zügen im Zeitlupentempo zu genießen. Eine riesige Salzpfanne mit massigen weißen Dünen, die sich auf die umgebende Ebene hinausschieben. Güterwaggons, bis zum Rand voll mit Eisenerz, erstrecken sich in einer unendlichen Linie bis zum Horizont. In der anderen Richtung fahren Männer mit grauen Gesichtern in rotbraunen Wagen zu einem weiteren Arbeitstag im industriellen Bienenkorb. Dann erreichen wir wieder nacktes, hartes Geröll, das sich Hunderte von Kilometern vor uns erstreckt.

Zwei Stunden, nachdem er mich aufgelesen hat und wir immer noch weniger als 100 km von Hedland entfernt sind, hält Dave in einer Minenstadt namens Goldsworthy, um sich eine Wurstsemmel zu kaufen. Zwanzig Minuten später parken wir immer noch im Schatten, während Dave gedankenverloren die Krümel aufißt. Ich habe das Gefühl, einem zum Tode Verurteilten bei seiner letzten Mahlzeit zuzusehen. Also mache ich mich auf die Suche nach den Sehenswürdigkeiten von Goldsworthy. Sie bestehen aus einem Wassertank, der in einem Käfig unter Verschluß gehalten wird und vor dem ein Schild steht, das jeden unter Strafandrohung davor warnt, von einem daneben befindlichen Eisvorrat zu klauen. Nicht gerade eine Oase.

Wir fassen statt dessen 200 km weiter Wasser in einem Rasthaus namens ‚Sandfire'. Der Name paßt gut, denn es liegt genau mitten in einer glühenden Wüste. Und es ist auch gut plaziert, genauso wie die Pubs im Northern Territory, um die durstigen Wagen und Fahrer aus beiden Richtungen aufzufangen. Ein Schild neben der Raststätte besagt, daß es auf den kommenden 300 km kein Benzin mehr gibt.

Das Sandfire-Rasthaus teilt auch die Vorliebe des Northern Territory für Buschscherze. Hier gibt es zwar keine Busch-Bank, aber dafür eine seltsame Aufbewahrungseinrichtung, die ‚Sandfire Sleazy Sleeveless Shirt Club' heißt, der Sandfire-Club für schmutzige, ärmellose Hemden. Um Mitglied zu werden, muß der Reisende nur zwei Dollar zahlen und die Ärmel seines Hemds abschneiden. Das Geld kommt den Fliegenden Doktors zugute und die Ärmel werden an der Decke aufgehängt, die bereits aussieht wie eine Wäscherei nach einem Taifun: Zerfetzte Teile von nicht zusammenpassenden Kleidungsstücken hängen fast bis auf die Köpfe der Gäste herunter.

Einen Ärmel abschneiden und ihn an der Decke annageln dauert ungefähr fünf Minuten; ein Bier trinken dauert weitere zehn Minuten. Aber Dave ist immer noch mitten in seiner Mahlzeit. Also verbringe ich weitere zehn Minuten damit, das Telefonbuch von Broome durchzublättern. Wieder keine Synagogen. Auch keine -witzes, -steins oder -bergs. Nur ich. Ich bin im Umkreis von Tausenden von Kilometern der einzige Jude in dieser Wüste, während mein heidnischer Mitnehmer seine Wurstsemmel verdrückt.

Abgeschnittene Ärmel, aufgehängt an der Decke, sind das Markenzeichen des Sandfire-Club

Auch Dave befindet sich auf einem Exodus, wie er mir während der heißen, langweiligen Fahrt nach Verlassen von Sandfire erzählt. Vor sechs Monaten hatte er einen Job in einer Fabrik in Melbourne aufgegeben, um irgendeine andere Arbeit zu finden, irgendeinen anderen Ort, um sich niederzulassen. „Ich bin auf einer Farm aufgewachsen, und das war 'ne ziemliche Knochenarbeit", erzählt er. „Da hast du nur Scheiße geschaufelt, bis die Scheiße alle war, und dann bist du weitergezogen. In der Fabrik hast du den ganzen Tag damit verbracht, die Arbeit von 'nem halben Tag zu erledigen. Das hab' ich nicht mehr ausgehalten." Jetzt, nach mehreren Monaten auf Achse, geht Daves Geld allmählich zu Ende. Er schätzt, daß es nur noch weitere sechs Tage für Benzin und Wurstsemmeln reichen wird.

„Irgendwo in der Nähe von Darwin werde ich einfach von der Straße 'runterfahren und irgendeine Arbeit annehmen", sagt er. Ich wische den Gedanken an meine eigene drohende Rückkehr ins Büro beiseite.

Gegen Abend erreichen wir eine Raststätte am Stadtrand von Broome. Wir haben elf Stunden gebraucht, um eine Entfernung von 570 km zu schaffen. „Was für ein Auto", meint Dave und macht sich über eine neue Ladung von Wurstsemmeln her. „Wenn das 'ne Frau wäre, würde ich sie glatt heiraten."

Ich bin mehr für eine schnelle Scheidung und mache mich umgehend auf den Weg in die Stadt. Wenn Dave sein Mahl beendet, ehe ich dort ankomme, nun, dann kann ich ihm immer noch einen neuerlichen Heiratsantrag machen.

Ungefähr hundert Meter von der Raststätte entfernt mäßigt sich mein voller Galopp zu einem langsamen Trab. Nach weiteren hundert Metern wird aus dem Trab ein Trott und dann ein langsames Schlurfen. Mein Hemd tropft vor Schweiß. Irgendwo weiter unten schwimmen zehn Zehen in ihren Sandalen. Sogar meine Augen schwitzen. Auf der anderen Seite der Straße erspähe ich eine Bank und stolpere hinüber, um auf ihr zusammenzubrechen.

Wieder hat mich das Klima an der Nase herumgeführt. Der innere Teil Westaustraliens ist sonnenverbrannt und unfruchtbar, aber an der Küste liegen schwüle Mangrovensümpfe. In Cossack habe ich schon einen Vorgeschmack auf die hohe Luftfeuchtigkeit bekommen. Hier in Broome lerne ich ihr ganzes Ausmaß kennen.

Ich hatte nie erwartet, daß mich die Tropen derart schaffen könnten. Schließlich bin ich in einer Stadt aufgewachsen, die auf einem Sumpf erbaut wurde. In Washington, D.C., gibt es jeden Sommer so eine Art von Revanche dieses Sumpfes, wenn sich die Luft nicht bewegt und Hitze und Schwüle durch den Beton sickern. Dann hört sogar die Regierung auf zu regieren.

Aber Washingtons Schwüle ist, verglichen mit Broome, eher ein kleiner Fisch. Ich habe das Gefühl, als wolle mich jemand mit einem dieser heißen, feuchten Handtücher erwürgen, die man in japanischen Restaurants bekommt. Aber wenigstens ist die Gegend optisch erfrischend, nach so vielen Tagen endloser Wüste und Geröll. An den Straßenrändern wachsen Palmen und dunkelhäutige Eingeborene schlendern in farbenprächtigen Kleidern herum: es sind natürlich Aborigines, gekleidet in Sachen, die wie ausrangierte Theatergarderoben aussehen. Aber wenn ich die Augen fest genug zusammenkneife, dann könnte die Szenerie auch ein Reiseplakat für die Fidji-Inseln oder Jamaica sein.

Auch die Architektur kommt meiner Vorstellung von den Tropen entgegen. Auf der anderen Straßenseite steht ein einstöckiges Holzhaus mit einer Rundum-Veranda. Es sieht wie die schlampige Parodie auf eine Plantagen-Villa in Lousiana aus; die Art von Villa, wo man einen Pflanzer in weißem Anzug und breitem Panamahut zu sehen erwartet, der kalten Minze-Tee schlürft, während die Sklaven genügsam auf den Feldern schuften.

Ich komme allmählich wieder zu Atem und gehe langsam die breite, heiße Straße hinunter. Nach einem Kilometer ist immer noch kein Pub zu sehen, aber dafür ein langgestrecktes Haus mit Sturm-Fensterläden und einem Dach, das wie ein breitkrempiger Hut vorsteht, und das damit rundum kühlen Schatten spendet.

Aber noch vielversprechender ist das Surren einer Klimananlage in einem der Fenster und ein Schild, das besagt, daß dies die öffentliche Bibliothek ist. Ich stolpere hinein, lasse mein Gepäck fallen und strecke mich daneben auf dem Boden aus.

Eine Frau in mittleren Jahren lächelt mich hinter einem Stapel Karteikarten an. Offensichtlich ist es in Broome durchaus üblich, in der erstbesten Bücherei, an der man vorbeikommt, mit einem Hitzschlag zusammenzubrechen. Ich gebe ihr das Lächeln zurück und überlege, daß ich eigentlich noch nie eine unfreundliche Bibliothekarin getroffen habe.

„Das ist noch gar nichts", sagt sie fröhlich zu mir, „Sie hätten vor einem Monat hier sein sollen. Da war es richtig heiß!"

Seitdem ich Sydney verlassen habe, habe ich diesen Satz, oder einen ähnlichen, mindestens schon sechsmal gehört. Ich habe den Eindruck, daß ich der schlimmsten Hitzewelle, die Australien jemals heimgesucht hat, quer über den ganzen Kontinent mit ein paar Tagen Abstand gefolgt bin.

„Mir reicht die Hitze, danke."

„In der Regenzeit", fährt sie fort, „beim ‚Regen', werden die Leute einfach verrückt. Sie flippen völlig aus. Da kann man nichts anderes machen, als im Pub zu warten, bis ‚Der Regen' wieder aufhört."

‚Der Regen' klingt für mich richtig köstlich. Genauso wie das Wort ‚Pub'. Ich frage sie, wie ich dort hinkomme.

„Das Continental verkauft mehr Bier als jedes andere Hotel in Australien", erklärt sie mir, „aber jeder geht ins ‚Roebuck'." Ich nicke; Nor'west Logik. Sie zeigt mir an der Wand im Raum nebenan ein Bild des ‚Roebuck'. Es ist ein altes Schwarzweiß-Foto des Wirts Bill ‚Possum' Ward, der vor einem Holzgebäude im Kolonialstil posiert. Er hat seine Arme über der Brust gekreuzt, stellt ein stolzes, fast herausforderndes Lächeln zur Schau, und rechts und links von ihm stehen zwei Backfische in Badeanzügen. Das Foto trägt das Datum des Jahres 1920.

„Im Roebuck waren schon immer die hübschesten Mädchen", sagt sie. Aus dem Mund einer altjungferlichen Bibliothekarin ist das eine recht seltsame Bemerkung. Und das Zwinkern, das dieser Bemerkung folgt, ist noch eigenartiger. Da ich nicht weiß, wie ich mich verhalten soll, zwinkere ich zurück, schultere dann mein Gepäck und mache mich auf den Weg ins Pub.

Das ‚Roebuck' sieht aus, als hätte sich dort seit den Zeiten von Possum Ward nicht viel verändert. Es sieht etwas heruntergekommen und baufällig aus und ist der Sammelpunkt für sämtliche Kontinental-Drifter, die es in Broome an Land spült. Eine Gruppe dunkelgebräunter Männer, offensichtlich Fischer oder Matrosen, schlürft neben der Tür Cola mit Rum. Die meisten von ihnen sind tätowiert; alle tragen Ohrringe. Sie sehen einer Frau in einem ärmellosen Baumwollkleid zu, die mit einer anderen Frau in einem orangefarbenen Sarong Billard spielt. In der Ecke tanzen zwei Hippies träge zu einem Blues aus der Jukebox. In dieser Bar hält sich nicht ein einziger häßlicher Mensch auf. Insgesamt hinterläßt die Versammlung einen schäbigen, tropischen Eindruck, der dem einer Wochenendgesellschaft gleicht, die sich bewußt gehen läßt.

Unter den Ohrringen und Sarongs ist eine rassische Mischung verborgen, wie ich sie noch nie in meinem Leben gesehen habe. Die Aborigines-Abstammung ist unübersehbar, aber es gibt auch einen asiatischen Einschlag, oder besser gesagt, mehrere asiatische Einschläge, und auch eine Spur von spanischem Blut. Was am meisten auffällt, ist, daß keiner der Anwesenden nur einer ethnischen Gruppe anzugehören scheint. Jedes Gesicht ist eine Mischung aus zwei oder drei Zutaten, wie ein gutgewürztes indisches Curry-Gericht. Da gibt es mokkafarbene Männer mit feinen asiatischen Gesichtszügen, und Frauen mit orientalischer Hautfärbung, aber den breiten Aborigines-Nasen oder überraschend blauen Augen.

Natürlich hat das alles mit den Perlen zu tun. Malaien und Japaner und Filipinos und Chinesen und Koepangers (Einwohner von Timor mit portugiesischer Abstammung, was für den spanischen Einschlag verantwortlich ist) und Einwohner der Thursday Islands und schließlich auch Europäer – sie alle kamen gegen das

Ende des 19. Jahrhunderts hierher, um nach Perlen und Perlmutt zu tauchen. Nachdem nach 1901 die Einwanderungsbestimmungen eine rassistische Wendung genommen hatten, und die Gesetze des Weißen Australiens den Asiaten verboten, ihre Familien mitzubringen, wurde der Schmelztiegel noch ein bißchen mehr durcheinandergerührt. Und noch vor den Perlentauchern kamen Langboote aus Malaysia, um diese Küsten nach einer Delikatesse namens Seewalze oder ‚bêche-de-mer' abzusuchen. Dieses Kapitel in der Geschichte ist in den asiatischen Gesichtszügen vieler Aborigines in dieser Gegend festgehalten und auch in der örtlichen Küche. Manche Aborigines-Clans in der Gegend von Broome bereiten ihre Schildkröten immer noch im indonesischen Stil zu, mit Chili und Knoblauch.

Doch irgendwie hatte ich mir vorgestellt, daß auch Broome, wie so viele andere Orte auf meiner Reise, auf Grund der Vorschußlorbeeren eine Enttäuschung sein würde; sicher wäre die Geschichte und Farbigkeit der Stadt durch die Weiterentwicklung verschüttet worden. Das ‚Roebuck' macht mir klar, daß mein Zynismus fehl am Platz gewesen ist.

Ich bestelle ein Bier und frage die Barfrau, ob die Flotte der Perlenfischer drinnen oder draußen sei. „Drinnen", antwortet sie, „hier drinnen." Sie deutet auf die muskulösen, bronzefarbenen Männer, die ich neben der Tür gesehen habe. Offensichtlich ist das alles, was von dem übriggeblieben ist, was einst die größte Perlenfischer-Flotte der Welt gewesen ist.

„Der Typ mit dem Handtuch ist der beste Taucher in ganz Broome", erklärt sie mir. „Der, mit dem er gerade spricht, ist ein Dealer." Ich schlendere zu dem Taucher hin. Das Handtuch, das um seine nackten, muskelschwellenden Schultern geschlungen ist, gibt ihm das Aussehen eines Preisboxers, abgesehen davon, daß er ein vollständiges, strahlend weißes Gebiß hat und eine lange, unversehrte Nase.

„Bin ein einfacher Tourist", sage ich lächelnd zu ihm. „Kann ich dir ein Bier spendieren?" Er zuckt mit den Schultern. Also bestellte ich eine Runde und frage ihn über das Perlenfischen aus.

„Unser Boot ist zehn Tage lang unterwegs, dann liegt es einen Tag im Hafen, und dann ist es wieder für zehn Tage draußen." Er trommelt an sein Bierglas. „Wir gewöhnen uns den schwankenden Seegang eigentlich nie richtig ab." Er schüttet das Bier in einem Zug hinunter und zieht in Richtung Toilette ab. Offensichtlich bekommt man in Broome für ein Bier nicht sehr viel Informationen.

Ich wende mich seinem Begleiter zu, einem großen, dunkelbraunen Mann mit einem hängenden Schnurrbart, pechschwarzem Haar und zwei Goldringen in einem seiner Ohren. Wie schon bei dem Taucher zieht auch seine Erscheinung die Touristen an.

„Woher kommst du?" frage ich ihn, „Ich meine, woher kam deine Familie, ehe sie nach Broome kam?" Das klingt etwas eigenartig, aber es scheint ihn nicht weiter zu stören.

„Ganz früher aus Koepanger", antwortet er, „der Typ, mit dem du gerade gesprochen hast, stammt von Thursday Island." Das ist die Art von Antwort, die ein Tourist in Broome gerne hört. Was aber einen merkwürdigen Eindruck macht, ist, daß die Männer trotz ihres exotischen Aussehens einen breiten, jargonartigen Dialekt sprechen. Der Schmelztiegel hat in Broome wohl geraume Zeit auf dem Feuer gestanden. Ich wage mich weiter vor.

„Du bist ein Dealer, stimmt's?" Das Gesicht des Koepangers wird ausdruckslos, aber ich lasse nicht locker: „Wie funktioniert das? Kaufst du direkt von ihnen oder kommen die Taucher zu dir?"

Er dreht sich um, als wolle er mit dem Mann auf dem Stuhl neben ihm sprechen. Als er sich mir wieder zuwendet, hat sein Gesicht einem spöttischen, fast feindseligen Ausdruck. „Ist das dein Ernst, Kumpel? Oder bist du eines von den Schweinen?"

Schwein? Irgendwie ist die Unterhaltung falsch gelaufen.

„Ich bin neugierig, wenn du das meinst." Sein Gesichtsausdruck ändert sich nicht. „Tut mir leid", rede ich weiter, „es ist nur so, daß die Barfrau mir gesagt hat, daß dein Kumpel Taucher ist und du ein Dealer, und da dachte ich mir, daß ich vielleicht ein bißchen etwas über das Perlenfischen erfahren könnte. Das ist alles."

Der Mann studiert ein paar Sekunden lang mein Gesicht und lacht dann. „Das hast du alles falsch verstanden, Kumpel, ich deale mit Hanf, nicht mit Perlen. Aber im Moment bin ich etwas vorsichtig, weil die Stadt in Bezug auf Stoff gerade verrückt spielt." Er deutet auf einen Mann am anderen Ende der Bar mit einem roten Halstuch und einer Brille mit Drahtfassung. „Versuch's doch mal bei dem Typen da drüben."

Das scheint der glimpfliche Abgang aus einer unerfreulichen Unterhaltung zu sein. Also marschiere ich ans andere Ende der Bar, die plötzlich mit Abendgästen vollgestopft ist. Mr. Drahtbügel begrüßt mein Erscheinen mit einem seligen Lächeln. Ich frage mich, was er wohl dealt, Perlen oder Gras?

Er stellt sich dieselbe Frage in Bezug auf mich. Als ich mich auf dem Barhocker neben ihm niederlasse, flüstert er mir aus einem Mundwinkel zu: „Kaufen oder Verkaufen?"

„Weder noch, tut mir leid."

„Scheiße. Ich hab' dich mit ‚Dem Mann' sprechen sehen und dachte, daß du vielleicht ein bißchen Dope für mich hast." Einen Augenblick sitzen wir schweigend da. „Ist egal. Ich heiße Mark. Das ist Gavin. Willkommen in dem verdammten Club."

Mark macht nicht den Eindruck, ein Clubmitglied zu sein. Klein und kahlköpfig und etwas ängstlich, erinnert er mich an einem überarbeiteten Studenten, den ich im College gekannt habe. Aber Gavin ist genauso lässig und gutaussehend wie alle anderen im ‚Roebuck': groß und blauäugig, mit einem gepflegten Kinn- und einem dünnen Schnurrbart, die beide so blond sind, daß sie auf seinem tiefgebräunten Gesicht wie aufgemalt wirken.

Tatsächlich gehören weder Mark noch Gavin zu den ständigen Mitgliedern. Das ‚Roebuck' ist lediglich ein Zwischenstop zwischen abgelegenen Rinderfarmen, wo die beiden Männer für einen fahrenden Händler Gelegenheitsarbeiten ausführen. Ungefähr einmal im Monat haben sie diese Unterbrechungen, die höchstens ein paar Tage dauern. Die heutige Unterbrechung wird um Mitternacht zu Ende sein, wenn ihr Boss ankommt und sie zur nächsten abgelegenen Farm bringt. Kein Wunder also, daß Mark und Gavin wie Gefangene auf Freigang saufen.

„Noch einen auf den Weg!“ ruft Mark der Barfrau zu. Dann, kichernd: „Zwei auf den Weg!“

Gavin schließt sich der Bestellung an. „Zehn auf den Weg! –“

„Zwanzig – “

„Zwanzigtausend – “

Die Barfrau lächelt voller Verständnis. Mit einem gekonnten Bühnenflüstern sagt sie zu mir: „Seit gestern Nachmittag machen die beiden das schon. Man könnte fast glauben, daß sie besoffen sind.“

Besoffen zu werden steht bei ihren Aufgaben allerdings erst an zweiter Stelle. Mark möchte in erster Linie unbedingt etwas Gras für die langen einsamen Nächte in der Wüste kaufen. Und Gavin möchte ganz einfach nur weibliche Gesellschaft. „Sechs Monate bin ich jetzt schon außer Übung“, sagt er, „es ist deprimierend.“

Unglücklicherweise hat er genauso wenig Erfolg wie Mark. „Leere Hände“, sagt er, „bis morgen Nacht. Dann werde ich wieder meinen Du-Weißt-Schon-Was in der Hand haben.“

Mark lacht. „Wenn ich noch mehr wichse, wird mir mein Dödel abfallen.“

Die Barfrau kommt mit drei Bieren zurück. „Geht auf mich“, sagt sie. „Ich würde gerne auf dich gehen“, meint Gavin und lehnt sich über die Bar. Das spult sich ab wie ein oft geprobter Filmdialog – für beide. „Was stimmt nicht, ich oder mein Gesicht?“

„Das Gesicht ist in Ordnung“, antwortet sie,„es sieht nur so verzweifelt aus.“ Sie dreht sich um und geht hüftwackelnd den Tresen hinunter, während Gavin jammernd sein Gesicht in den Armen vergräbt.

Mark blickt auf die Uhr. „Noch drei Stunden, Junge. Es sieht allmählich ernst aus.“

„Zurück an die Arbeit.“

„Zurück in den Busch.“

„Keine Mädchen."
„Kein Dope."
„Kein Nichts."

Sie brechen wieder auf der Bar zusammen und ich kann nicht sagen, ob sie kichern oder weinen. Vielleicht beides auf einmal.

Ich frage sie, warum sie nicht mit diesem Job aufhören. Mark erklärt mir, daß er das tun wird, sobald er genügend Geld gespart hat, um nach Melbourne zurückkehren zu können. „Ich bin dem Irrtum erlegen, daß ich ein Vermögen verdienen könnte, wenn ich irgendwo im Westen die Axt schwinge." Gavin erlag einem anderen Irrtum. Sein Partyservice ging pleite und seine Ehe ebenfalls. Er stellte sich vor, daß ein paar Monate harter Arbeit im Busch „den Karren wieder aus dem Dreck ziehen würden."

Im Augenblick ist er so weit aus dem Dreck heraus wie das Abflußrohr einer Güllegrube. Und die Zukunft sieht auch nicht sehr viel rosiger aus. Mark hat es gerade geschafft, ‚Den Mann' auf sich aufmerksam zu machen; es hat den Anschein, als würde der Dope-Deal schließlich doch noch klappen. Mark folgt ihm aus der Bar nach draußen.

Gavin wird wieder übermütig; vielleicht stehen seine Chancen jetzt auch nicht mehr so schlecht. Er erspäht eine dünne Asiatin in einem Minirock, die sich über die Jukebox beugt und die Titelliste der Platten studiert. Gavin trinkt sein Bier aus und stopft sein ärmelloses T-Shirt in die Hose. „Halt mir die Daumen, Kumpel." Dann gerade als er vom Hocker gleitet, tritt ein Mann an die Jukebox heran und legt seinen Arm um die Taille der Frau. Der Mann fängt an, an ihrem Hals zu knabbern. Sie wirft den Kopf nach hinten und streckt ihre Zunge heraus. Er nimmt sie in den Mund und sie fangen an, sich langsam und leidenschaftlich zu küssen.

„Herr des Himmels, schau dir das an!" schreit Gavin. Er hat seine vorherige Ruhe verloren und scheint dem Weinen nahe zu sein. „Herr des Himmels. Der lutscht an ihren Mandeln herum!" Wir beobachten für eine Minute das knutschende Pärchen, dann plärrt Gavin quer über die Bar: „Um Himmels willen, Kumpel!

Hast du noch nie was davon gehört, daß es bei dir zuhause verdammt noch mal privater ist?“ Niemand an der Bar bewegt auch nur den Kopf. Das Pärchen küßt sich weiter. Gavin vergräbt wieder den Kopf in den Armen.

Ein paar Minuten später kommt Mark zurück. Auch er hat kein Glück gehabt. „Dieser Dickkopf hat mich die ganze Nacht herumgehetzt!“ Er blickt auf seine Uhr. „Zwei Stunden noch – und die Uhr läuft. Es sieht allmählich ernst aus.“

Ich überlasse Mark und Gavin ihrem Schicksal und gehe hinaus in die tropische Nacht. Jetzt, wo es nicht mehr so heiß ist, sieht Broome sehr vielversprechend aus. Vielleicht liegt es auch an dem vielen Bier. Vielleicht lege ich mich wie die Perlenboote für ein paar Tage in den Hafen. Bessere ein oder zwei Segel aus, repariere ein Leck und entwirre meine Leinen.

Ich zähle mein Geld. Es reicht für einen kurzen Aufenthalt in einem vernünftigen Bett, wenn ich in den nächsten Nächten auf dem Boden bleibe. Ich suche mir ein ruhiges Motel, bestelle ein Abendessen aufs Zimmer und beschrifte vor dem Schlafengehen diesmal *kein* neues Schild.

Perlmutt und Matzen-Knödel

Nachts läßt die dampfende Hitze etwas nach und die Flut setzt ein. Boote, die letze Nacht noch auf den schlammigen Ufern gestrandet schienen, schaukeln jetzt neben einer hölzernen Pier. Auch eine kleine Mangroveninsel vor der Küste ist überflutet.

Dieser bemerkenswerte Tidenhub – der Wasserstand zwischen Ebbe und Flut variiert dabei bis zu 10 Meter – erlaubte es William Dampiers Schiff *Cygnet* 1688 ganz in der Nähe bis ans Ufer zu kommen. ‚Wir steuerten unser Schiff bei einer Springflut, so weit es ging, in eine kleine sandige Bucht; als die Ebbe einsetzt, lag sie auf trockenem Sand, lediglich eine halbe Meile vom Ufer entfernt', schrieb der englische Seemann. ‚Wir hatten deshalb genügend Zeit, um den Boden unseres Schiffes gründlich zu reinigen.' Die Seeleute jagten in Broome nach Schildkröten und anderem Getier. Aber wie es scheint, konnte Dampier seine Mannschaft ansonsten zu keinerlei anderer Arbeit überreden. ‚Während wir hier lagen, versuchte ich meine Mannschaft dazu zu bewegen, in einer der englischen Handelsniederlassungen zu arbeiten; aber sie drohten mir, mich an Land zurückzulassen, wenn ich darauf bestehen würde.' Sogar damals flippten die Leute aus, sobald sie die Sonne und den Sand von Broome zu spüren bekamen.

Drei Jahrhunderte später nutzen die Seeleute immer noch diesen Gezeitenunterschied aus, um ihre Perlenfischerboote möglichst nahe ans Ufer zu bringen. Und als ich am Morgen zu den Docks hinuntergehe, geht es dort recht betriebsam zu. Ein halbes Dutzend Männer ist damit beschäftigt, große Körbe mit Perlmuttmuscheln zu entladen und Benzin und Nahrungsmittel einzuladen, ehe die Ebbe die Boote wieder auf Sand setzt.

Ich erkenne einige der Gesichter vom vergangenen Abend wieder. Die Männer sind nackt bis zur Taille und so sieht man die ganze Pier hinunter eine bunte Palette aller möglichen Rassen. Die Körbe werden von chinesischen Händen zu denen aus Koepanger weitergegeben, dann in schwarze, in japanische, in malaiische und dann wieder in chinesische. Und dazwischen ein paar kaukasische Hände – die meinen. Als ich nämlich auf die niedrige Pier trete, um mich mit einem der Männer zu unterhalten, wird mir sofort ein Korb in die Arme gedrückt und so reihe ich mich in die Menschenkette ein. Nach rechts wenden, einen Korb in Empfang nehmen, nach links wenden, den Korb weitergeben, nach rechts wenden, einen Korb in Empfang nehmen, und so weiter und so fort, die ganze lange Reihe hinunter. Als alle Körbe ausgeladen sind, ändern wir die Richtung des Ablaufs und laden Nahrungsmittel ein. Nach so vielen Morgen auf der Straße tut es richtig gut, wieder einmal eine sinnvolle Arbeit zu verrichten.

Die Boote sind genauso farbenprächtig wie ihre Besatzung: Schooner aus Holz mit zwei Masten, die chinesischen Dschunken ähneln, mit Bojen und Netzen und Kleidungsstücken, die auf den Leinen hängen. Wenn die Boote nicht so benutzt aussehen würden, könnte man sie aufgrund ihrer Altertümlichkeit fast für Museumsstücke halten. Auf diese Art geben sie, verankert an der hölzernen Pier, unserer Arbeit das Flair einer vergangenen Zeit und eines anderen Schauplatzes: des kolonialen Singapurs vielleicht, oder das eines Walfanghafens in Massachusetts.

„Perlenfischen ist immer noch eine Arbeit aus dem 18. Jahrhundert", erzählt mir der Mann zu meiner Linken, als er eine Pause macht, weil ihm der Aufprall eines Korbes den Atem genommen hat. „Toll für die Touristen. Harte Knochenarbeit für uns."

Ich halte ihn für einen Malaien; ein gewaltiger, bronzefarbener Baum von einem Mann mit Oberschenkeln wie Baumstämme und Armen so stark wie knorrige Äste. Ich stelle ihm all die Fragen, auf die ich vergangene Nacht so gerne eine Antwort bekommen hätte, und zwischen den Körben gibt er sie mir. Zum Beispiel die nach ‚The Bends', der Taucherkrankheit. Die Lähmung wird durch die Druckveränderung hervorgerufen, die entsteht, wenn man zu schnell vom Boden des Meeres auftaucht. Früher, als es noch keine moderne Tauchausrüstung und keine moderne Medizin gab, starben die Taucher zu Dutzenden daran – und wenn nicht an der Taucherkrankheit, dann durch Angriffe von Haien oder durch Zyklone.

Einer dieser gewaltigen Stürme ließ in den 80er Jahren des vergangenen Jahrhunderts 20 Boote und 140 Männer untergehen; ein anderer Zyklon forderte 1935 dieselbe Anzahl an Booten und Opfern. Einige von ihnen sind in einem Massengrab auf dem japanischen Friedhof außerhalb der Stadt beigesetzt worden. Noch viele Jahre danach füllten die Abkömmlinge dieser Männer kleine Flaschen mit Reiswein und stellten sie neben die Grabsteine, damit die Geister der Verstorbenen etwas zu trinken hatten.

Um 1920 gab es in Broome 4000 Taucher, die Stadt produzierte ungefähr 80 Prozent des Weltbedarfs an Perlmutt. Aber Plastikknöpfe unterhöhlten den Perlmuttmarkt. Und als der 2. Weltkrieg ausbrach, wurden viele Boote beschlagnahmt und deren japanische Taucher interniert. Lediglich die Entwicklung der Zuchtmuscheln bewahrte die Flotte aus Broome vor dem endgültigen Verschwinden, obwohl auch auf diese Art lediglich ein halbes Dutzend Boote überlebte. „Zumindest kriegt heute keiner mehr die Taucherkrankheit“, sagt einer der Fischer zu mir. „Außer sie kommen zu schnell vom Boden eines Bierglases im ‚Roebuck‘ nach oben.“

Sobald die Körbe eingeladen sind, setze ich meinen Spaziergang in Richtung ‚China Town‘ fort, das aus ein paar breiten Straßen besteht, die von behelfsmäßigen Baracken aus Blech und Holz gesäumt werden. Zu Beginn dieses Jahrhunderts lag hier der Mittelpunkt von Broomes Perlenfischer-Gemeinschaft und der Anfangspunkt für seine seltsame Rassenvermischung. Satay-Männer[1] mit ihren Stangen über den Schultern waren die ersten. Schwankend bahnten sie sich ihren Weg, an einem Ende der Stange hingen die Fleischstreifen, am anderen Ende die Töpfe mit den glühenden Kohlen. In China Town gab es auch Bordelle und Spielhöllen, genauso wie ein Kino, das ‚Sun Picture Cinema‘, das in einem halb verrosteten Blechschuppen immer noch existiert.

Während der Vorführung eines Stummfilms im ‚Sun‘ begannen 1920 während einer Hitzewelle die sogenannten Rassenkrawalle von Broome. Mehrere hundert Koepanger bewaffneten sich und taten sich gegen die Japaner zusammen, die damals die Perlenfischerei beherrschten. Zweihundert Weiße wurden hastig als Polizisten vereidigt, um die Ausschreitungen unter Kontrolle zu bringen. Aber bevor die Kämpfe beendet werden konnten, starben vier Japaner und Koepanger. Das ist der einzige Bericht, den es über Gewalttätigkeiten zwischen den vielen verschiedenen Rassen von Broome gibt.

[1]Satay: eine Spezialität aus Malaysia und Indonesien; sie besteht aus geräuchertem, gewürztem Fleisch, das auf Spieße aus den Stengeln von Kokosblättern gesteckt und gekocht wird. (Anm. d. Übers.)

Heute beherbergen die meisten Gebäude in China Town Läden für Touristen oder ‚Mung Beans', wie die Hippies in Broome genannt werden. Heute ist es die Art von Stadtteil, in dem die Leute sich in schattige Cafés setzen, vegetarische Snacks essen und eine alternative Zeitung namens ‚Broome News' lesen können, deren Kolumnist Fettuccine Ferret heißt.

Ich habe die Hälfte einer Vollkorn-Enchilada und eines Gedichtes namens ‚Ode an die Ausgeflipptheit' hinter mir, als Mark, mein Trink-Kumpan der letzten Nacht, hereinkommt.

„Was machst du denn hier? Ich dachte, du und Gavin seid schon lang wieder im Busch?"

„Das war mal." Er läßt sich in den Stuhl mir gegenüber fallen und wischt sich die Stirn mit dem Halstuch ab, das er letzte Nacht getragen hat. Seine Brille mit Metalleinfassung ist weg.

„Wo ist Gavin?"

„Keine Ahnung. Kurz nachdem du letzte Nacht gegangen bist, ist er mit der Barfrau abgehauen." Mark grinst. „Dann hab' ich auch noch Glück gehabt." Er langt in seine Tasche und holt eine kleine Plastiktüte mit Marijuana heraus. „Um Mitternacht war mir mein Boot scheißegal. Schließlich war ja auch Gavin nicht da. Ohne ihn werd' ich keinen verdammten Fuß in den verdammten Busch setzen." Er blickt auf, als eine Bedienung in einem weiten Baumwollkittel vorbeisaust. „Hab' schon miesere Orte gesehen, um mal 'ne Weile blau zu machen."

Noch zwei Stück Treibholz für die Strände von Broome.

Nach dem Mittagessen beschließe ich, mich wieder meinem eigenen kleinen Anliegen zu widmen. Ich miete ein Fahrrad – in demselben Laden, der auch mexikanisches Essen verkauft – und radle zum Gemeindeamt auf der anderen Seite der Stadt. An einem Donnerstagnachmittag passiert in Broome nicht sonderlich viel, deshalb ist der Gemeindeangestellte nur zu froh, mich hereinbitten zu können. Wir plaudern über Broome und dann erkläre ich ihm die Sache mit dem Passah-Fest.

Australiern scheint es oft unangenehm zu sein, wenn die Sprache auf das Judentum kommt. Das beruht nicht auf einem Vorurteil, sondern nur auf Unwissenheit in Bezug auf alles, was mit Semitismus zu tun hat; da sie keine Ahnung vom Judentum haben, haben sie ganz einfach Angst, etwas Falsches zu sagen. Aber der Gemeindeangestellte in Broome hat da keine Probleme; offensichtlich hat er bereits einige Übung darin, mit den Sitten und Gebräuchen anderer Menschen umzugehen. Unglücklicherweise gehören die Gebräuche meines Volkes zu den wenigen Dingen, mit denen er noch nie zu tun hatte.

„Mr. Horwitz, wir haben alle möglichen Menschen hier in Broome – und damit meine ich wirklich alle." Er fängt an, sie an seinen Fingern abzuzählen: weiße, schwarze, gelbe Menschen, Malaien, Menschen aus Manila. „Am Stadtrand gibt es sogar einen ganzen Friedhof voller Japaner. Aber ich habe mein ganzes Leben hier verbracht und Sie sind der erste Jude, den ich kennenlerne. Es tut mir leid." Er gibt mir einen Schwung Touristen-Broschüren und verabschiedet mich. Doch dann kommt ihm noch eine Idee.

„Sehen Sie das Haus da drüben, das auf Pfählen? Da gehen Sie hinein und fragen nach einem Burschen namens Vater Mack. Vielleicht kann er Ihnen helfen."

Ich bedanke mich bei ihm. Es ist die übliche Art von religiösem Mißverständnis, die vor allen Dingen in Australien sehr verbreitet ist. Wenn es keinen Rabbi gibt, nun, dann kann man es ja mit einem katholischen Priester versuchen. Ein religiöser Klugschwätzer ist so gut wie der andere.

Und dann weiß ich wieder nicht, wo ich hingehen soll (außer zu dem japanischen Friedhof). Also gehe ich hinüber zu dem Pfahlhaus. Hinter der Fliegentür ist ein kleiner Raum, in dem ein Mann auf Vater Mack wartet. Dieser Mann ist von einer derartig ungewöhnlichen Schönheit – kupferfarbene Haut, sanfte Lippen, glänzendes, schwarzes Haar, das ihm fast bis auf die Schultern fällt –, daß ich mich dabei ertappe, wie ich die gleiche dämliche Frage stelle, die ich bereits letzte Nacht dem Koepanger gestellt habe.

„Wo kommst du her? Ich meine deine Familie?“

Er zeigt keinerlei Verärgerung über diese Frage. „Malaien und Filipinos von der Seite meines Vaters her, von der meiner Mutter Maori.“ Er lächelt, ein weißblitzendes Lächeln, nimmt seine Sonnenbrille ab und enthüllt damit haselnußbraune Augen. „Und dazu kommt noch ein Schuß irisches Blut. Ich hatte damit nicht viel zu tun.“ Er betrachtet einen Augenblick lang aufmerksam mein Gesicht. „Und wo kommst du her?“

„Ich komme aus Sydney. Also, nicht wirklich. Eigentlich bin ich Amerikaner. Meine Familie zog von Rußland aus dorthin, aber sie waren alle Juden, also waren sie auch nicht wirklich aus Rußland. Das war eine Art von Zwischenstop.“

„Eine interessante Mischung“, meint er, „wie ich .“

Vater Mack – mit vollem Namen Michael McMahon – ist wieder eine ganz andere Mischung. Er ist katholischer Priester, aber leitet auch eine Spedition, ein Bestattungsinstitut und noch ein paar andere Geschäfte, die alle mit Broomes Aborigines-Gemeinde verbunden sind. Vater Mack ist die Art von Ein-Mann-Sozial-Agentur, die man nur in kleinen, abgeschiedenen Orten findet. Er ist genau die Art von Mann, die wissen wird, ob es in Broome irgendeinen jüdischen Abkömmling gibt, und aus diesem Grund hat mich auch der Gemeindeangestellte an ihn verwiesen.

„Im Aborigines-Gesundheitszentrum gibt es einen Arzt namens Wronski“, sagt er, „und ich bin mir ziemlich sicher, daß er Jude ist, aber ich habe keine Ahnung, ob er praktizierender Jude ist.“ Vater Mack schweigt einen Moment. „Wenn er es nicht ist, dann kommen Sie ruhig heute Nacht hierher. Wir können etwas zusammen machen oder uns zumindest unterhalten.“ Wie alles andere, ist auch die Religion in Broome eine Angelegenheit der offenen Tür.

Langsam radle ich in das Aborigines-Krankenhaus, denn allmählich wird mir klar, daß ich keine Ahnung habe, was ich zu Dr. Wronski sagen soll; bis jetzt war es fast ein Ding der Unmöglichkeit, überhaupt einen Juden zu finden. Aber dieses Unternehmen ins Blaue hinein macht mir Spaß, es ist genauso wie per Anhalter fahren. In der Litanei für das Passah-Fest gibt es eine Stelle, die sich mit Elijas, dem wandernden Propheten, beschäftigt. Ein großes Glas Wein wird eingegossen – Elijas Glas wird es genannt – und in der Mitte des Seder wird die Tür geöffnet, nur falls Elijas, oder ein anderer heimatloser Suchender, gerade vorbeikommt. Als Kind bin ich immer zu dieser offenen Tür gerast in der Hoffnung, daß tatsächlich ein Fremder auftauchen und über den orientalischen Teppich meiner Mutter trampeln würde, um Anspruch auf sein Glas Wein und seine Schüssel mit Matzen-Knödel-Suppe zu erheben. Natürlich passierte das nie, und mein Bruder und ich teilten uns hinterher jedesmal heimlich Elijas' Glas Wein.

Jetzt habe ich vielleicht die Gelegenheit, die Rollen zu vertauschen und zur Überraschung eines Kindes im Haushalt der Wronskis ins Zimmer zu treten. Ich lehne mein Fahrrad an die Veranda der Klinik, wische mir den Schweiß von der Stirn und trete ein.

Am Empfang ist niemand, also gehe ich in die Halle hinunter, bis ich an eine offene Tür komme. Drinnen macht ein kleiner Mann mit dichtem schwarzem Haar an einem Pult Notizen. Er entspricht völlig der Vorstellung eines Busch-Doktors: braun gebrannt und mit einem Bart, gekleidet in Khaki-Shorts und Khaki-Hemd.

„Dr. Wronski?" Ich habe das Gefühl, „vermute ich" hinzufügen zu müssen, lasse es aber bleiben.

„Hm, Hm." Er hebt den Blick nicht von seinen Notizen. „Einen Augenblick." Er schreibt weiter, schließt dann sein Notizbuch und streckt mir die Hand entgegen. „Ian Wronski. Was kann ich für Sie tun?"

Ein fester Händedruck. Vielversprechend. Dieser Mann lebt nicht nach Nor'west-Zeit. „Ich bin Tony Horwitz. Es ist zwar etwas seltsam, aber ich komme gerade durch Broome, und, also, es ist das Passah-Fest . . ."

„Und irgend jemand hat Ihnen erzählt, daß Wronski der einzige Jude in der Stadt ist."

„Nun, ja – und ich fragte mich . . ."

„Ob wir das Passah-Fest feiern und ob Sie vielleicht mit uns feiern könnten."

Ich nicke. Wronskis Blick wandert von meinen Sandalen zu meinem Schlapphut, als müßte er sich auf eine physische Prüfung vorbereiten. Dann grinst er mich strahlend an. „Also, Se wollen kommen zum Seder?" sagt er und parodiert dabei gekonnt den Akzent der jüdischen Kleiderverkäufer auf der Lower East Side in New York. Er kratzt sich den Bart. „Ich glaube, wir werden schon ein Zimmer für einen umherziehenden Juden finden."

Dann führt mich Ian aus der Klinik zu seinem Haus, das ein paar Blocks entfernt ist, und wo ich seine Frau Maggie kennenlerne, die gerade dabei ist, das Abendessen für das Passah-Fest vorzubereiten. Als wir in die Küche kommen, schlägt mir ein vertrauter, aber lang zurückliegender Geruch entgegen – Hühnerbrühe mit Matzen-Knödel. Maggie steht am Tisch und macht ‚Gefillte Fisch'. Sie steckt Ian einen Löffel voll in den Mund.

„Nun, wie schmeckt's?" fragt sie, „isses richtig oder was?" Ian lächelt.

„Meine Großmutter wäre stolz auf dich." Er geht zum Herd, holt sich mit dem Löffel einen Matzen-Knödel heraus und schiebt ihn sich auch in den Mund. „Hast du den Menorah[1] von der Bank geholt?"– Das ist keine Unterhaltung, wie ich sie in Broome, Westaustralien, zu hören erwartet hätte.

Die Wronskis sind in ihrem jüdischen Glauben genauso lasch wie ich. Um ehrlich zu sein, so desinteressiert, daß sie gar nicht wußten, daß die Seder-Nacht bevorstand – bis es ihnen Ians Mutter bei einem Telefonanruf aus Melbourne mitteilte. „Wir haben die Daten verwechselt", erzählt mir Ian, als ich bei Sonnenuntergang zum Abendessen zurückkomme.

An diesem Abend ist alles improvisiert: die seltsame Versammlung am Abendbrot-Tisch (Ian, Maggie, ihr vierjähriger Sohn

[1]Menorah: siebenarmiger Leuchter, der bei jüdischen Gottesdiensten in der Synagoge und zuhause verwendet wird. (Anm. d. Übers.)

Zip, ich und eine jüdische Ärztin aus Melbourne namens Theresa, die gerade zu Besuch ist), der Sonnenhut, den ich als zeremonielle Kopfbedeckung anzubieten habe, und der ‚Gefillte Fisch", zubereitet aus dem Fang, der heute auf dem örtlichen Fischmarkt angeboten wurde – eine Mischung aus Lachs und typisch australischen Fischen wie Bluebone und Barramundi.

Bei mir zuhause gehen wir ziemlich oberflächlich über die religiöse Seite des Passah-Festes hinweg – das Anzünden der Kerzen, das symbolische Segnen der Nahrungsmittel auf der Seder-Platte, das Nacherzählen der Geschichte des Exodus – ehe wir uns anschließend den ernsthaften Dingen widmen, dem Essen und Trinken. Mein Vater leitet den Gottesdienst, unterstützt von meiner Großmutter, die in Abständen mit ihrem Rohrstock auf den Boden pocht und ihn mit Bemerkungen antreibt wie: „Kürz' die Stelle etwas" oder „mach' schneller!" Irgendwie wird das Ritual jedes Jahr etwas kürzer und das Festgelage mit den vielen Gängen beginnt schon kurz nach Sonnenuntergang.

Das Passah-Fest der Wronskis ist aus verständlichen Gründen noch etwas mehr zusammengestutzt. Schließlich dreht sich das Passah-Fest um die Familie, und in dieser Familie gibt es ein lebhaftes, hungriges Kind, das nur wenig Verständnis für symbolische Geschichten und hebräische Segnungen aufbringt.

„Warum ist diese Nacht anders als alle anderen Nächte?" fragt Ian und übersetzt damit die erste der ‚Vier Fragen' über die Bedeutung dieser Feierlichkeit.

„In allen anderen Nächten", antworten wir gemeinsam, „können wir Brot oder Matzen essen, aber in dieser Nacht nur ungesäuertes Brot."

„Wann?" fragt Zip.

Ian hebt ein Weinglas: „Gesegnet sei Er, Unser Herr, der König des Universums, der die Frucht des Weines erschuf."

„Ich mag' das Zeug nicht!" meldet sich Zip zu Wort. „Wo ist mein Fruchtsaft?"

Und so geht es eine halbe Stunde lang weiter, ehe wir das Gebetbuch zur Seite legen und uns auf das Essen stürzen.

Wir sind gerade dabei, die zweite oder dritte Flasche mit süßem Wein aus Israel zu köpfen, als eine Aborigines-Nachbarin ihren Kopf zur Türe hereinstreckt. Sie sieht die Kerzen und scheint zu verstehen, daß da eine religiöse Feier abläuft. Ian bittet sie hereinzukommen, aber sie lehnt ab: „Macht nur weiter", sagt sie respektvoll, „vielleicht komme ich später noch 'mal vorbei."

Ian erzählt mir, daß er mit den Aborigines häufiger über das Judentum diskutiert hat als mit seinen nichtjüdischen Freunden in Melbourne. „Die Schwarzen sehen eine Parallele zwischen dem Holocaust und politischer Unterdrückung", sagt er, „und dazu die ganze Sache mit dem Volk, das durch die Wüste wandert."

Ich erinnere mich an meine Unterhaltung mit dem Pitjantjatjara-Mann namens Tjamiwa am Ayers Rock. Damals war ich von der festen Verwurzelung seines Daseins und Glaubens in einen gigantischen Felsen schwer beeindruckt. Jetzt wird mir bewußt, wie versetzbar meine Kultur ist. Der Glaube der Aborigines hat durch seine feste Bindung an ein Stück geweihter Erde 40000 Jahre überdauert. Der jüdische Glaube hat überlebt – wenn auch eine wesentlich kürzere Zeitspanne –, weil seine Anhänger stets in der Lage waren, ihre Zelte innerhalb kürzester Zeit abzubrechen und in fremden Landen wieder aufzusschlagen.

„Als ich in Melbourne lebte, hatte ich das Gefühl, als wäre dort der Nabel der Welt", sagt Ian. Seine Kopfbedeckung ist schon längst heruntergefallen und in seinem Schoß schlummert zufrieden Zip. „Jetzt habe ich in Broome das gleiche Gefühl. Ich bin mir nicht mehr klar darüber, was ‚Zuhause' eigentlich bedeutet."

Es ist schon weit nach Mitternacht. Durch die offene Tür weht die warme, tropische Luft herein und erinnert mich an die schwülen Sommernächte in Sydney, in denen zum ersten Mal die Idee Gestalt angenommen hatte, diesen Kontinent per Anhalter zu bereisen. Ich habe mich mehr aus einem Zwang heraus als aufgrund eines Wunsches auf den Weg gemacht. Ich fühlte, wie meine Ruhelosigkeit an mir nagte, wie ein gefährlicher Erreger, der nur durch das Abenteuer per Anhalter zu fahren in Schach gehalten werden kann.

Jetzt sehe ich das anders. Die Wurzellosigkeit liegt mir zu tief im Blut, um jemals so einfach geheilt zu werden. Vielleicht leidet ein Glaubenssystem darunter, wenn die Gläubigen ständig auf Wanderschaft sind; unsere schwindende Aufmerksamkeit für das Seder-Ritual ist ein Beweis dafür. Aber ich glaube nicht, daß das eine Rolle spielt. Das Zusammensein von fünf Leuten, von denen einige sich nicht kannten und auch nicht aus Broome stammen, macht diese Nacht so anders als alle anderen Nächte.

Es wird schon alles gut gehen

Bei Sonnenaufgang gibt es eine andere Feier. Zwanzig Männer mittleren Alters haben sich in einem Park am Wasser versammelt und warten auf den Beginn der Morgendämmerung. Einer hat eine Trompete dabei, ein anderer trägt eine Flagge unter dem Arm und ein dritter stellt gerade einen Plattenspieler auf dem Rücksitz seines Station Wagon auf. Die anderen stehen in der immer noch kühlen Dunkelheit herum, rauchen Zigaretten und sprechen leise miteinander.

Dann fallen die ersten Sonnenstrahlen durch die Bäume und aus dem Plattenspieler ertönt eine kratzige, kriegerische Melodie. Zu den Tönen des ‚River Kwai-Marsches' defilieren die Männer zackig durch das Gras. Langsam versammelt sich eine Menschenmenge, und eine Gruppe Pfadfinder schließt sich dem Marsch an. Dann stecken vier Soldaten ihre Bajonette in den Dreck und der Trompeter bläst ein atemloses ‚Last Post'.

Bei Sonnenuntergang und am Morgen werden wir uns erinnern.

Ein Gewehrschuß ertönt, Kränze werden niedergelegt, und dann verschwindet die Parade für den Anzac Day[1], noch ehe sich

[1]Anzac Day: militärischer Gedenktag (25. April) eingedenk der am 1. Weltkrieg teilgenommenen australischen und neuseeländischen Soldaten, von denen die meisten am 25. 4. 1915 bei Gallipoli ihr Leben ließen. (Anm. d. Übers.)

die Sonne mehr als 10 Grad über den tropischen Horizont erhoben hat.

„Bei dieser Hitze darf man nicht trödeln", erklärt mir Les Davis, ein Infanterist aus dem 2. Weltkrieg. Hinter ihm lassen sich die Pfadfinder kühles Wasser aus einer Wasserleitung über die Beine laufen. „Die Vormittagshitze in Broome kann genauso grausam wie die in Tobruk sein."

Es ist weder mein Gedenktag noch mein Land, aber irgendwie kommt mir diese kurze Feier ehrlicher vor als der Memorial Day in den Staaten. In der amerikanischen Geschichte gibt es nichts, was dem ungesühnten Abschlachten in Gallipoli gleichkommt; lediglich Vietnam, dessen Bedeutung sich allmählich von einem Sieg in eine Niederlage wandelt. Und für viele Amerikaner ist das Trauern um die Kriegstoten vermischt mit dem Hochjubeln seiner ungebrochenen Stellung als Weltpolizei.

In Australien gibt es nur die Trauer. „Jeder Krieg is' Scheiße", macht mir Les Davis klar, als die Teilnehmer der Parade langsam vom Park in die katholische Kirche wandern, wo Vater Mack einen kurzen Gedenkgottesdienst abhalten wird. „Ich bin hier, um mich an meine Kameraden zu erinnern, und nicht an die Kehlen, die ich durchgeschnitten hab'. Die Armee, das Salutieren, das alles liegt mir verdammt bitter im Magen."

Es gibt nicht viele amerikanische Veteranen des 2. Weltkriegs, die so reden – besonders nicht Veteranen wie Davis, dessen Brust nur so strotzt vor Auszeichnungen aus Ägypten, Frankreich und Südostasien.

In Broome verursacht der Anzac Day noch eine zusätzliche Bitterkeit, da so viele der Bürger japanischer Abstammung sind. Als bei Beginn des Krieges der Internierungsbefehl kam, erklärte einer der Chefs der Perlenfischer: „Es ist schwer, einen bestimmten Typen zu hassen, der ein guter Schiffskamerad gewesen ist, auch wenn er zu den Japanern gehörte."

Im patriotischen Fieber der Kriegszeit war eine derartige Bemerkung gleichbedeutend mit Hochverrat.Jetzt leben die verschiedenen Rassen wieder friedlich miteinander und sitzen gemeinsam in der Kirche, um der Predigt von Vater Mack zuzuhören.

„Gestern hat mich ein jüdischer Reisender besucht", erzählt er seiner Gemeinde, kaum daß ich eingetreten bin und mich hingesetzt habe. „Es war der Tag des Passah-Festes, der Tag, an dem der jüdischen Sklaverei gedacht wird, und er wollte eine jüdische Familie finden, um gemeinsam mit ihr dieses Tages zu gedenken. Das ließ mich an unsere eigene Zeremonie, hier und heute, denken. Wie wir uns versammeln, um zu gedenken. Nur darum geht es bei einem gemeinsamen Erinnerungstag, bei diesem Anzac Day."

Ich freue mich, daß ich Vater Mack seine Hilfe vergelten kann und fühle mich geschmeichelt, daß ich als weitere Zutat in diesem Rassen-Eintopf von Broome angeführt werde.

Der Anzac Day ähnelt dem Passah-Fest noch auf andere Art und Weise: die Erinnerung wird schnell vom Trinken gemildert. Bis vor ein paar Jahren marschierten die Veteranen aus Broome sofort aus dem Park in die nahegelegene Continentalkneipe, um dort ein paar Runden auf Kosten des Hauses zu trinken. Aber der neue Besitzer des Pubs schaffte die frühe Öffnungszeit ab, da er befürchtete, daß sich bei Anbruch des Tages die gesamte durstige Bevölkerung von Broome dort auf ein paar Runden Freibier versammeln würde. Heute versammeln sich die Männer zu einem flüssigen Frühstück in einer Armee-Baracke.

„Aaaach-TUNG!" schreit der Präsident der örtlichen Ehemaligen und hebt seine Bierdose für einen 7-Uhr-Morgen-Toast.

„Auf die Königin!"

„Hört! Hört!" (*Alle trinken.*)

„Für die, die wir zurück lassen mußten in Gallipoli, in Tobruk, in Neu Guinea!" (*Alle trinken.*)

„Auf meinen Vietnam-Kameraden Michael, der letzte Woche bei einem Autounfall getötet wurde!" (*Alle trinken.*)

Ein Soldat mit gebeugter Haltung füllt ein großes Glas mit Bier und stellt es in die Ecke, als eine Art von Elijas Glas für all diejenigen, die es nicht nach Hause schafften. „Auf unsere abwesenden Freunde", krächzt er. Wieder trinken alle. Und dann fängt ein anderer Soldat, ein ehemaliger U-Boot-Matrose, zu singen an.

This Is My Story
This Is My Song
I've Been In The Navy
Too Bloody Long.

Und so geht es weiter, alle saufen, alle singen, bis die Sonne vom Himmel brennt. Dann bewegt sich die Gesellschaft aus den Baracken in ein Gebäude aus Blech und Holz am anderen Ende der Stadt. Bis zum Mittag befinden sich die Männer in einem Zustand besoffener Kameradschaft und kameradschaftlicher Besoffenheit, legen sich gegenseitig die Arme über die Schultern und stammeln Toasts auf jeden, von dem sie jemals gehört haben.

„Auf George Franklins Geburtstag!"

„Hört! Hört!"

„Wer zum Teufel ist George Franklin?"

„Mein Nachbar von nebenan!"

„Hört! Hört!"

Ich lasse mich auf den Boden gleiten, neben eine Frau in mittleren Jahren namens Marian Choice. Sie begleitet ihren Onkel, einen Veteranen des 2. Weltkriegs mit Namen Tassie. Er ist der einzige Mann in ihrer Familie, der von der Front in einem Stück zurückgekehrt ist. Jedenfalls mehr oder weniger.

„Von seinem Aufenthalt in einem Gefangenenlager in Japan hat er radioaktive Verstrahlungen davongetragen", erzählt sie mir, „aber sonst ist er in Ordnung." Marians Vater kämpfte in Gallipoli und kehrte mit einem Schrapnellsplitter in der Stirn zurück („es störte ihn aber nicht besonders"). Der Bruder ihres Vaters starb irgendwo in Frankreich in einem Schützengraben, und Marians Bruder starb in Neu-Guinea, neun Tage bevor der 2. Weltkrieg zu Ende war. Ein paar Wochen später wäre er 21 Jahre alt geworden.

„Meine drei Söhne gingen nach Vietnam", erzählt sie, „rein physisch haben sie keine Schäden davongetragen. Aber psychisch haben sie einiges abgekriegt." Sie schweigt einen Augenblick lang. „Es ist einfach nicht fair, daß die alten Männer die Kriege anfangen und die Jungen müssen sie ausfechten."

Mann und Junge, Veteran und Zivilist, alle zusammen kämpfen jetzt eine verlorene Schlacht darum, nicht umzufallen. Sie werden von einem Aborigines-Veteranen gerettet, der nach draußen geht, auf dem staubigen Boden eine Persenning ausbreitet und zwei leere Bierdosen zusammenschlägt, um jedermanns Aufmerksamkeit auf sich zu lenken.

„Leute, es ist Two-Up-Zeit." Und die ganze Gesellschaft marschiert in den Hof.

„Fünf Dollar auf die Köpfe!"

„Nehm' ich an." Ein paar zerknitterte Banknoten wechseln den Besitzer.

„Zehn Dollar, damit Schwung in die Sache kommt! Zehn gegen den Werfer!"

„Mach schon, Werfer!"

Ich habe schon über ‚Two-Up' gelesen, das angeblich in den französischen Schützengräben entstanden sein soll. Aber ich habe noch nie gesehen, wie dieses Spiel auch wirklich gespielt wird. Was mich dabei beeindruckt, ist die Unkompliziertheit des Ganzen – ein Glückspiel, das in seiner Ungeschliffenheit einfach faszinierend ist. Zwei alte Pennies, die auf einer Seite die Queen und auf der anderen Seite ein Känguruh zeigen, werden auf die Kante eines Holzstücks gelegt. Dann werden sie hoch in die Luft geworfen. Zweimal die Queen ist der Sieg für Köpfe, zweimal das Känguruh ist der Sieg für die Schwänze, und ein Wurf, der je eine Queen und ein Känguruh zeigt, zählt nicht.

„Schwanz hoch! Schwanz hoch!" schreien die, die auf zweimal Känguruh gewettet haben.

„Kopf hoch, du Bastard, Kopf hoch!" schreien die, die auf zweimal Queen gesetzt haben. Und beim: „Mach schon, Werfer!“ kommt jeder in der Runde einmal dran, um die Münzen in die Luft zu werfen.

„Schlechter Wurf!“ kreischen die Männer, als ich als Werfer an der Reihe bin und die Münzen durch den Staub rollen. „Schickt den Yank doch heim!“

Doch das ist nur ein Scherz. Ich bekomme erneut eine Chance und dann noch eine, als ich eine Runde Köpfe werfe.

„Schwänze, du Bastard! Sonst haste ausgeschwänzt!“ Die Fünf-Dollar-Noten zu meinem Füßen verschwinden und jemand anderer nimmt den Platz des Werfers ein. Meine zweite Runde als Werfer zeitigt gleich beim ersten Wurf zwei Schwänze. Und zwischendurch verliere ich zwanzig Dollar, weil ich auf die Würfe von anderen Nebenwetten abschließe.

Wenn ich hier irgendwo Kredit hätte, würde ich mir Geld borgen und weiterspielen. Aber ich kenne hier keinen Menschen, außer Vater Mack, der vom Schatten eines Baumes aus das illegale Spiel mit einem amüsierten Lächeln beobachtet. Später ist auch

Köpfe oder Schwänze!

ein Polizist aufgetaucht. „Nur um darauf zu achten, daß das Spiel sauber bleibt", erklärt er.

Also steige ich wieder einmal auf mein Fahrrad und radle langsam davon, während ich mich frage, warum die Deutschen den Krieg nicht gewonnen haben, während die Australier mit Werfen beschäftigt waren.

Ein paar Stunden später erwache ich verschwitzt und hungrig in einem Park und in mir wächst die Überzeugung, daß ich mich schon zu lange in Broome aufgehalten habe. Das hat nichts damit zu tun, daß ich die Gastfreundschaft hier überstrapaziert habe – ganz im Gegenteil. Seit dem ersten freundlichen Zwinkern der Bibliothekarin, vor zwei langen Tagen, war Broome mehr als nur gastfreundlich. Die Wronskis haben mich zu einem weiteren Besuch eingeladen, ebenso Vater Mack und etliche meiner Two-Up-Kameraden. Und Mark und Gavin treiben sich auch noch irgendwo hier herum und warten nur darauf, mir ein Bier zu spendieren – oder einen Joint. Wenn ich's darauf anlegen würde, könnte ich noch locker ein oder auch zwei Jahre hier in Broome auf Kosten anderer leben.

Mein eigener Zeitplan ist das Problem. Am Dienstagmorgen fliegt in Darwin ein Flugzeug in Richtung Sydney ab, und das ist heute in drei Tagen. Meinen einmonatigen Zusatzurlaub habe ich in Sydney nur mit dem Versprechen herausschinden können, daß ich mit diesem Flugzeug wiederkommen und am nächsten Tag im Büro sitzen würde. Die Gutmütigkeit meines Arbeitgebers ist mit diesem Zugeständnis bereits bis an die Grenzen strapaziert worden, und ich habe keine Lust, diese Gutmütigkeit über Gebühr auszunutzen.

Das einzige Problem besteht darin, daß ich nicht glaube, daß ich dieses Flugzeug schaffen werde. Es ist Freitagabend und ich bin immer noch 2000 km von Darwin entfernt. Der größte Teil dieser Strecke ist ungeteert und der Rest unbewohnt. Wenn ich Broome, wie ursprünglich geplant, gestern Vormittag verlassen hätte, dann hätte es keinerlei Probleme gegeben. Aber jetzt brauche ich schon sehr viel Glück und eine ganze Menge Ausdauer, um die Strecke in drei Tagen zu schaffen.

Außerdem bin ich nicht der einzige, der Broome verlassen möchte. Kurz vor Sonnenaufgang gebe ich das Fahrrad zurück und lasse mich zu einer Tankstelle am Haupt-Highway, 20 km außerhalb der Stadt, mitnehmen. Mein Plan besteht darin, einen Lastwagen oder Überlandfahrer zu finden, der die ganze Nacht durchfährt. Aber das einzige Verkehrsaufkommen an dieser Tankstelle besteht aus Legionen von Sandfliegen und Moskitos, die mein Blut tanken wollen, ehe sie wieder in der Nacht verschwinden.

Die Nachrichten anderer Anhalter, die es hierher verschlagen hat, klingen nicht gerade ermutigend.

„Sind fünf Stunden zu lang?" rätselt die oberste Inschrift auf der Rückseite eines Verkehrsschildes.

„Nein."

„Pat wartete hier drei Tage. Weihnachten 85."

„Wayne auch. Beschäftigte sich dann mit Jim Beam."

Und dann, ganz unten, die Hälfte eines Verses der Rockband Talking Heads. ‚You May Find Yourself . . .' Ein nettes Lied. Ein netter Gedanke. „Du könntest dich wiederfinden . . ."

Zum Zeitvertreib ritze ich einen Vers ein.

You May Find Yourself
In Another Part Of The World
You May Find Yourself
Behind The Wheel Of A Large Automobile

‚Du könntest dich in einem anderen Teil der Welt wiederfinden, du könntest dich hinter dem Steuer eines großen Wagens wiederfinden' – Du könntest dich wiederfinden . . . ganz schnell im Geröll. In einem nicht sehr großen Schlafsack. Und ich frage mich, wie bin ich bloß hierhergekommen?

Am Samstagmorgen bin ich immer noch auf der Suche nach einem großen Wagen. Die Sonne steht schon hoch und heiß am

Himmel, ehe mich schließlich ein Auto mitnimmt. Zwanzig Minuten später fährt der Wagen, der von einem Aborigines-Pärchen gefahren wird, bereits wieder an den Straßenrand – Plattfuß. Der Fahrer nimmt eine Zange aus dem Handschuhkasten und benutzt sie dazu, um sein Fenster herunterzukurbeln. Dann öffnet er die Tür von außen. Dann gibt er mir die Zange, damit ich es ihm gleichtun kann. Draußen plagen wir uns dann mit einem kaputten Wagenheber ab, bis er unter dem Gewicht des Station Wagons endgültig zusammenbricht. Aber das spielt jetzt auch schon keine Rolle mehr. Der Reservereifen paßt nämlich nicht.

Seit ich Sydney verlassen habe, bin ich schon bei einem halben Dutzend Aborigines mitgefahren und bis auf eine Fahrt haben alle in ähnlicher Form eine Ende gefunden.

Ich finde einen Wagen, der mich bis zur nächsten Raststätte mitnimmt, gebe dem Mechaniker fünf Dollar, damit er zurückfährt und das Pärchen erlöst, und suche nach einem schnelleren Fortbewegungsmittel. Ein muskulöser Mann in einer ärmellosen Jeansjacke tankt gerade seinen Wagen auf. Als ich ihn frage, ob er mich mitnehmen würde, bedeutet er mir mit einer Kopfbewegung, einzusteigen. Seltsamerweise sitzen die anderen Passagiere – eine sehr junge Frau und zwei Babies – auf dem Rücksitz, deshalb steige ich für die 330 km-Fahrt nach Fitzroy Crossing vorne ein.

Die Mangrovensümpfe der Küstenregion gehen unmittelbar in eine flache und nackte Ebene über, fast genauso flach und nackt wie die Ebenen, durch die ich seit Perth gefahren bin. Nach einer halben Stunde kommt mir das üppige und schwüle Broome völlig unwirklich vor; wie eine Perle, von der Welt abgeschieden durch die harte rote Kruste des australischen Buschs.

„Diese ganze verdammte Stadt wimmelte nur so von Abos, Itakern und Schlitzaugen", knurrt Bruce, als ich ihm erzähle, daß ich gerade aus Broome komme. Im Gegensatz zu mir konnte er diesen Ort nicht schnell genug wieder verlassen. Er hat sogar seinen von der Firma bezahlten dreitägigen Urlaub vorzeitig abgebrochen, den Rest des Urlaubsgeldes in Bierdosen angelegt und seine Familie in den Station Wagon geladen, um möglichst schnell wieder nach Hause zu kommen.

„Ich konnte keinen Schritt aus dem Hotel machen, ohne nicht irgend so einem Verrückten zu begegnen“, erzählt er mir, leert eine Dose und langt mit der Hand über die Schulter, damit ihm seine Frau Tish eine frische Dose in die Hand drücken kann. „Zumindest drängen sie sich nicht in die weißen Jobs. Aber so weit ich das beurteilen kann, arbeitet in dieser verdammten Stadt sowieso niemand.“

Bruce's Job besteht darin, den rauhen Streckenabschnitt des Highways zwischen Fitzroy und Hall‘s Creek zu teeren. Er haßt seinen Job, aber er hat zur Zeit keine andere Wahl. Letztes Jahr hat er in seiner Heimatstadt Bundaberg in Queensland seine Stelle als Zuckerrohrschneider verloren. Tish war mit ihrem zweiten Kind schwanger und außerdem waren sie gerade in ein neues Haus gezogen.

„Das Arbeitslosengeld hätte für die Rechnungen hinten und vorne nicht gereicht“, sagt er. Also fuhr er per Anhalter in Richtung Westen, bis er die Arbeit beim Straßenbau gefunden hatte. Dann sparte er solange Geld, bis er Tish und die Kinder nachkommen lassen konnte. Seitdem lautet ihre Adresse Nirgendwo, West Australien. Sie leben in einem Wohnwagen, der immer neben dem Straßenabschnitt steht, den die Teerbrigade gerade bearbeitet. Ich frage Tish, was sie dort unternehmen kann, wenn Bruce bei der Arbeit ist.

„Nichts“, antwortet sie, „außer auf die Kinder aufzupassen und die Klimaanlage von hoch auf niedrig zu stellen.“ Sie gibt mir ein Bier und reicht Bruce das nächste über die Schulter, das er mit einem lauten Plumps in die Kühltasche fallen läßt. Dann öffnet er eine Dose, trinkt sie aus und langt über die Schulter nach der nächsten.

„Weißt du was?“, fragt er. „Vor drei Monaten wäre ich beinahe im Fischen Junior-Champion von Victoria geworden.“ Dann ergeht er sich in einer langen und erschütternden Geschichte darüber, wie er mit ein paar Kumpels aus Bundaberg nach Victoria gefahren ist, wie er ein Riesenvieh von Lachs gefangen hat, und wie er beim Wiegen auf dem 1. Platz gelandet ist. Aber dann ist er disqualifiziert worden, denn die Altersgrenze für die Junioren liegt dort sechs Monate niedriger als in Queensland; jemand anderer hat den Preis bekommen. „Danach hab' ich das Fischen dann aufgegeben", meint er.

Ich bin mir nicht sicher, ob er mir diese Geschichte aus Stolz erzählt oder um damit die Ungerechtigkeit eines Lebens zu zeigen, das ihn im Alter von nur 23 Jahren dazu zwingt, in der Wüste von Westaustralien einen Bulldozer zu fahren, um sich, seine Frau und seine zwei Kinder ernähren zu können.

Danach verplätschert die Unterhaltung allmählich, lediglich das Biertrinken geht munter weiter. Wenn der Alkohol irgendeine Auswirkung auf Bruce's Fahrweise hat, dann möchte ich das gar nicht wissen; nach ein paar Bierchen bin ich zu müde und schläfrig, um in meine übliche Beifahrer-Panik zu verfallen. Also ziehe ich mir ein T-Shirt über den Kopf, döse den restlichen Nachmittag vor mich hin und höre im Unterbewußtsein, wie eine Bierdose nach der anderen in die Kühltasche geworfen und anschließend geöffnet und getrunken wird. Plumps. Pfft. Schluck. Plumps. Pfft. Schluck. Plumps. Als Bruce mich in Fitzroy Crossing wachrüttelt, liegen die leeren Dosen im Wagen herum wie verstreute Nußschalen.

Das Schlachtfeld draußen ist sogar noch eindrucksvoller. Das Fitzroy Pub ist von einem dicken Teppich aus Blechdosen umgeben, die im Licht des späten Nachmittags glänzen. Das Ganze sieht aus wie eine Aluminium-Kopie der Salzseen, die ich in Südaustralien gesehen habe.

„Willkommen auf den Schneefeldern von Fitzroy", sagt Bruce tonlos. „Hüte dich vor den Abos." Mit diesen Worten rumpelt er weiter zu seinem Wohnwagen, der in dieser Wüste sein Heim darstellt.

Ian Wronski hat mir ein paar Dinge über die Entstehungsgeschichte von Fitzroy Crossing erzählt. Bis vor zwanzig Jahren war der Ort nicht mehr als eine Raststation. Dann erließ die Regierung ein neues Gesetz, nachdem alle Arbeiter, ob weiß oder schwarz, gleichen Lohn erhalten sollen. Dieses Gesetz war zwar liberal gemeint, aber in der Praxis hatte es verheerende Auswirkungen, vor allen Dingen für die schlecht bezahlten Schwarzen auf den Rinderfarmen des Nor'west. Um nicht die höheren Löhne bezahlen zu müssen, entließen die meisten Farmer ihre Aborigines-Arbeiter. So blieb hunderten von Aborigines-Familien nichts anderes übrig, als in Orte wie Fitzroy Crossing zu ziehen, um dort ihre Arbeitslosenunterstützung zu kassieren und in billigen Häusern zu wohnen, die die Regierung für die Arbeitslosen aufstellte. Und seitdem leben sie da.

Jede Aborigines-Gemeinde, die ich bis jetzt kennengelernt habe, befand sich auf die eine oder andere Art im steten Kampf mit dem Feind Alkohol. In Mutitjulu, in der Nähe von Ayers Rock, ist man so sehr gegen Alkohol, daß jede Art von Schnaps in dieser Gemeinde streng verpönt ist. In anderen Orten, wie zum Beispiel in der Beagle Bay Mission nördlich von Broome, hat man eine Art von Waffenstillstand ausgehandelt. Zu bestimmten Zeiten sind bestimmte Mengen von Alkohol erlaubt. Man kann nach Broome fahren und ein paar Kisten Bier für eine Freitagnacht-Party kaufen, aber ansonsten ist alles andere streng verboten.

Fitzroy Crossing hat offensichtlich die gleiche Schlacht ausgetragen, diese aber total verloren. Sogar die alten Frauen, an denen ich in der Straße vorbeikomme, haben rote Augen in aufgeschwemmten Gesichtern. Und das Gebiet um die Tankstelle, an der ich auf die nächste Fahrt warte, ähnelt einer Straße im Nachtclub-Viertel um 2 Uhr früh einer Samstagnacht. Dutzende von Säufern wanken dort mit augenscheinlich keinem bestimmten Ziel herum, alle kurz vor dem Zusammenbrechen.

Als ich so allein am Straßenrand stehe, bin ich natürlich das Ziel ihres holperigen, schlechten Englischs.

„Hey, Kumpel. Hey. Wo du hingehen, Kumpel?"

„Hey, Kumpel, du haben Rauch, Kumpel?"

„Kumpel, du haben Dollar für mich, Kumpel?"

Ich gebe ihnen das Wechselgeld, das ich in den Taschen habe, dann drehe ich das Innenfutter nach außen, damit sie sehen, daß ich nichts mehr habe. Aber die Unterhaltung ist schwierig. Die Männer sind weder unfreundlich noch aggressiv, sie sind nur nicht mehr ganz bei Verstand. Einer der Männer pinkelt ohne Scham direkt vor einem Bus voller Kinder, der vor der Tankstelle steht. Ein anderer legt sich ein paar Meter neben mir zu einem Schläfchen nieder. Und als die Hitze und Helligkeit immer mehr nachlassen, verändert sich die Farbe der Blechdosen in der untergehenden Sonne von Weiß nach Orange und dann in Rot.

Ich bin gerade dabei, mich nach einem Campingplatz umzusehen, als ein Laster in die Tankstelle einbiegt und mir eine Fahrt nach Hall's Creek anbietet, das 300 km weiter östlich liegt. „Du hast Glück", sagt der Fahrer und fährt schnell wieder weiter. „Die meisten Leute vermeiden einen Stop in Fitzroy tunlichst, außer sie haben keine Benzin mehr. Alle scheuen dieses Nest."

Eine Stunde außerhalb von Fitzroy wird aus dem Asphalt Geröll und die Fahrtgeschwindigkeit vermindert sich so sehr, daß es schon nach Mitternacht ist, als ich am Stadtrand von Hall's Creek bei einem Campingplatz aussteige. Es nieselt, und so krieche ich zu einer weiteren kurzen und unbequemen Nachtruhe unter meinen Regenschutz. Im Licht meiner Taschenlampe versuche ich auf der Landkarte auszurechnen, wie weit ich inzwischen gekommen bin: 720 km seit Broome, ungefähr 11000 km seit Sydney – vor mir liegen nur noch ungefähr 1200 km. Ich male mein Schild für die nächste Stadt – KUNUNURRA BITTE! – und kehre zu demselben Schlaflied zurück, das ich bereits letzte Nacht gesummt habe.

You May Find Yourself
In A Beautiful House.
With A Beautiful Wife.
You May Ask Yourself,
Well, How did I Get Here?

Am Sonntagmorgen schaffe ich es nicht einmal bis zur Straße. Ich sitze bei Morgendämmerung auf meinem Gepäck und versuche gerade die Energie aufzubringen, meinen Schlafsack zusammenzurollen, als aus dem Morgennebel eine Stimme an mein Ohr dringt.

„Wo willst du denn hin, Mann?"

Ich drehe mich um und stehe dem Inbegriff des eingefleischten Campers gegenüber. Er ist zwar schon älter, aber durchtrainiert und fit, mit einem breitkrempigen Akubra-Hut, den er bis zu den Augenbrauen ins Gesicht gezogen hat. Auf seiner Lippe klebt noch etwas Ei, das auch auf seiner Morgenzigarette zu finden ist. Als er den Rauch inhaliert, verdreht der Mann etwas die Augen und lächelt, als hätte er noch nie in seinem Leben etwas Feineres geschmeckt.

„Wo willst du also hin?" wiederholt er seine Frage und bläst den Rauch in die Luft. Eigentlich bin ich gerade auf dem Weg zur Toilette, aber statt dessen halte ich ihm mein Kununurra-Schild entgegen.

„Da hast du aber Glück, genau da will ich auch hin. Sag' mir Bescheid, wenn du fertig bist, und dann machen wir uns auf die Socken."

Für einen Augenblick kommen mir Bedenken. „Woher wissen Sie denn so genau, daß ich per Anhalter unterwegs bin?"

Er lächelt und nimmt einen weiteren tiefen Zug aus seiner Zigarette. „Wenn du so lange in diesem Geschäft bist wie ich, dann entwickelst du für solche Sachen einen siebten Sinn."

Das Geschäft ist Nonstop-Reisen, und Jack Pearton ist darin Profi. Er ist perfekt ausgerüstet: ein starker, brandneuer Station Wagon enthält alles, was die Caravan-Technik an ausgefeilten Neuentwicklungen zu bieten hat. „Hydraulisch", sagt er, drückt auf einen Knopf und der Auflieger hebt sich wie ein Hefekuchen. Dann drückt er den Knopf abermals und der Auflieger senkt sich wieder. „Hier, versuch's auch mal." Rauf und runter, rauf und runter, wie ein Akkordeon. „Erstaunlich, was?"

Das Innere des Caravans sieht wie die Neuigkeitenecke eines Freizeit- und Hobbymarktes aus: Angelruten, Picknickstühle, Eskies mit Elektrostecker, Eskies ohne Elektrostecker, ein Fernseher, Kabel, Schläuche, ein .22 Magnum Repetiergewehr, Zelte, Jagdmesser. Jack nimmt jeden Artikel in die Hand, sagt den Preis, den Kaufort und die Verwendungsmöglichkeit auf und legt ihn dann mit militärischer Präzision wieder genau an Ort und Stelle. Offensichtlich hat jedes Ding in dem Anhänger einen genau bestimmten Ort und Verwendungszweck, um die große Strategie des Reisens zu unterstützen.

Die gleiche Disziplin regiert auch vorne im Kontrollraum. Vom Armaturenbrett starrt eine Plakette des Heiligen Christopherus, des Patrons der Reisenden, herunter. Auf dem Rücksitz liegt eine Reihe von Hüten, aus denen Jack jeweils den auswählen kann, der genau zu dem Staat paßt, durch den er gerade fährt: einen Stetson für Queensland, einen ledernen Buschmann-Hut für das Northern Territory, den breitkrempigen Akubra, den er hier in West-

Jack Pearton

australien trägt und eine Fischermütze für ‚allgemeine Aufenthaltsorte'.

Sobald wir unterwegs sind, fordert Jack mich auf, das Handschuhfach zu öffnen. „Check das Logbuch“, sagt er ganz offiziell, von Pilot zu Co-Pilot. Das Logbuch ist ein dickes Notizbuch mit Spiralbindung, das voll ist mit Quittungen und handschriftlichen Notizen über jedes Detail der Reise. Eine Spalte listet auf, wo Jack übernachtet hat; in einer anderen steht, wo er zum Tanken gehalten hat, wieviel das gekostet hat und wieviele Meilen er durchschnittlich per Gallone seit dem letzten Tanken gefahren ist. Es gibt sogar eine überschlägige Berechnung, wieviel es ihn zusätzlich gekostet hat, weil er seit Broome gegen den Wind gefahren ist: „Sechzig Dollar in drei Tagen.“

„Es kostet mich ungefähr noch einmal so viel, wenn ich die Kurven nicht richtig nehme“, sagt er und demonstriert mir, wie man durch eine Kurve steuern muß, um die kürzeste Entfernung zu haben. „Reine Geometrie.“

Eine weitere Spalte im Logbuch zeigt Jack's Teepausen auf, die regelmäßig alle neunzig Minuten wiederkehren, mit ‚Zigarettenpausen' in Anführungsstrichen, die er zusätzlich einlegt. Auf den hinteren Seiten notiert Jack unter der Rubrik ‚Bemerkungen' seine Eindrücke von den Orten, durch die er gefahren ist; kurze Fußnoten dienen künftigen Besuchen. ‚Adelaide nach Melb. viel besser als Melb. nach Adelaide, weil Klippen auf der linken Seite, Wasser auf der rechten; man kann bei Fahren den Ausblick besser genießen.' Jack läßt mich eine Weile darin blättern, dann tippt er mir auf die Schulter. „Ich bin noch nicht mitten in der Simpson-Wüste gewesen, aber ich werde vermutlich dorthin fahren“, sagt er, „Zweihundertvierzigtausend Kilometer in sechs Jahren. Nicht schlecht für 'nen alten Mann wie mich, oder?“

Erst letzte Nacht habe ich mir selbst gratuliert, weil ich 11000 km auf australischen Straßen gefahren bin. Verglichen mit Jacks Marathonfahrten ist das jedoch allenfalls eine kleiner Bummel.

Jack Peartons Lebensgeschichte ist genauso präzise und wohlgeordnet wie sein Logbuch. „Als ich zwölf Jahre alt war, beschloß ich, mir eine Liste meiner Prioritäten zu machen und sie jeden Tag zu lesen“, erzählt er. „Ab und zu bin ich mal davon abgewichen, aber ich bin immer wieder auf den richtigen Kurs zurückgekommen.“ Diese Liste schloß den Eintritt in die Navy mit ein, was er mit vierzehn tat (‚hab’ dabei natürlich gelogen, daß sich die Balken bogen‘), welche Fortschritte und wann er sie machen würde (‚fing mit 15 Cents in der Woche an und schaffte es bis zum Lieutenant Commander‘), und wann und wieviele Kinder er in die Welt setzen würde (‚sechs davon und alle haben’s zu was gebracht‘).

Seitdem er vor sechs Jahren in Rente gegangen ist, plant er seine Reisen genauso sorgfältig, egal ob an Orte, wo er noch nie war oder Abstecher zu Plätzen, die er wiedersehen möchte. Route 1 von Tasmanien in den Norden von Queensland und wieder zurück. Ein Ausflug zum Fischen an den Golf von Carpentaria. Ein Besuch bei einem Freund in Exmouth am nordwestlichen Zipfel von Australien.

Die Fahrt durch den Nor’westen hat er schon einmal gemacht, aber dieses Mal ist das Timing wichtig; seine Abfahrt stimmte genau überein mit der Ankunft seiner Schwiegereltern in seinem ‚Heim‘ in Perth.

„Meine Frau reist nicht so gerne wie ich“, erklärt er, „deshalb halten wir es folgendermaßen: Wenn es mich wieder mal in den Füßen juckt – und das tut es fast das ganze Jahr über – dann fahre ich los und sie trifft mich irgendwo unterwegs.“ Ein seltsames Leben für einen Rentner, aber auch eine seltsame Ehe. Doch was soll’s, schließlich ist Jack offensichtlich zufrieden mit diesem Arrangement; vielleicht ist es seine Frau ja auch.

„Irgendwann, wenn meine Reflexe nicht mehr so gut sind, werde ich die Straße wohl verlassen müssen“, sagt er genauso leidenschaftslos, als würde er Abnutzungserscheinungen bei einem Reifen begutachten. „Aber ich glaube, daß ich noch einige Kilometer vor mir habe.“ Ich hege den Verdacht, daß er die exakte Anzahl irgendwo in seinem Logbuch bereits niedergeschrieben hat.

Jack beschäftigt mich derartig mit dem Checken der Anzahl der Kilometer, dem Vergleichen mit den Eintragungen im Logbuch und dem Eintragen von neuen Erkenntnissen, daß es einige Stunden dauert, ehe mir die Landschaft ins Bewußtsein rückt. Und zum ersten Mal seit Broome gibt es wieder eine vernünftige Landschaft. Das Land ist wellig, mit Tälern und felsigen Erhebungen, die dunkelbraun und glatt sind wie ein Schokoladekuchen. Das sind die ersten richtigen Berge, durch die ich seit Alice Springs komme. Im Osten liegt das Bungle Bungle-Gebirge, zugänglich nur für besonders unerschrockene Buschmänner. Im Westen befinden sich die Berge und die Hochebenen der Kimberleys. Und im Vordergrund erheben sich gigantische Termitenhügel, unterbrochen von aufgebauschten Boab-Bäumen, die neben der Straße wie schwarze Frauen stehen, die ihre Arme zu einer gewaltigen Umarmung ausgestreckt haben. Diese Bäume sind sogar noch dicker als die Flaschenbäume, die ich in Queensland gesehen habe.

„In Derby gibt es einen Boab, der ist so dick, daß er als Gefängnis benutzt wurde“, erzählt mir Jack. Aus meinem Lächeln kann er schließen, daß ich ihm nicht glaube. „Die reine Wahrheit. Schau' im Logbuch nach.“

Und tatsächlich, da gibt es eine Eintragung. ‚Derby: Sehenswürdigkeiten‘ und darunter eine kurze Notiz: ‚Hohler Boab mit Metallgitter, einstmals dazu benutzt, um Gefangene über Nacht einzusperren. Bemerkenswert.‘

Genau alle neunzig Minuten fahren wir an den Straßenrand und trinken gezuckerten Tee aus Jacks Thermosflasche. Die einzigen Pausen, die Jack nicht bestimmen kann, sind seine Ausflüge zur Toilette. Offensichtlich verlangt da sein Alter einen gewissen Tribut. „Ich hab' schon das ganze Land bewässert“, sagt er und läuft zwischen den Teepausen hinter einen Boab-Baum. „Die reine Wahrheit. Schau' im Logbuch nach.“ Dieses Mal scherzt er.

Die Belehrungen und Eintragungen ins Logbuch sorgen für ein langsames Fahrten, was Jack nur recht ist: „Besser so als anders“, meint er, „warum sollte ich mich auch beeilen?“ Aber als wir

Unzählige Termitenhügel bevölkern den Busch

endlich Kununurra erreichen, benutze ich meine eigene Eile als Ausrede, um seine Einladung zu einem Bier auszuschlagen.

„Jeden Tag zur gleichen Zeit trinke ich ein Bier“, erzählt er mir und blickt auf die Uhr. Dann schlägt er sich auf die Stirn; offensichtlich hat er gerade eine seiner seltenen Fehlkalkulationen gemacht. „Lieber Gott, ich hab’ ganz vergessen, daß es Sonntag ist. Ich hab’ keine Ahnung, welchen Pub-Turnus wir hier haben.“

Das weiß auch sonst niemand in Kununurra. Das ist nämlich eine Stadt, die in die Nor’west-Zeit eine völlig neue Dimension an Unbestimmtheit einführt. Nachdem Jack mich hat aussteigen lassen, marschiere ich eine Geschäftsstraße hinunter, um etwas zu essen und einen neuen Karton zu finden, ehe ich mich auf den Weg ins Northern Territory mache. Ein Laden ist geschlossen, obwohl an der Tür ein Schild mit der Aufschrift ‚Geöffnet‘ hängt. Die Öffnungszeiten des nächsten Ladens werden zwar mit ‚Sonntags von 9 – 12‘ angegeben, aber jetzt haben wir Nachmittag und der Laden ist immer noch offen.

In einem Schnellimbiß (der überhaupt keine Öffnungszeiten ausgehängt hat) komme ich mit einem Truckfahrer ins Gespräch, der auf dem Weg nach Katherine ist, das 50 km östlich liegt. Er bietet mir an, mich mitzunehmen, wenn es mir nichts ausmache, noch etwas zu warten, bis er gleich in einem Pub einen alten Freund auf ein schnelles Bier getroffen hat. Als er eine Stunde später immer noch nicht zurück ist, marschiere ich auch in das Pub. „Tut mir leid, mein Freund“, murmelt er und hält sich an der Bar fest, „wie wär’s mit m-morgen?“

Durch häßliche Vororte trotte ich wieder zum Highway hinaus, wobei ich alle fünf Minuten eine Pause einlege, um in der Nachmittagssonne keinen Hitzschlag zu bekommen. Es ist derartig heiß und schwül, daß sich mein Körper anfühlt wie ein Brühwürfel, der sich gerade in einem Topf mit kochendem Wasser auflöst. Dabei ist das die gemäßigte Jahreszeit des Nor’west, die nach dem Ende der Regenzeit kommt. Trotzdem zeigt das Thermometer an der Tankstelle 45 °C an. Durch die Luftfeuchtigkeit hat man den Eindruck, es sei doppelt so heiß.

Manchmal wird es in Kununurra so heiß, daß eine einheimische Pflanze namens ‚Kerosene-Baum' von einem Augenblick auf den andern in Flammen aufgeht. Das zumindest behauptet die Frau in der Tankstelle (ich hätte jetzt gerne Jacks Logbuch da, um diese Behauptung überprüfen zu können). Was man nicht überprüfen muß, ist die Behauptung, daß die Regenzeit in Kununurra, die von Oktober bis Februar dauert, derartig bedrückend ist, daß sie von den Einheimischen hier die ‚Selbstmord-Saison' genannt wird.

Natürlich zieht kein Mensch wegen des Wetters nach Kununurra, obwohl man sagen könnte, wie Humphrey Bogart in dem Film ‚Casablanca', daß sie wegen des Wassers kommen. Die Eindämmung des Ord-Flusses und der Traum von einem üppig bewässerten Tal brachte in den 60er Jahren Farmer in diese Gegend. Viele der Farmen gingen wieder pleite, aber Kununurra wuchs und gedieh trotzdem: eine künstliche Stadt neben einem künstlichen See, die die Farmen und die Argyle-Diamantenmine versorgt. Touristen benutzen Kununurra als Ausgangspunkt für Besuche in den Kimberleys und dem Lake Argyle. Und außerdem ist die Stadt auch zu einem Bewährungsort für den öffentlichen Dienst geworden: ein Außenposten für junge Beamte, an dem sie sich die Hörner abzustoßen haben, ehe sie in Perth die Karriereleiter weiter nach oben klettern.

Und es ist ein Ort, an dem Anhalter ein paar Tage lang schwitzen können, ehe ihnen die Flucht nach Darwin im Norden oder nach Broome im Westen gelingt. Als ich schließlich den östlichen Rand der Stadt erreiche, steht dort schon eine kleine Gesellschaft und heißt mich willkommen. Ganz vorne steht ein junges Paar aus Paris in stocksteifer Hab-Acht-Stellung, wie französische Fremdenlegionäre in der nordafrikanischen Wüste. Auf ihren Rücken und unter ihren Armen breiten sich große Schweißflecke aus.

„Combien de temps ici?" frage ich in gebrochenem Französisch, weil ich wissen möchte, wie lange sie schon hierstehen.

„Deux jours", antwortet der junge Mann völlig erschöpft. Zwei Tage also.

„Trois", korrigiert ihn seine Freundin. „Deux ou trois. Trop long."

Sie streiten sich, ob es nun zwei oder drei Tage sind, während ich mich zum Ende der Schlange begebe. Sogar für Fremde ist die Nor'west-Zeit offensichtlich eine ansteckende Krankheit.

Die nächsten beiden Plätze werden von abgerissen aussehenden Männern, alle auf dem Weg nach Darwin, belegt. Sie sind zu müde und erhitzt, um mehr als ein paar Worte zu murmeln. Augenscheinlich bestehen 90 Prozent des Verkehrsaufkommens aus Ortsansässigen, die entweder zum See fahren oder von dort kommen. Die anderen 10 Prozent haben vor einem Pub in der Nähe geparkt. „Ein Typ ist über die lange Warterei so sauer geworden, daß er zu Fuß losgezogen ist", informiert mich Anhalter Nr. 3. Er deutet unbestimmt in Richtung der Straße, die ins Northern Territory führt, so, als wäre er in ein paar Stunden dazu gezwungen, genauso zu handeln.

Ich marschiere einen Kilometer aus der Stadt hinaus in der Hoffnung, daß vielleicht ein Fahrer die Schlange der Anhalter sieht, Angst davor bekommt, daß sie seinen Wagen stürmen werden, deshalb daran vorbeifährt und dafür dann für mich anhält. Das sind Wünsche, ich weiß. Vier Stunden später sitze ich immer noch am Straßenrand und halte meinen Karton hoch – KATHERINE BITTE – als Schutzschild gegen die untergehende Sonne. Ich gehe wieder in die Stadt zurück, finde das französische Pärchen immer noch dort vor, wo ich es verlassen habe, und auch die anderen zwei Typen lehnen immer noch unverändert an ihren Rucksäcken. Das alles macht den Eindruck einer Versammlung, die sich nie auflösen wird.

Ich setze mich auf mein Gepäck und studiere die Karte. Bis Katherine sind es noch fast 480 km und weitere 320 bis Darwin. Der Highway sieht gut aus, aber trotzdem bedeutet das noch mindestens zehn bis zwölf Stunden Fahrt. Immer vorausgesetzt, daß ich einen Fahrer finde. Und zwischen jetzt und dem Zeitpunkt, an dem mein Flugzeug in Darwin in die Luft steigen wird, sind es nur noch ungefähr 14 Stunden Tageslicht. Wenn ich nicht in einer windlosen Savanne sitzen würde, eine ganze Tagesfahrt vom Meer entfernt, dann würde ich die Situation ‚dicht am Wind segeln' nennen.

Ohne Zweifel werde ich auch in der Nacht fahren müssen. Aber die Tankstelle ist geschlossen und nirgendwo ist ein Truck-Stop in Sicht. Und während ich in der Abenddämmerung in Richtung Pub marschiere, mache ich mich langsam mit einem Ausweg vertraut, den in Erwägung zu ziehen ich bis jetzt tunlichst vermieden habe – einen Bus zu nehmen.

Das käme einer herben Demütigung gleich, der ich in meiner ansonsten immer glücklichen Karriere als Anhalter bislang nur einmal ins Gesicht habe blicken müssen. Eines Sommers, ich ging gerade zur Uni, fuhr ich per Anhalter durch Europa und blieb zwei Tage lang an einer Straße bei Salzburg liegen. Das Wetter war schön, an der Autobahn gab es keine anderen Anhalter, aber alles, was ich von den Vorbeifahrenden erntete, waren unfreundliche Blicke. Offensichtlich sind die Österreicher Anhänger des Fußmarsches. Ich nahm also statt dessen den Bus und entkam über die Grenze zu einer bayerischen Autobahn.

In Kununurra muß ich offensichtlich einen ähnlichen Kompromiß eingehen. Wenn heute nacht noch ein Bus fährt, werde ich bis Katherine mitfahren und das letzte Stück nach Darwin wieder per Anhalter versuchen. Wenn es erst morgen einen Bus gibt und ich bis dahin keinen Mitnehmer gefunden habe, werde ich über meinen Schatten springen und gleich bis zum bitteren Ende durchfahren. Wenn es überhaupt keinen Bus gibt, werde ich wohl ein Auto kidnappen müssen.

Als ich in das Pub komme, erwarten mich zwei Nachrichten. Die gute Nachricht besagt, daß es einen Bus gibt; daß er sogar noch heute nacht direkt vor dem Restaurant neben dem Pub hält. Die schlechte Nachricht besagt, daß mir kein Mensch sagen kann, um welche Uhrzeit dieser Bus kommt. Ein Fahrplan an der Wand behauptet 20.30 Uhr, der Wirt sagt, er kommt nie vor 22 Uhr, und einer der Gäste an der Bar schwört, daß der Bus Kununurra noch nie vor 23 Uhr verlassen hat. „Außer er ist irgendwo zwischen hier und Broome mit einem Känguruh zusammengestoßen", meint er, „dann kommt er vielleicht erst morgen früh."

Höchst erbost verliere ich meine Geduld mit dieser verflixten Nor'west-Zeit. „Verdammt noch mal!" höre ich mich schreien, „Was zum Teufel ist denn mit diesem Ort los?"

Die Bar wird still. Dann wirft mir der Wirt ein Lächeln zu, das ich aus meinen ersten Monaten in Australien kenne, als ich noch häufig die Geduld verlor. Noch ehe er etwas sagt, kann ich die Worte bereits hören, wie das Dröhnen herannahender Artillerie.

„Es wird schon alles gut gehen, Junge", sagt er, und gibt damit eine kurze und treffende Übersetzung der australischen Nationalhymne von sich. „Setz' dich hin und trink' was."

Ich bestelle ein Bier und lasse mich in eine Ecke dieses Pubs sinken, das drei Stunden, nachdem es eigentlich schließen sollte, immer noch geöffnet hat.

Zwei Stunden später, um 21 Uhr, ist das Pub immer noch offen, und der Bus ist immer noch nicht in Sicht. Der Fahrplan, den ich unter meinen Informationsquellen für die vertrauenswürdigste gehalten habe, hat sich als falsch erwiesen. Ungeduldig marschiere ich die Straße auf und ab und habe dabei ständig ein Auge auf die angebliche Haltestelle vor dem Restaurant („Ich glaube nicht, daß der Bus am Sonntag überhaupt fährt", war die Mitteilung, die ich dort drin erhalten habe.)

Dann, kurz nach 22 Uhr fährt, beinahe wider Erwarten, der Bus nach Darwin ein. Zwanzig Leute steigen aus dem Bus und gehen sofort in das Pub. Ich folge ihnen und finde den Fahrer an der Bar, wo er gerade einen Hackbraten ißt. Ich zahle ihm ein Ticket nach Katherine. Nach einer Stunde fährt der Bus dann schließlich ab. Es ist genauso, wie der Mann an der Bar gesagt hat: niemals verläßt er vor 23 Uhr die Stadt. Ich mache schnell eine grobe Zeitabschätzung: Katherine im Morgengrauen, gleich danach wieder auf der Straße und, mit ein bißchen Glück, so schnell in Darwin, daß noch sechs Stunden Sonnenlicht übrig bleiben.

In der Tat, es wird schon alles gut gehen.

Noch einen auf den Weg

In den Bussen gibt es eine sanfte Trennung zwischen denjenigen, die dort schlafen können, und solchen, die es nicht können.

Ein paar Glückspilze – die gleichen, die auch in den New Yorker U-Bahnen oder auf dem Schlachtfeld in Schützengräben schlafen können – fallen sofort in tiefe Bewußtlosigkeit, so, als hätte man ihnen einen Schlag über den Schädel gegeben. Der Rest dreht und wälzt sich herum in der vagen Hoffnung, zumindest in so etwas ähnliches wie einen leichten Schlummer zu fallen. Dadurch haben sie ungemein viel Zeit darüber nachzudenken, auf welch einzigartige Art und Weise die Sitze in Überlandbussen so entworfen worden sind, daß man darauf garantiert nicht schlafen kann.

Die Nichtschläfer in den Bussen gehören zu den wirklich bedauernswerten Geschöpfen dieser Welt. Natürlich bin ich unter ihnen, und das ist mit ein Grund, warum ich es immer vermeide, mit Bussen zu reisen.

Nachdem er sich eine Stunde unruhig herumgewälzt hat, hebt der Bedauernswerte sein Haupt und sucht in diesem Bus nach Gesellschaft. Ein Großteil der Sitze im hinteren Teil ist von Müttern mit Kindern belegt, die sich alle so anhören, als würden sie tief schlafen. Neben mir, auf der anderen Seite des Ganges, öffnet eine junge Frau die Augen und sucht verschlafen nach einer Zigarette. Wir blicken uns freundlich in die Augen, so wie Nachbarn in einem Krankenhauszimmer.

„Wo wollen Sie hin?“ fragt sie mich.

„Nach Katherine. Vielleicht auch gleich nach Darwin. Und wo wollen Sie hin?“

„Darwin“, antwortet sie, „falls ich bis dahin nicht die Nerven verloren habe und aus dem Bus geflüchtet bin. Ich weiß schon gar nicht mehr, wieviel Zeit vergangen ist, seit wir Perth verlassen haben.“

Ich frage sie, was sie in Perth gemacht hat.

„Ich war drei Jahre lang Bedienung und hab' davon jetzt die Schnauze voll", antwortet sie. „Ich brauchte unbedingt mal 'ne Unterbrechung und bin einfach losgefahren."

„Und warum fahren Sie gerade nach Darwin?"

„Einer meiner Bekannten hat mir erzählt, daß es dort in 'nem Vorort namens Humpty Doo eine tolle Kneipe gibt. Dort halten sie die Darwin-Weltmeisterschaft im Dosenbiertrinken ab."

„Was ist denn das?"

„Ein Wettbewerb, um zu sehen, wer am schnellsten trinken kann. Man bekommt eine Zwei-Liter-Dose und einen Mülleimer aus Plastik, und dann steht die Menschenmenge um einen 'rum und brüllt ‚Kotz! Kotz! Kotz!'." Sie überlegt einen Moment. „Ich glaube, daß Humpty Doo ein guter Anfang sein wird."

Sie drückt die Zigarette aus und schließt wieder die Augen, während ich mich frage, womit sie anfangen will. Mit einem neuen Leben? Mit einem Zug durch die Pubs? Gibt es da in Darwin einen Unterschied?

Damit werde ich zum ersten Mal daran erinnert, daß das Top End, das oberste Ende Australiens, nur noch ein Sechser-Pack weit weg ist. Die Erinnerung ein zweites Mal daran kommt eine Stunde später, als der Bus in eine Raststätte namens Timber Creek abbiegt. Ich blicke aus dem Busfenster und direkt durch die offene Tür eines Pubs, das randvoll mit Trinkern ist. Eine Uhr über der Bar zeigt 2.30 Uhr nachts an. Soweit ich weiß, gibt es keine Sonntags-Öffnungszeit, die so lange geht.

„Wir sind hier im Northern-Territory, Kumpel", erklärt mir der Fahrer. „Die Kindergarten-Zone ist zu Ende." Das ist sie tatsächlich. Als der Fahrer aussteigt, um das Gepäck eines Passagiers auszuladen, stolpert ein Betrunkener an Bord.

„Dass'n Übe'fall", brummelt er und legt seine Hand auf eine Wölbung unter seinem Hemd. Das könnten ein paar kleine Bierdosen in einer braunen Tüte sein, aber genauso gut könnte das auch eine Schußwaffe sein. „Dass'n Übe'fall", knurrt er abermals. „Hey, Weiber, her mit den Klunkern. Männer, Hän'e an de' Wand."

Kein Mensch macht eine Bewegung. „Verdamm' noch mal!" brüllt er, „dass'n Übe'fall!" Noch immer bewegt sich niemand. Dann kommt der Fahrer zurück und stößt den Betrunkenen aus dem Bus. „Verschwinde hier!" schreit er ihn scharf an, so, als hätte er an dieser Raststätte des öfteren mit betrunkenen Straßenräubern zu tun.

Als wir in Katherine ankommen, sind es noch zwei Stunden bis Sonnenaufgang. Mein Plan, soweit ich überhaupt einen habe, sieht vor, bis zum Morgen im Busbahnhof herumzuhängen und zu versuchen, von hier aus mitgenommen zu werden. Wenn ich keinen Mitnehmer fände, wäre es mir auf diese Weise möglich, sofort in den nächsten Bus nach Darwin zu steigen. Der halbe Tag, den ich in Kununurra vergeblich an der Straße gewartet hatte, hat mein Selbstvertrauen, jemals wieder einen Mitnehmer zu finden, schwer erschüttert.

Aber fünf Minuten in diesem Busbahnhof zwingen mich dazu, meinen Plan zu ändern. Katherines Busbahnhof ist so wie alle andern: feucht und deprimierend. Und außerdem stinkt es hier, als wären die Böden mit einer schrecklichen Mischung aus Urin, abgestandenem Kaffee und Zigarettenkippen getränkt. Es ist ein Fegfeuer für Busreisende, ein Ort, an dem sie sich auf die richtige Hölle des Busverkehrs selbst vorbereiten können. Auf keinen Fall ist es der richtige Aufenthaltsort für einen Anhalter.

Also mache ich mich wieder einmal auf den langen Weg von der Innenstadt an den Stadtrand. Ich frage mich, wie oft ich das schon getan habe, ein oder zwei Kilometer zwischen dunklen Geschäften und Schaufenstern zu marschieren? Dann geht es über eine Brücke und ich habe endlich den Stadtrand erreicht. Unklar kann ich auf der linken Seite eine Grasfläche ausmachen – vielleicht ein Park – und dahinter die leere Straße nach Darwin. Ich wickle mich in meine Decke und lege mich auf den Boden, um den Anbruch des Tages abzuwarten.

Beim ersten Tageslicht wird mir klar, daß das hier ein ziemlich bevölkerter Park ist. Überall liegen Aborigines-Männer in Decken gewickelt herum und sehen aus wie nubische Mumien. Bei ihnen gibt es keine Nichtschläfer. Ich mache in Gedanken einen Eintrag in Jack Peartons Logbuch, und zwar unter der Rubrik: ‚Seltsame Orte, an denen ich die Nacht verbracht habe'. Während eines Zyklons in einem Graben, in der Nullarbor Plain in einem verlassenen Bus, in Rocky Gully in einem Pub ohne Wirt und jetzt in einem Notlager für Aborigines.

Als die Sonne den Park erreicht, wachen die Männer langsam auf und gehen in Richtung Stadt weg. Dann fängt der Schwerlastverkehr an: Riesige Trucks mit drei Anhängern überschütten mich mit Kies, während sie in einer gewaltigen Staubwolke in Richtung Darwin davonbrausen. Eine Stunde später – Rush-Hour in Katherine – beginnt der lokale Verkehr, der sich in Richtung eines Industriegebiets gleich in der Nähe vorbeiwälzt. Stämmige Männer in staubigen Allradwagen mit den üblichen Montag-Morgen-Gesichtern: verkniffen, verquollen, abgehärmt. Dann sind die Hausfrauen an der Reihe. Sie fahren in die andere Richtung, um die Kinder an der Schule abzusetzen oder um einzukaufen. Dann kehren die Hausfrauen aus der Stadt zurück, mit Einkaufstüten auf dem Beifahrersitz anstelle ihrer Kinder. Ich weiß, wie in jeder Kleinstadt der Tagesverkehr abläuft.

Trotzdem stelle ich mich an den Straßenrand, hebe, ohne große Hoffnung, meinen Daumen und grinse wie ein Irrer. Offensichtlich fährt kein Mensch in Richtung Darwin, und wenn doch, dann haben sie keine Lust, mich in ihren Familien-Sedan einsteigen zu lassen.

Nachdem der halbe Vormittag verstrichen ist, fühle ich mich völlig leer, ein Gefühl, das ich während der letzten Tage ständig hatte, außer, daß es jetzt akut ist: Inzwischen handelt es sich nicht mehr um einen Bankrott, sondern um eine komplette Finanzkrise. Wenn in ungefähr einer Stunde die große Hitze einsetzt, werde ich im Staub verdunsten, in der Sonne schmelzen wie ein Stück Butter, das einer dieser Hausfrauen aus der Tasche gefallen ist. Sogar der Marsch zurück zum Busbahnhof scheint über meine Kräfte zu gehen, obwohl mir die Scham, die ich sonst vor eine

Fahrt mit dem Bus empfinde, schon längst vergangen ist. Wenn es der einzige Ausweg wäre, würde ich sogar auf Händen und Knien nach Darwin kriechen.

Ich gehe in den Park, um hinter einen Baum zu pinkeln und lasse mein DARWIN BITTE-Schild neben der Fahrbahn in Richtung Norden an mein Gepäck gelehnt stehen. Gerade als ich den Reißverschluß offen habe, höre ich das Knirschen von Reifen auf Kies. Wunderbar, jetzt stecke ich nicht nur in Katherine fest, jetzt wird mir auch noch mein Gepäck geklaut. Und das ausgerechnet auch noch beim Pinkeln.

„Nur keine Eile,“, ruft mir der Fahrer zu, als ich mit dem gequälten Gesichtsausdruck eines *Pissus Interruptus* hinter meinem Baum hervoreile. „Ich muß auch noch“, sagt er. Das ist das erste Mal, daß ich einen Mitnehmer finde, indem ich meinen Dödel anstatt meines Daumens heraushalte. Mein Pinkel-Kamerad ist ein sympathischer Fahrer namens Trevor. Unsere Geistesverwandtschaft ist sofort zu erkennen, jedenfalls für mich. Trevor ist mittleren Alters, trägt Shorts, ein T-Shirt und Sandalen. Aber auf dem Rücksitz hängt aus einem Kleidersack ein zerknitterter Anzug heraus. Daneben liegen halb zusammengelegte Hemden, eine Tasche mit Toilettenartikeln und andere Anzeichen für einen Mann, der sich seinen Lebensunterhalt unterwegs verdient. Dazu ein Stapel billig gedruckter Handzettel, ein paar selbstgemachte Poster und ein Häufchen kleiner Karten, auf denen ‚Beitrittserklärung‘ steht. Da ich auch mal in den gleichen Geschäften wie Trevor unterwegs war, weiß ich sofort, für welchen Verein er arbeitet.

„Ich hab auch schon mal Arbeiter für die Gewerkschaft geworben“, erzähle ich ihm, als wir in Richtung Darwin losfahren. „für die Holzfäller-Gewerkschaft in einem Ort namens Meridian, Mississippi.“

Trevor lacht. „Kollege, willkommen im Mississippi von Australien.“

Wenn Trevor nicht gerade Mitglieder für die Fleischergewerkschaft wirbt, ist er öffentlich bestellter Schlachter. Und während der ersten Stunde unserer Fahrt erklärt er mir, wie man Ochsen entbeint und mit dem Boss ein gutes Geschäft macht. Wie Amerikas tiefer Süden ist auch das Northern Territory für Gewerkschaftler feindliches Gebiet.

„Sprich mit zehn Männern . . ."

„Und wenn du Glück hast, kannst du einen davon überzeugen", beende ich für ihn den Satz. Er grinst. Dann tauschen wir unsere Gewerkschafts-Litaneien aus. Daß man nichts bekommt, wenn man es nicht verlangt – und dann dafür kämpft, wenn man es nicht freiwillig bekommt. Die Arbeitgeber halten auch zusammen, sie haben ihre Interessenverbände, warum also tun wir das nicht? Und was die Gewerkschaftsbeiträge betrifft, nun, wir brauchen Geld, aber in Wirklichkeit sind sie einfach ein Zeichen für deine Zustimmung für unser Anliegen.

„Fast genauso wie meine Ansprache", meint Trevor, nachdem ich fertig bin. „Außer daß meine Männer Fleisch schneiden und nicht Holz." Und zum x-ten Mal auf dieser Reise wird mir klar,

In Darwin

daß dieser Globus, trotz seines gewaltigen Umfangs, in vielen Dingen nicht größer ist als ein Kinderball.

Trevor fährt mit seinem Gewerkschaftsthema fort, aber irgendwo zwischen Katherine und Darwin schlafe ich einfach ein, wie es in Missisipi die Baumfäller während meiner Ansprachen so oft getan haben.

Ich fahre hoch, als wir über dichtbefahrene Freeways und durch zahllose, monotone Vorstädte fahren. Das ist Darwin, aber es könnte genauso gut irgendeine andere Großstadt in Australien sein: Unterführungen, Überführungen, Verkehr.

Ich nehme Trevors Stadtplan und stolpere in das blendende Licht eines Nachmittags am Top End hinaus. Auf den ersten Blick wirkt Darwin wie ein überdimensionales Alice Springs, das sein Gesicht hinter Beton- und Glasgebäuden und schier endlos wuchernden Vororten verbirgt. Sicherlich, der Zyklon Tracy hat 1974 den größten Teil der Altstadt weggepustet, und damit hat Darwin zumindest eine gute Ausrede.

Ich brauche keinen Touristenführer, um das echte Darwin zu finden. An einem Ort, an dem pro Einwohner mehr Bier getrunken wird als an jedem anderen Ort auf dieser Erde, ist das kein Geheimnis. Aber ich bin nicht fit für die Pubs, noch nicht.

Ich halte mir meinen Karton als Sonnenschild über den Kopf, schultere mein Gepäck und mache mich auf die Suche nach einem Bett, in das ich mich verkriechen kann. Fünf Minuten und fünfzehn Dollar später werde ich mit einem Kaninchenloch direkt über dem Asphalt belohnt: eine Kammer, die außer einem Bett, einer tropfenden Klimaanlage und einem kaputten Kühlschrank nichts enthält. Wenn ich neben dem Bett stehe, kann ich mit ausgestreckten Armen fast alle vier Wände berühren. Ich öffne den Kühlschrank in der vagen Hoffnung, darin einen kühlen Drink zu finden. Aber er enthält nichts außer einer Wasserlacke auf dem Boden.

Ich breche mit meinem Gepäck auf dem Motel-Bett zusammen, wie ein Soldat mit Nervenschock, der in ein Fuchsloch fällt. Sydney habe ich vor ungefähr einem Monat verlassen, dazu kommen die zwei Wochen Fahrt von der Hauptstadt ins Zentrum und die Rückfahrt im Januar. Eigentlich keine lange Zeit für eine Reise. Aber die Zeit, die man mit dem Fahren per Anhalter verbringt, sollte genauso vervielfacht werden wie die Lebensjahre eines Hundes. Jeder Tag muß mit dem Faktor sieben multipliziert werden, um einen Eindruck zu bekommen von der Anstrengung, die damit verbunden ist, in fremde Autos zu fremden Menschen zu steigen, die zu fremden Orten fahren.

Mein Bedarf an seichten Gesprächen und meine Neugier auf neue Gesichter ist erschöpft. Ich fühle mich genauso, wie ich mich manchmal nach einer langen Woche mit Recherchen für die Zeitung fühle, wenn ich nur noch eines will, nämlich damit aufzuhören, Informationen aus Menschen herauszukitzeln, die ich niemals wieder treffen und mit denen ich vermutlich auch niemals wieder sprechen werde.

Körperlich bin ich sogar noch erschöpfter. Meine Beine und meine Arme sind mit Beulen, blauen Flecken und Kratzern bedeckt; einige rühren von Insektenstichen her, andere vom nächtlichen Klettern durch das Geröll, mache von Steinen, die von vorbeifahrenden Trucks gegen meinen Körper geschleudert wurden. Mein Kopf tut weh von der Sonne, von der blendenden Helligkeit und vom Mangel an Schlaf. Und mein Magen ist eine wahre Saragasso-See aus Hackbraten und Bier geworden. Noch ein paar Wochen mit dem Essen aus Rasthäusern und ich werde an Skorbut, Leberzirrhose oder noch schlimmeren Dingen leiden.

Und so liege ich an einem Montagnachmittag um 14 Uhr auf einem Motel-Bett in Darwin und lausche dem Tropfen der Klimaanlage, als mir etwas in mein Bewußtsein eindringt. Es ist ein Gedanke, der sich bereits während der letzten zweiundsiebzig Stunden in meinem Unterbewußtsein festgesetzt hat. Jetzt, wo ich mich allmählich entspanne, kommt er in einem einzigen, leicht verständlichen Satz an die Oberfläche.

Meine Karriere als Anhalter neigt sich dem Ende zu.

Vielleicht wird es mich eines Tages ganz überraschend im Daumen jucken – so wie man plötzlich Gelüste nach einer Zigarette hat, obwohl man das Rauchen schon vor Jahren aufgegeben hat. Und ganz bestimmt wird es andere Reisen geben, andere Abenteuer. Aber sich ganz allein auf den Weg machen, mit einem Schlafsack und nur dem Daumen, um weiterzukommen – diese Tage sind vorbei.

Ich nehme diese Einsicht mit nachdenklicher Erleichterung zur Kenntnis – wie an jenem Winterabend im College, damals vor sechs Jahren, als ich meine überfällige Doktorarbeit unter der Tür des Professors durchschob und in dem Augenblick, in dem sie unter der Tür verschwand, wußte, daß damit meine Schultage vorbei sein würden. Auf der Uni habe ich entweder Wissen ausgeschöpft oder es hat mich erschöpft. Per Anhalter zu fahren war etwas, das ich immer noch in der Hinterhand hatte; etwas, zu dem ich ohne Angst vor Enttäuschung zurückkehren konnte. So unvorhersehbar das Abenteuer auch werden würde, es würde genau das sein, und nichts anderes – ein Abenteuer.

Aber jetzt hat sich die Erregung, die mir die Straße vermittelt, selbst überholt. Auf Güterzüge aufspringen, an Bord von Hummerbooten arbeiten – ich habe das Gefühl, jetzt nach etwas noch extremeren Ausschau halten zu müssen, nach etwas, das mich noch mehr fordert. Ich bin ermüdet. Gesättigt. Übersättigt. Noch ein paar Wochen und ich halte nach der Möglichkeit Ausschau, beim Grand-Prix-Rennen als Anhalter mitzufahren oder ich halte meinen Daumen in Richtung eines Landes in die Luft, an dessen Grenze gerade ein Gefecht tobt.

So liege ich mehrere Stunden auf dem Bett und lausche auf das Tropfen der Klimaanlage. Dieses Mauseloch in Darwin ist eine angenehme Gruft. Ein tiefes, unterirdisches Grab tut sich auf, mein Daumen und mein Zeigefinger springen hinein, und darüber erscheint in Großbuchstaben ‚RUHE IN FRIEDEN'.

I Grow Old . . . I Grow Old . . .
I Shall Wear The Bottoms Of My Trousers Rolled

Und ich sollte bei dieser Gelegenheit vielleicht auch T. S. Eliot aufgeben. Elftausend Kilometer, und ich habe lediglich ein Dutzend Verse von ‚The Love Song Of J. Alfred Prufrock' auswendig gelernt. Bei dieser Geschwindigkeit muß ich die Erde ein paar Mal umrunden, um durch das ganze Gedicht zu kommen.

Doch es wird Zeit dafür geben, schreibt Eliot (ungefähr im 3. Vers). Zeit für mindestens hundert Unentschiedenheiten und Revisionen. Zeit für dich und Zeit für mich – um per Anhalter durch die Pubs von Darwin zu fahren, ehe ich wieder zu Tee und Toast zurückkehre.

Ich zwinge mich dazu, aufzustehen und zum Pool hinauszugehen, einem brackigen Wassergraben, gefüllt mit Wasser, das fast die Temperatur von flüssigem Metall hat. Ein einzelner Sonnenanbeter liegt rücklings auf dem Beton. Er ist gut gebräunt, hat aber das heruntergekommene, hohle Aussehen eines Menschen, der einmal zu oft die Nacht durchgetrunken hat. Er ist, zweifellos, das Ergebnis von zu ausgedehnten Pub-Besuchen.

„Die letzten drei Tage habe ich die Sonne aufgehen sehen", gibt er zu und hebt den Arm, um sich eine Zigarette anzuzünden. Ich auch, wird mir schmerzlich bewußt. Tatsächlich waren es bei mir sogar vier. Er saugt an seiner Zigarette wie ein Baby an einer Milchflasche. „Noch so eine Nacht und es gibt mich nicht mehr."

Doug ist fünfundzwanzig; ich hätte ihn auf mindestens fünfunddreißig geschätzt. Er kam vor sechs Monaten aus Sydney und wohnt seitdem in diesem Motel. Er arbeitet in einer der Bars im Diamond Beach Casino – eine Einrichtung, die hier unter ‚Rupf-Schuppen' oder ‚Nepp-Fabrik' läuft.

„Unglücklicherweise", beschwert sich Doug, „geben sie den Gewinn an uns nicht weiter." Aber sie sind sehr freigiebig mit Drinks, und genau das bringt Doug in Schwierigkeiten. Seine Schicht endet um 2 Uhr nachts, aber oft macht er dann noch ein paar Stunden weiter. „Schade, daß du gestern nicht hier warst", meint er, „da war richtig was los, Kumpel. Da ging's zur Sache."

Offensichtlich ist auch in Darwin, genauso wie im Nor'westen, der Sonntag der Sauftag schlechthin. Die Action findet ihren ersten Höhepunkt am späten Nachmittag im ‚The Rage In The Cage'. Da versammelt sich ungefähr die Hälfte der männlichen Erwachsenen aus Darwin in Lim's Rapid Creek Bar, einem gefängnisartigen Pub mit Betonboden und Drahtgittern als Wände. „Dieser Käfig hält die Action drinnen, läßt aber die Kotze raus", erklärt Doug, „dadurch kann man am Morgen danach den Schuppen einfach mit dem Schlauch ausspritzen."

Charles Darwin wäre sehr überrascht von der Entartung der Spezies, die sich am Top End seit der Landung der Beagle 1839 entwickelt hat.

Ich frage Doug, wie meine Chancen stehen, heute nacht ein bißchen Action zu finden. „Montags ist es ziemlich ruhig", meint er. Er zieht an seiner Zigarette, als schiene der Rauch für ihn wie eine tiefbefriedigende, primitive Nahrungsaufnahme zu sein. „Aber ich denke, wir werden für dich schon was finden, wo was los ist."

Was für die Maßstäbe von Darwin ruhig bedeutet, zählt in jeder anderen Stadt zu den aufreibenderen Aktivitäten. Doug hat folgenden Plan aufgestellt: als Aperitif The Nightcliff („. . . da mußt du früh wieder gehen, ehe die Schlägereien anfangen"), dann das Victoria Hotel, um Musik zu hören („. . . da spielte heute nacht eine Gruppe namens Scrap Metal") und anschließend in Fannie's Disco, wo man bis 4 Uhr früh bleiben kann („. . . 'n Insider-Scherz von hier: ‚geh' zu Fannie's für 'ne Messerstecherei'.").

„Im Settler's Pub gibt's 'ne Schwulen-Disco, wenn du darauf stehst", sagt er abschließend, „und ansonsten gibt's noch das Casino und wie überall ungefähr ein Dutzend Pubs."

Wie er schon sagte, alles ziemlich ruhig. Ich lade Doug ein, mich persönlich überall herumzuführen. Aber er muß bis 2 Uhr arbeiten. „Und außerdem werde ich allmählich zu alt für sowas. Mehr als drei durchgemachte Nächte halte ich nicht mehr aus."

Ich wasche im Pool ein paar Kleidungsstücke und lasse sie in der Nachmittagssonne trocknen. Es ist ein sinnloser Versuch, eine gewisse Hochachtung zurückzubekommen – und ein unnützer noch dazu. Als ich bei Sonnenuntergang im Nightcliff ankomme, stelle ich fest, daß dort ein Trinker schon zu fein angezogen ist, wenn seine Shorts die gleiche Farbe haben wie die Plastikriemen an seinen Sandalen. Es ist außerdem die Art von Pub, wo sich ein Mann ohne Tätowierung auf dem Arm nackt vorkommt.

Das Pub ist schmucklos, verräuchert und vollgestopft mit Bikies, Mitgliedern von Motorrad-Gangs. Es sieht aus wie die Umkleidekabine nach einen brutalen Rugby-Match. Menschliche Gliedmaßen, die nicht von Gips umhüllt sind, haben das bleiche verschrumpelte Aussehen, als wären sie gerade aus dem Gips gekommen. Aber unter den ganzen Tätowierungen ist sowieso kaum nacktes Fleisch zu erkennen. Die meisten der Bikies sind sowohl von Gips als auch von blauer Tinte eingehüllt – und dazu von Schraubenschlüsseln, Nägeln, Ringen, Ketten und Fahrradketten. Jedes Mal, wenn einer von ihnen an die Bar geht, klingt es, als würde ein Ritter in voller Rüstung klirrend über den Boden seiner Burg schreiten.

Unter diesen ganzen Ausrüstungsgegenständen ist eine Rassenmischung zu erkennen, die an die in Broome erinnert: Weiße, Schwarze, Chinesen, Malaien und ein Mann, der so mit Tätowierungen bedeckt ist, daß man seine Rassenzugehörigkeit nicht mehr erkennen kann. Ich kann nicht anders als auf einen besonders lebendig wirkenden Skorpion auf seinem Oberarm zu starren, der unter seinem T-Shirt herauskommt, genau da, wo der Gipsverband über dem Ellbogen anfängt. Der Mann sieht chinesisch aus, vielleicht auch indonesisch.

„Was glotzt du denn so?“ schreit er mich an. Ich hatte unrecht. Das klingt nach Underdog, besonderes Kennzeichen: angriffslustig. „Nur auf deine, hm, Dekorationen.“ Das klingt nach Amerikaner, besonderes Kennzeichen: todesmutig. „Könntest du nicht den Ärmel hochziehen, damit ich die ganze Show sehen kann?“

„Damit du das könntest, müßte ich meine Hosen runterlassen, Kumpel.“ Jetzt starrt er mich an. „Was’n da so komisch dran? Häh? Was grinst du denn so blöd?“

In unangenehmen Situationen macht sich immer ein unfreiwilliges Grinsen auf meinem Gesicht breit. Ich versuche es und nehme den Gesichtsausdruck eines Leichenbestatters an. Der Bikie ist keineswegs beeindruckt.

„Du willst die ganze Show, was, Freundchen? Häh?“ Der Teufel in mir rät mir, ja zu sagen. Nahtlos gebräunte Körper kenne ich, aber einen nahtlos tätowierten Körper? Das würde ich gern sehen. Aber eigentlich kann ich auch weiterleben, ohne es gesehen zu haben, und vermutlich werde ich den Aufruhr nicht überleben, der folgt, wenn sich ein Bikie mitten auf der Bühne des Nightcliff Pub auszieht.

Noch ehe ich antworten kann, ergreift eine Hand meinen Ellbogen und geleitet mich sanft nach draußen. Der Arm hat weder einen Gipsverband noch eine Tätowierung, und es ist auch keine Aggressivität in der Stimme zu erkennen, die zu diesem Arm gehört. „Von den jähzornigen Eingeborenen bleibst du am besten weg“, sagt diese Stimme lächelnd, „wir hier im Biergarten sind etwas zahmer.“

Einen Augenblick später sitze ich mit einem seltsamen Ensemble von Trinkern an einen Picknick-Tisch. Mein Retter ist ein Mann namens Llyod, der gerade mit einer Theatergruppe in Darwin auftritt. Er kommt gerne in das Nightcliff, um „ein bißchen Lokalkolorit zu schnuppern“, wie er sagt. Zu seinen Kollegen gehören ein langhaariger Krankenpfleger, eine abgesprungene junge Schauspielerin und ein riesenhafter Maori ohne Hemd, der keine Auskunft über seinen Beruf gibt. Aber er schnitzt unablässig an einem hölzernen Löffel, den er dann auch prompt für ein paar Dollar an einen anderen Trinker verkauft, ehe er sofort mit einem neuen beginnt.

Die andern unterhalten sich damit, daß sie die Krankenwagen zählen, die in regelmäßigen Abständen den Highway nebenan hinunterjaulen – ungefähr alle eineinhalb Minuten.

„Oft kommen die Krankenwagen hierher“, sagt der Krankenpfleger. „Vergangene Nacht kamen sie zu spät. Deshalb hat ein Typ seinen Löffel abgegeben, ehe sie kamen.“

Seinen Löffel abgegeben? Hier ist doch keine Küche. „Was meinst du damit?"

„Er ist über den Großen Jordan gegangen", antwortet der Maori, und fährt sich mit einer Grimasse mit dem Messergriff über die Kehle. „Hat sich hier als Steifmann verabschiedet."

Dieser Tote war nichts besonderes; nicht im Northern Territory, wo die Mordrate fünfmal höher liegt als im Landesdurchschnitt. Aber die Tatsache, daß einem Bikie die Kehle durchgeschnitten wurde, führte im Nightcliff zu einer radikalen Änderung: auf einem großen Schild wird mitgeteilt, daß sich ab sofort keine Kinder mehr in diesem Pub aufhalten dürfen.

„Jemand umzubringen ist eine harte Sache", meint der Maori und fährt mit dem Schnitzen fort, „aber wenn dabei Kinder abgemurkst werden, wäre das eine ganz schöne Scheiße."

Offenbar werden die meisten Schlägereien von ‚Gin Jockeys' angezettelt. Im ausführlichen Wörterbuch von Darwin ist unter dieser Bezeichnung folgendes zu finden: ‚Weiße Männer, die schwarze Frauen betrunken machen, sie bumsen und dann zum Teufel jagen.' Der Mann, mit dem ich an der Bar sprach, gehört zu dieser liebenswürdigen Gattung Mann. Wenn die Gin Jockeys auftauchen, gewöhnlich auf Motorrädern, treten die meisten farbigen Trinker lieber den Rückzug an, als sich mit ihnen einzulassen. Dafür haben die Aborigines in den öffentlichen Bars das große Sagen, in denen Weiße nicht willkommen sind. Sogar Gin Jockeys respektieren die Bars der Farbigen.

Als der Abend fortschreitet, werden die verschiedensten Theorien laut, warum es gerade heute nacht keine Schlägereien gibt. Der Krankenpfleger ist der Meinung, daß alle „viel zu stoned sind" von den vielen Joints, die ganz offen im Pub von Hand zu Hand gehen. Der Maori glaubt, daß jeder von der ausgiebigen Sauferei am Sonntag noch einen gewaltigen Kater hat. Und die Schauspielerin macht das Monatsende dafür verantwortlich, an dem bekanntlich jeder pleite ist. Wahrscheinlich hat jeder recht.

„Wenn du pleite bist, ist es einfach, nüchtern zu sein", behauptet sie. Ich suche in der Bar vergeblich nach Anzeichen für

Nüchternheit. „Am Mittwoch ist der Erste“, fährt sie fort, „und dann wird wieder alles so wie sonst sein.“

Um neun Uhr machen sich etliche der Zecher auf den Weg ins Victoria-Hotel, oder besser gesagt, sie versuchen dorthin zu wanken. Das ‚Vic‘ ist ein bieder aussehendes Haus in einer Fußgängerzone in der Innenstadt: Hängepflanzen, Ziegelwände, und an der Decke ein riesiger Ventilator, der die dicke Luft gemächlich durcheinanderquirlt. Hier gibt es auch keine Bikies, dafür aber offensichtlich sämtliche andere Arten von Typen, die es sonst noch auf der Welt gibt: Rastafas, Rednecks, Mung Beans, amerikanische Touristen, weißhaarige Hippies, einen Mann mit einem Fahrrad. Dieser Ort ist so eine Art von Arche Noah für alle die merkwürdigen Menschentypen, die sich am Top End versammeln.

Die Band hat noch nicht zu spielen begonnen, aber fast die Hälfte der Anwesenden tanzt. Ein junger Schaf-Farmer mit zotteligem Haar, Shorts, ärmellosem T-Shirt und einem zerknautschten Stockmann-Hut tanzt mit einem Aboriginal-Mann einen ‚Bump‘. Einige Minuten lang stoßen sie sich mit den Hüften an, umarmen einander und schütteln sich betrunken die Hände. Dann kehren sie zu ihren Begleiterinnen zurück. Zwei andere Männer hüpfen auf ihren Barhockern wie ungeschickte Go-Go-Girls herum und schwenken die Arme über ihren Köpfen hin und her wie unbeholfene Tänzerinnen in einer Fernseh-Show. Einer von ihnen fällt mitsamt seinem Bier auf den Boden. Kein Mensch scheint davon Notiz zu nehmen.

Unterdessen bemühen drei Männer in schwarzen Lederhosen – offensichtlich Scrap Metal-Mitglieder – mit einer endlosen Anzahl von Sound-Tests ihre Mikrophone. „Testing. One, Two, Three. Testing.“ Pause, dann zwei weitere Mikros mit denselben Worten, Pause, zwei weitere Mikros: „Testing, One, Two, Three. Testing . . .“ Sie machen sich wie Elektriker ans Werk und durchziehen die gesamte Bar mit Kabeln, Lautsprechern und Sicherungskästen. Als die Musik so gegen Mitternacht schließlich anfängt, frage ich mich angesichts der ganzen Rückkopplungen, für was die fast zwei Stunden dauernde Ausprobiererei der Mikros gut war.

Ich ziehe in Fannie's Disco weiter, die nur ein paar Blocks weiter die Straße runter liegt. Glücklicherweise entspricht sie zumindest heute nacht nicht ihrem Ruf, daß dort immer sofort die Messer gezogen werden. Alles, was ich sehe, sind blendendes Stroboskop-Licht und Massen von Tanzenden, die zum einen Teil aus kreischenden Minderjährigen bestehen und zum anderen Teil aus Typen im gesetzten Alter. Zwei Mädchen, die keinen Tag älter als zehn Jahre aussehen, bringen einem grauhaarigen Mann in einem Safarianzug das Tanzen bei. Ein paar Minuten lang hält er ihre Hände, dann macht er sich selbständig, bewegt unaufhörlich seine Füße von einer Seite auf die andere und schlenkert dazu mit den Armen von vorne nach hinten, als würde er Terrassentüren auf und zu machen. Er macht den Eindruck, als wäre er sehr zufrieden mit sich.

Währenddessen stehen sich die Mädchen gegenüber und hüpfen auf und ab, als würden sie seilspringen, was sie vermutlich auch tun, wenn sie nicht gerade um 1 Uhr in einer Montagnacht in den Pubs in Darwin herumhängen.

In Darwin fängt die Woche zwar gerade erst an, aber für mich läuft die Zeit hier ab. Ich kann kaum mehr mein Bierglas heben, ganz zu schweigen vom Seilspringen oder Öffnen von Terrassentüren. Ich schleppe mich auf die Toilette und spritze mir kaltes Wasser ins Gesicht. Das Urinbecken ist voll mit zerbrochenem Glas. Es ist Zeit, weiterzuziehen.

Das Diamond-Casino ist um 1.30 Uhr immer noch brechend voll. Offensichtlich werden die betuchten Spieler – stinkreiche Chinesen aus Singapur, saudi-arabische Scheichs, Drogenhändler – für das Privileg, ihre Millionen verspielen zu dürfen, in einen exklusiven Nebenraum geführt. Ich erfülle die Qualifikation dafür nicht. Deshalb versammle ich mich mit den anderen Durchschnittsmenschen an einem Roulette-Tisch, halte mich an meinen Chips fest und beobachte, wie die kleine Metallkugel in einem gewaltigen, buntbemalten Rad ihre Runden dreht. Ich mache kurzen Prozeß mit dem Roulette-Tisch, oder besser gesagt, er macht kurzen Prozeß mit mir. Um 2 Uhr morgens verschwindet der letzte Rest meines Vermögens unter dem häßlichen kleinen Chip-Rechen des Croupiers.

In meinen Taschen habe ich immer noch ein paar Münzen, und die werfe ich den einarmigen Banditen zum Fraß vor: fette Glücksspielapparate mit zutreffenden Namen wie ‚Kreis der Gewinner, Dollar König,'Aristokrat' und all den anderen Bezeichnungen, die auf die Menschen zutreffen würden, die damit aufhören, ihr ganzes Geld in diese Maschinen zu stecken. Ich füttere eine Monster namens ‚Träume' mit meinem letzten Dollar und höre zu, wie das Geldstück polternd durch das Gedärm der Maschine direkt auf das Bankkonto des Casinos rollt.

Aus. Vorbei. Pleite. Blank wie ein Tisch nach dem Essen. Ich betrachte den Mann neben mir, der mehr Glück zu haben scheint. Sein Gesicht glüht im Lichtschein der Maschine und seine Augen rollen wie die Äpfel und Orangen in den Anzeigekästchen für die Gewinnzahlen. Besser, alles schnell zu verlieren, als sich langsam in einen Zombie zu verwandeln.

Ich denke kurz darüber nach, mich wegen eines kostenlosen Drinks auf die Suche nach Doug zu machen, lasse den Gedanken aber dann fallen. Ich habe nicht die Absicht, einen weiteren Sonnenaufgang mitzuerleben. Die Party ist vorüber, und ich bin froh darüber.

Niemand sonst scheint meine Abgeschlafftheit zu teilen. Die Straßen wimmeln immer noch von Zechern und Spielern, die aus Taxis oder vornehmen Limousinen steigen. Ich scheine der einzige Mensch zu sein, der diese Tageszeit – 2 Uhr nachts – tatsächlich Nacht nennt.

Ausgenommen zwei Verliebte, die Rücken an Rücken, mit verschränkten Fingern, neben einem Springbrunnen an einer Wand lehnen und sich gegenseitig über die Schulter etwas ins Ohr flüstern. Sie sind gut angezogen, wirken aber irgendwie aufgelöst, als wären sie gerade, so wie ich, aus dem Casino gekommen. Seine

Krawatte hängt schief, sie hat ihre hochhackigen Sandaletten ausgezogen und läßt sie von einem Finger baumeln. Sie flüstern noch einen Augenblick, küssen sich und lösen sich von der Wand. Dann bückt er sich nach vorne und klatscht in die Hände. Sie springt auf seinen Rücken, als würde sie ein Pferd besteigen, und Huckepack verschwinden die beiden klappernd in der tropischen Nacht.

Es ist ein amüsanter und vertrauter Anblick. In ein paar Stunden, bei Tagesanbruch, werde auch ich auf dem Weg nach Hause und nicht mehr allein sein.

In A Beautiful House
With A Beautiful Wife

Das nächste Mal wird sie mitkommen. Wir werden zusammen rastlos sein.

Ein Taxi biegt aus der Einfahrt des Casinos heraus. Ich springe vom Bürgersteig, um es aufzuhalten. Die letzten drei Kilometer dieser Odyssee möchte ich stilvoll hinter mich bringen. Das einzige Problem: ich habe keinen einzigen Cent mehr übrig, um das Taxi zu bezahlen.

„Haben Sie Platz für einen Anhalter?“ frage ich den Fahrer und schenke ihm mein schönstes Anhalter-Lächeln.

„Hau’ bloß ab!“

Er rauscht davon, noch ehe ich die Gelegenheit habe, ihm sein Kompliment zurückzugeben. Offensichtlich ist meine Glücksration jetzt aufgebraucht. Ich latsche hinter dem Huckepack-Pärchen her und beginne meine lange Heimreise zu Fuß.

✧

Infos

Allgemeines

In Australien ist alles anders, hier steht die Welt kopf. Mittags erreicht die Sonne im Norden den höchsten Stand. Wenn wir Sommer haben, herrscht in „down under“ (dem Land unterhalb des Äquators) tiefster Winter – bei zum Teil frühlingshaften Temperaturen.

Australien, das ist nicht nur der kleinste Kontinent der Erde, sondern auch die größte Insel der Welt. Ein Land, etwa so groß wie Europa (oder die USA), mit über 35 000 km Küstenlänge. Der Himmel ist meistens blau und wolkenlos. Niederschläge sind vergleichsweise gering.

Geschichte

Die erste Welle von Einwanderern (Aborigines) kam vor 40 000 Jahren aus Südostasien. Zwar glaubt man noch immer, daß der portugiesische Seefahrer Chistoval de Mendonca bereits 1522 die australische Küste sichtete, sicher ist jedoch, daß es der Holländer William Jansz war, der 1606 im Auftrag der Ostindischen Kompanie die Nordküste Australiens bei Weipa (Cape York) entdeckte. 1642 und 1644 stieß Abel Tasman, ebenfalls ein Holländer, auf die Insel Tasmanien.

Captain James Cook war es, der 1770 mit seinem Schiff *Endeavour* weite Teile der australischen Ostküste erkundete und für die britische Krone in Besitz nahm. 18 Jahre später landete dann Captain Philipp mit der *First Fleet* in der Nähe von Sydney, und die Besiedlung des Landes begann. Bis 1867 wurden rund 160 000 Verurteilte von England nach Australien zwangsverschickt. Durch den Goldrausch kamen in den 50er Jahren des 19. Jahrhunderts zahlreiche Abenteurer und Siedler ins Land. 1901 wurde das „Commonwealth of Australia“ ausgerufen – der Beginn einer neuen Nation. Hauptstadt wurde 1927 Canberra.

Natur

In Australien gibt es durch die langwährende Isolation des Kontinents seit dem Mesozoikum eine Fauna und Flora, die einmalig ist. Känguruh und Emu sind die stolzen Wappentiere der Nation. Die wichtigsten einheimischen Tiere sind die Beuteltiere: Känguruhs, Wallabies, Koalas, Possums und Wombats. Außergewöhnlich sind die eierlegenden Säuger, das Schnabeltier und der Ameisenigel (Ant-eater).

Über 650 Vogelarten einschließlich Emu, Leiervogel und schwarzem Schwan sind auf dem fünften Kontinent zu Hause. Im tropischen Norden gibt es unter anderem Krokodile, Wasserbüffel und Termiten, in Zentralaustralien Schlangen, Warane, Eidechsen, Skorpione und Spinnen in zahllosen Arten, während sich im Süden an der Küste und den vorgelagerten Inseln Pinguine und Seelöwen tummeln.

Ein Phänomen ist Westaustralien. Hier wachsen über 6000 verschiedene Arten von Wildblumen, die fast alle gleichzeitig im September blühen und die Weite des Landes mit einem bunten Blütenteppich überziehen. Traumhaft natürlich auch die Unterwasserwelt des 2000 km langen Great Barrier Reefs vor der Küste von Queensland, dessen Korallen allerdings massiv vom Absterben bedroht sind.

Klima

In Australien sind die Jahreszeiten anders als auf der nördlichen Hemisphäre. Frühling: September bis November; Sommer: Dezember bis Februar; Herbst: März bis Mai; und Winter: Juni bis August.

Der Kontinent hat fünf Klimazonen: Die Nordküste mit feuchtwarmem Tropenklima weist Trocken- und Regenzeit auf. Im Januar gibt es zuweilen starke tropische Wirbelstürme.

Zentralaustralien hat ein ausgeprägtes Kontinentalklima: heiße Sommer, kühle Winter. Meist ist es neun Monate absolut trokken. Im Eyresee-Becken mißt man die geringsten Niederschläge (120 mm im Jahresdurchschnitt).

Immer feucht und schwül ist es in Ostaustralien, wobei der Norden noch tropisch ist. Daran schließt sich ein subtropischer Gürtel an, mit Höchsttemperaturen im November. Der Südost-Passat bringt dann den großen Regen. Die südlichen Regionen zählen bereits zu den gemäßigten Zonen. Hier regnet es besonders viel in den Monaten Januar bis Juli.

Die Südwest- und Südküste sowie Teile von Victoria und Tasmanien werden vom Westwind beeinflußt, der für die zahlreichen Regenfälle im Winter verantwortlich ist. Im Juli kann es an den Hängen der Great Dividing Range, in den Snowy Mountains und in Tasmanien auch zu Schneefällen kommen.

Ein immer akuter werdender Hinweis: Über dem südlichen Teil Australiens ist das Ozonloch besonders groß, die ultraviolette Bestrahlung dementsprechend hoch. Vermeiden sollte man daher unbedingt die Mittagssonne.

Klimatabelle

Durchschnittliche Temperaturen in °C:

	Juli	Dez.
Sydney	15	25
Melbourne	12,5	23
Brisbane	20	29
Adelaide	15	27
Perth	17	27
Darwin	30	33
Hobart	10	20
Canberra	11	25
Cairns	25	31
Alice Springs	19	35

Reisezeit

ist eigentlich das ganze Jahr über. Sydney ist besonders sonnig im Dezember und Januar. An der Gold- und Sunshine Coast und am Great Barrier Reef fühlt man sich am wohlsten von März bis Oktober, während sich die Monate September bis Mai besonders gut für Perth, Adelaide und Melbourne eignen. Im Norden ist Monsunzeit von November bis März.

Sprache

Englisch ist die offizielle Landessprache, wird aber mit einem besonderen, starken Akzent gesprochen. Viele Ausdrücke sind so speziell australisch, daß sie kaum von einem Besucher verstanden werden. Nach dem Motto „No worries, mate" (keine Probleme, Kumpel) sollte man sich nicht scheuen, Fragen zu stellen – Australier sind sehr hilfsbereit.

Entfernungen

Wer in Europa 1000 Kilometer reist, durchquert schon mal drei bis vier Staaten mit grundverschiedenen Kulturen. In Australien fährt man Tausende von Kilometern und ist immer noch im gleichen Land. Die Entfernungen sind gewaltig: Perth–Darwin entlang der Küste: 4243 km; Sydney–Melbourne via Hume Highway: 893 km. Einmal um den Kontinent auf der National Route Nr. 1 Sydney–Sydney ergibt rund 14 500 km.

Zeitzonen

Im Extremfall beträgt der Zeitunterschied zwischen Australien und Mitteleuropa zehn Stunden, je nachdem, wann und wohin man reist. Im Land selbst gibt es drei Zeitzonen und in den meisten Bundesländern gilt in den Sommermonaten November bis Februar die Sommerzeit (late night saving time).

Kleidung

Die „Aussies" kleiden sich zwar in der Regel lässig, zu besonderen Anlässen (Essen in First-class-Retaurants, Bar-Besuche, Cocktail-Parties u. ä.) sollte man auf Krawatte, Jacke und Kostüm zurückgreifen können. Für die tropischen und subtropischen Bereiche empfiehlt sich leichte Baumwollkleidung. Im Süden sind vor allem in den kalten Monaten warme Pullover, Mantel, Regenschirme und feste Schuhe notwendig. Ein Muß für Outback-

Exkursionen: hohe Trekking-Schuhe, Kopfbedeckung, Sonnenbrille und Sonnenöl mit hohem Sonnenschutzfaktor. Beim Baden im Great Barrier Reef sollte man alte Tennisschuhe oder Gummisandalen tragen.

Essen und Trinken

Nach wie vor zählen Steak & Eggs und Lammkoteletts zu den Standards der australischen Küche. Bedingt durch die zahlreichen Einwanderer aus aller Welt ist auch das Angebot der Speisen internationaler geworden. Köstlich – und bei uns unbekannt – sind Yabbies (kleine Süßwasserkrebse), Barramundi (ein schmackhafter Speisefisch aus den nördlichen Gewässern), Moreton Bay Bugs (kleine Krustentiere) oder Mud Crabs (Flußkrebse), die man entlang der Küste ißt. Dazu trinkt man Bier (besonders gut in New South Wales und Victoria) oder erfrischenden Wein aus dem Barossa Valley, dem Hunter Valley, der Riverina und aus dem Swan Valley.

Das Fast-food-Angebot hat neben Hamburgern, Fisch & Chips und Pizza auch einige eigenständige Kreationen: Sausage- und Chico-Rolls, Fleischkuchen und -pasteten (meat-pies).

In den lokalen Gasthäusern, Clubs und Bistros sind die Gerichte relativ preiswert und meistens auf einer Tafel angeschrieben. Populär sind auch die Barbecue-Restaurants. Man sucht sich das Fleisch am Buffet aus und brät es dann selbst auf dem Holzkohlenfeuer. Den Salat dazu gibt es in der Regel gratis.

Wer auf Tischweine oder harte Sachen nicht verzichten möchte, ist gut bedient mit BYO (bring your own). Diese Restaurants haben keine Lizenz für den Alkoholausschank. Man bringt hier seine eigenen Drinks mit.

Unbedingt genießen sollte man auch die vielen frischen Früchte: Ananas, Mango, Papaya, Passionsfrucht, Bananen und natürlich Kiwis.

Unterkunft

Übernachtungsmöglichkeiten gibt es genug. Von Luxushotels über Motels, Pensionen, Landgasthäuser, Appartments bis zu

Jugendherbergen und Farmunterkünften – alles ist vorhanden.

Wenn nicht gerade Ferien sind und halb Australien unterwegs ist, dürfte man kaum Schwierigkeiten haben, eine geeignete Unterkunft zu finden. Für Selbstversorger empfehlen sich Appartments mit Küche und allem, was dazu gehört. Auch hier kann man wählen zwischen „premier“ (vom Feinsten), „moderate“ (gut bürgerlich, familiär) oder „budget“ (schlicht bis schäbig). Low-budget-Reisende sollten die Jugendherbergen ansteuern, von denen es über 130 gibt. Die Herbergen bieten Unterkunft für Mitglieder jeden Alters, vorausgesetzt, ein internationaler Jugendherbergsausweis kann vorgelegt werden.

Camping

In der Wildnis des Outbacks sind fast nur einfache Stellplätze an landschaftlich besonders schönen Stellen vorhanden. In den zivilisierten Gebieten der Süd- und Ostküste und im Großraum Perth gibt es dagegen viele gute Campingplätze mit Duschen, WC, elektrischem Licht, Waschsalon und Müllabfuhr. In den Weihnachts- und Osterferien herrscht dort allerdings großer Andrang. Beliebt sind Reisen mit Campingbussen, die optimal für einen Campingurlaub ausgestattet sind und einen weitgehend unabhängig von Stellplätzen machen.

Transport

Auto

Der Linksverkehr nach englischem Vorbild ist gewöhnungsbedürftig. In den Ballungszentren ist die Verkehrsdichte sehr groß und entsprechend chaotisch. Das Straßennetz ist ausreichend, entspricht aber nur in den Städten und entlang der Ostküste mitteleuropäischem Standard. Im Outback, dem Landesinneren, gibt es vielfach nur Staub- und Schotterpisten.

Australische Autofahrer gelten zwar als diszipliniert (solange sie im täglichen Rush-hour-Stau stehen), doch auf den Highways gilt nach wie vor das Recht des Schnelleren bzw. Stärkeren. Das sind auf den Interkontinental-Routen in jedem Fall die Road Trains, überlange Lkw-Gespanne, die mit Tempo 100 über die Staubpisten donnern und den Eindruck erwecken, alles platt zu walzen, was sich ihnen in den Weg stellen könnte.

In Australien besteht Gurtpflicht. Die Geschwindigkeitsbegrenzungen liegen innerhalb geschlossener Ortschaften bei 60 km/h, außerhalb bei 90 bis 100 km/h (in Westaustralien sind 110 km/h erlaubt). Im Northern Territory gibt es keine Tempobeschränkung (außerhalb von Ortschaften). Alkohol am Steuer ist strafbar.

Benzin wird verbleit und unverbleit angeboten. Das Tankstellennetz ist dicht, die Öffnungszeiten allerdings variieren von Bundesstaat zu Bundesstaat.

Mietwagen

Mietwagen gibt es an großen Flughäfen, Bahnhöfen und in den Zentralbüros der Großstädte und Urlaubszentren. Vorab-Reservierungen sind allerdings empfehlenswert. Örtliche Vermieter vermieten zu günstigeren Tarifen als die großen wie Hertz, Avis, Budget. Wer nicht mit der Kreditkarte zahlt, muß eine Kaution in Höhe von mindestens A$ 100 hinterlegen.

Trampen

Geht meistens ohne Probleme. Die Polizei rät jedoch auf den einsamen Interkontinentalstrecken davon ab. Logisch, daß der eigene gesunde Menschenverstand über Erfolg und Glück entscheidet. Große Gepäckstücke (Rucksack) sind hinderlich. Man sollte versuchen, möglichst sauber und gepflegt am Straßenrand zu stehen und ein Pappschild mit dem gewünschten Ziel hochzuhalten. Relativ leicht trampt es sich entlang der dichter besiedelten Südost- und Ostküste. In den Außenbezirken der Städte lohnt sich das Warten und Routenfragen besonders an den Tank- und Raststellen.

Bus

Expreß-Busse machen es möglich, die endlosen Weiten des Landes zu bereisen. Verschiedene große Bus-Gesellschaften bieten effizienten und preiswerten Transport zwischen den wichtigsten Städten des Kontinents. Sämtliche Busse sind klimatisiert, haben verstellbare Sitze und Kopfstützen und verfügen über Waschraum/Toilette. Freigepäck: zwei mittelgroße Koffer. Es gibt Raucher- und Nichtraucherzonen.

Attraktiv für Low-budget-Reisende sind die unbegrenzt geltenden, preiswerten Bus-Reisepässe zwischen 10 und 60 Tagen. Die Preise der anderen Buslinien liegen um 10–15 Prozent höher. Es gibt Ermäßigungen für Schüler und Studenten mit gültigem internationalen Ausweis.

Die Abfahrten für die wichtigen Expreßdienste erfolgen täglich. Für die Strecke Sydney–Adelaide sind 24 Stunden Fahrzeit angesetzt. Wer weiter nach Perth will, muß nochmals 36,5 Stunden dazurechnen.

Eisenbahnen

Eine angenehme Art, das riesige Land kennenzulernen, sind Fahrten mit der Bahn. Bis auf Darwin sind alle wichtigen Städte Australiens an das Schienennetz angeschlossen, das mehr als 40 000 km umfaßt. Der bekannteste Zug ist der „Indian Pacific“ (Sydney–Broken Hill–Adelaide–Perth). Man ist 65 Stunden unterwegs und verbringt drei Nächte im Zug.

Inlandflüge

Wegen der immensen Entfernungen sollte man hin und wieder das Flugzeug als Transportmittel wählen. Neben den beiden großen Gesellschaften Ansett Airlines of Australia und Australien Airlines sorgen kleinere regionale Airlines für ein relativ dichtes, den gesamten Kontinent umspannendes Routennetz. Über 170 Ziele werden regelmäßig angeflogen. Für Exkursionen ins Outback lassen sich Kleinflugzeuge chartern. Die Resorts im Great Barrier Reef erreicht man mit Helikopter oder Wasserflugzeugen. Touristen sollten von den zahlreichen Flugvergünstigungen Gebrauch machen:

Standby-Fares: Erhältlich auf wichtigen Stammrouten mit 20 Prozent Ermäßigung auf die regulären Economy-Tarife. Ideal für Reisende mit flexiblem Zeitplan.

See Australia Airfares: Anbieter sind Ansett und TAA sowie Air New South Wales und Kendall Airlines. Sie geben 25 Prozent Discount auf die Economy-Tarife. Die Vergünstigung gilt ganzjährig.

Qantas „Discover Australia" Fare: Der nationale Carrier Qantas bietet ausländischen Passagieren in der Economy auf inneraustralischen Flügen Rabatte bis zu 50 Prozent.